HISTOIRE DE FRANCE

AU SEIZIÈME SIÈCLE

—

VII

PARIS — IMP. SIMON RAÇON ET COMP., 1, RUE D'ERFURTH.

HISTOIRE DE FRANCE
AU SEIZIÈME SIÈCLE

RENAISSANCE

PAR

J. MICHELET

PARIS
CHAMEROT, LIBRAIRE-ÉDITEUR,
RUE DU JARDINET, 13

1855

L'Auteur et l'Éditeur se reservent le droit de traduction et de reproduction à l'étranger.

Dix ans d'études donnés au *Moyen âge*, dix ans à la *Révolution,* il nous reste, pour relier ce grand ensemble, de placer entre ces deux histoires celle de la *Renaissance* et de l'âge moderne.

Ce volume est la *Renaissance* proprement dite, le suivant, qui va paraître, s'appellera la *Réformation*. Ces titres nous dispensent de leur donner leurs chiffres dans la série totale.

Nous supprimons généralement les citations de livres imprimés que tout le monde a dans les mains. Nous ne citerons guère que les manuscrits.

Ayant marqué le point de départ et le but, en deux longues histoires, nous marcherons d'un pas d'autant plus sûr et plus rapide dans l'espace intermédiaire.

Nous ne pouvions retourner de la Révolution à la Renaissance, sans revoir nos travaux sur le Moyen âge, sans connaître et apprécier les publications qui se sont faites depuis leur achèvement.

Elles n'ont modifié en rien ce que nous avons écrit sur le quatorzième et le quinzième siècle (*tomes* III, IV, V, VI). Les dix années qui se sont écoulées depuis n'ont en rien ébranlé ce travail, le premier où les textes imprimés aient été contrôlés par les actes manuscrits.

Quant à nos origines dont le *premier volume* donne l'histoire, de savantes recherches y ont ajouté, peu changé toutefois. Telle nous avons posé la base de cette construction, telle nos estimables concurrents l'ont adoptée, et ils ont bâti dessus avec confiance.

C'est au Moyen âge proprement dit (*second volume*, de l'an 1000 à l'an 1300) que se rapportent généralement les nombreuses publications de textes inédits qu'on a faites dans cet intervalle. Elles nous ont fort éclairés sur les mœurs de ces temps, sur l'art gothique, etc. Il n'est point de notre franchise d'effacer rien de ce qui est écrit.

Nous aimons mieux donner, dans l'Introduction qu'on va lire, la pensée plus exacte qui sort des textes. Ce que nous écrivîmes alors est vrai comme l'idéal que se posa le Moyen âge. Et ce que nous donnons ici, c'est sa réalité, accusée par lui-même.

Le résultat, au total, diffère peu. Alors (en 1833), quand l'entraînement pour l'art du Moyen âge nous rendit moins sévère pour ce système en général, nous déclarâmes pourtant que son principe était sujet à la loi universelle de toute vie, qu'il devait passer, comme nous tous, hommes, peuples et religions, par l'utile épuration de la mort (V. *tome* II, *p.* 690-695, *tome* IV, *p.* 267-273, etc.). Est-ce un si grand mal de mourir? A ce prix, on renaît en ce qu'on eut de meilleur.

Ce livre, au reste, n'est pas écrit pour faire peine aux mourants. C'est un appel aux forces vives.

Celle de l'Antiquité tenait, je pense, à ce qu'elle crut que l'homme fait son destin lui-même (*fabrum suæ quemque esse fortunæ*). Ce temps-ci, au contraire, frappé des grandes puissances collectives qu'il a créées, s'imagine que l'individu est trop faible contre elles. Ces temps-là crurent à l'*homme;* nous croyons à l'*individu.*

Il en résulte cette chose fâcheuse : nos progrès tournent contre nous. L'énormité même de notre œuvre, à mesure que nous l'exhaussons, nous ravale et nous décourage. Devant cette pyramide, nous nous trouvons imperceptibles, nous ne nous voyons plus nous-mêmes. Et qui l'a bâtie, sinon nous?

L'industrie que nous avons créée hier, elle nous semble déjà notre embarras, notre fatalité. L'histoire, qui n'est pas moins que l'intelligence de la vie, elle devait nous vivifier, elle nous a alanguis au contraire, nous faisant croire que le temps est tout, et la volonté peu de chose.

Nous avons évoqué l'histoire, et la voici partout; nous en sommes assiégés, étouffés, écrasés; nous marchons tout courbés sous ce bagage, nous ne respirons plus, n'inventons plus. Le passé tue l'avenir. D'où vient que l'art est mort (sauf de si rares exceptions)? c'est que l'histoire l'a tué.

Au nom de l'histoire même, au nom de la vie, nous protestons. L'histoire n'a rien à voir avec ces tas de pierres. L'histoire est celle de l'âme et de la pensée originale, de l'initiative féconde, de l'héroïsme, héroïsme d'action, héroïsme de création.

Elle enseigne qu'une âme pèse infiniment plus qu'un royaume, un empire, un système d'états, parfois plus que le genre humain.

De quel droit? du droit de Luther, qui, d'un Non dit au pape, à l'Église, à l'Empire, enlève la moitié de l'Europe.

Du droit de Christophe Colomb, qui dément et Rome et les siècles, les conciles, la tradition.

Du droit de Copernik, qui, contre les doctes et les peuples, méprisant à la fois l'instinct et la science, les sens même et le témoignage des yeux, subordonna l'observation à la Raison, et seul vainquit l'humanité.

C'est la solide pierre où s'assoit le seizième siècle.

Paris, 15 janvier 1855

INTRODUCTION

INTRODUCTION.

§ I. — Sens et portée de la Renaissance?

L'aimable mot de Renaissance ne rappelle aux amis du beau que l'avénement d'un art nouveau et le libre essor de la fantaisie. Pour l'érudit, c'est la rénovation des études de l'antiquité; pour les légistes, le jour qui commence à luire sur le discordant chaos de nos vieilles coutumes.

Est ce tout? A travers les fumées d'une théologie batailleuse, l'*Orlando*, les arabesques de Raphaël, les ondines de Jean Goujon, amusent le caprice du monde. Trois esprits fort différents, l'artiste, le prêtre et le sceptique, s'accorderaient volontiers à croire que tel est le résultat définitif de ce grand siècle. Le *que sais-je?* de Montaigne, c'est tout ce qu'y voyait Pascal; et Bossuet, dans cette pensée, écrivit ses *Variations*.

Ainsi ce colossal effort d'une révolution, si complexe, si vaste, si laborieuse, n'eût enfanté que le néant. Une si immense volonté fût restée sans résultat. Quoi de plus décourageant pour la pensée humaine?

Ces esprits trop prévenus ont seulement oublié deux choses, petites en effet, qui appartiennent à cet âge plus qu'à tous ses prédécesseurs : la découverte du monde, la découverte de l'homme.

Le seizième siècle, dans sa grande et légitime extension, va de Colomb à Copernic, de Copernic à Galilée, de la découverte de la terre à celle du ciel.

L'homme s'y est retrouvé lui-même. Pendant

que Vesale et Servet lui ont révélé la vie, par Luther et par Calvin, par Dumoulin et Cujas, par Rabelais, Montaigne, Shakespeare, Cervantès, il s'est pénétré dans son mystère moral. Il a sondé les bases profondes de sa nature. Il a commencé à s'asseoir dans la Justice et la Raison. Les douteurs ont aidé la foi, et le plus hardi de tous a pu écrire au portique de son *Temple de la Volonté* : « Entrez, qu'on fonde ici la foi profonde. »

Profonde en effet est la base où s'appuye la nouvelle foi, quand l'antiquité retrouvée se reconnaît identique de cœur à l'âge moderne, lorsque l'Orient entrevu tend la main à notre Occident, et que, dans le lieu, dans le temps commence l'heureuse réconciliation des membres de la famille humaine.

§ II. L'ère de la Renaissance.

L'état bizarre et monstrueux, prodigieusement artificiel, qui fut celui du moyen âge, n'a d'argument en sa faveur que son extrême durée, sa résistance obstinée au retour de la nature.

Mais n'est-elle pas naturelle, dira-t-on, une chose qui, ébranlée, arrachée, revient toujours? La féodalité, voyez comme elle tient dans la terre. Elle semble mourir au treizième siècle, pour refleurir au quatorzième. Même au seizième siècle encore, la Ligue nous en refait une ombre, que continuera la noblesse jusqu'à la Révolution. Et le clergé, c'est bien pis. Nul coup n'y sert, nulle attaque ne peut en venir à bout. Frappé par le temps, la critique et le progrès des idées, il repousse toujours en dessous par la force de l'éducation et des habitudes. Ainsi dure le moyen âge, d'autant plus difficile à tuer qu'il est mort depuis longtemps. Pour être tué, il faut vivre.

Que de fois il a fini!

Il finissait dès le douzième siècle, lorsque la poésie laïque opposa à la légende une trentaine d'épopées ; lorsque Abailard, ouvrant les écoles de Paris, hasarda le premier essai de critique et de bon sens.

Il finit au treizième siècle, quand un hardi mysticisme, dépassant la critique même, déclare qu'à l'Évangile historique succède l'Évangile éternel et le Saint-Esprit à Jésus.

Il finit au quatorzième, quand un laïque, s'emparant des trois mondes, les enclot dans sa Comédie, humanise, transfigure et ferme le royaume de la vision.

Et définitivement, le moyen âge agonise aux quinzième et seizième siècles, quand l'imprimerie, l'antiquité, l'Amérique, l'Orient, le vrai système du monde, ces foudroyantes lumières, convergent leurs rayons sur lui.

Que conclure de cette durée ? Toute grande institution, tout système une fois régnant et mêlé à la vie du monde, dure, résiste, meurt très-longtemps. Le paganisme défaillait dès le temps de Cicéron, et il traîne encore au temps de Julien et au delà de Théodose.

Que le greffier date la mort du jour où les pompes funèbres mettront le corps dans la terre, l'historien date la mort du jour où le vieillard perd l'activité productive.

Entrez dans une bibliothèque, demandez les *Acta sanctorum* de Mabillon, le grand recueil qui a reçu siècle par siècle, couche par couche, l'alluvion successive de l'invention populaire, l'histoire de ces milliers de saints qui, selon le temps, les nuances enfantines de la piété barbare, ont donné à chaque pays le Dieu du lieu, le Christ local. Tout finit au douzième siècle ; le livre se ferme ; cette féconde efflorescence, qui semblait intarissable, tarit tout à coup.

« Les jésuites ont continué, dira-t-on ; les saints surabondent dans le recueil des bollandistes. »

D'autres saints, les saints du combat, excentriques et polémiques, dont le violent mysticisme, qui vient secourir Jésus, l'épouvante et lui fait peur. Il recula en présence du délire de saint François, vraie bacchante de l'amour de Dieu ; et la Vierge recula en présence de son chevalier, l'Espagnol saint Dominique, qui, pour elle, dressait les bûchers, organisait l'inquisition, commençait ici les feux éternels.

Ces véhémentes figures contrastent, à faire frémir, avec les vieilles figures bénédictines. Dans cette fréquence des gestes, dans cette fureur de paroles, dans la vultuosité du visage bouleversé, celles-ci, en regardant le ciel, ont quelque chose de ce qu'elles maudissent, de l'enfer et de l'hérésie.

Ouvrez les conciles, vous trouverez même changement que dans la légende. Les anciens conciles sont généralement d'institution, de législation. Ceux qui suivent, à partir du grand concile de Latran, sont de menaces et de terreurs, de farouches pénalités. Ils organisent une police. Le terrorisme entre dans l'église, et la fécondité en sort. Ses derniers efforts ont cela, qu'en lui donnant des victoires, ils lui créent de nouveaux périls. Saint Bernard, son défenseur victorieux contre Abailard, lui donne un triomphe apparent sur la raison et la critique. Par quelle force? par le mysticisme qui, dès la fin du siècle, crée les formidables prophéties de Joachim de Flore, l'enseignement de Jean de Parme, le docteur de l'Évangile éternel.

L'art, ecclésiastique jusque-là, sous la clef des prêtres maçons, devient alors chose laïque; il passe aux mains des francs-maçons, serviteurs mariés de l'Église, dont les humbles colonies, abrités de son patronage, n'en élèvent pas moins dans des formes indépendantes ces édifices grandioses, où la poitrine de l'homme trouve enfin la respiration, avec le vague du rêve et la liberté des soupirs.

Est-ce tout? Non. De la création du gothique, qui ne soutient encore le temple que sur un pénible appareil d'étais et de contre-forts, la Renaissance marche à la création de l'architecture rationnelle et mathématique, qui s'appuie sur elle-même, et dont Brunelleschi donna le premier exemple dans Sainte Marie de Florence.

L'art finit, et l'art recommence; il n'y a pas d'interruption. Moins vivace est la scolastique. Elle meurt pour ne pas renaître. Ockam l'achève en la replaçant au point où l'avait laissée Abailard; sa suprême et dernière victoire est de rentrer à son berceau.

Que dire du moyen âge scientifique? Il n'est

que par ses ennemis, par les Arabes et les Juifs. Le reste est pis que le néant; c'est une honteuse reculade. Les mathématiques, sérieuses au douzième siècle, deviennent une vaine astrologie, le commerce des carrés magiques. La chimie, sensée encore dans Roger Bacon, devient une alchimie folle, un délire. La sorcellerie épaissit au quinzième siècle ses fantastiques ténèbres. Le jour baisse horriblement. Et il ne faut pas croire qu'il renaisse avec l'imprimerie; elle agit lentement, nous le prouverons; cette grande et impartiale puissance aida d'abord tous les partis, les ennemis de la lumière aussi bien que ses amis.

Disons nettement une chose que l'on n'a pas assez dite. La Révolution française trouva ses formules prêtes, écrites par la philosophie. La révolution du seizième siècle, arrivée plus de cent ans après le décès de la philosophie d'alors, rencontra une mort incroyable, un néant, et partit de rien.

Elle fut le jet héroïque d'une immense volonté.

Générations trop confiantes dans les forces collectives qui font la grandeur du dix-neuvième siècle, venez voir la source vive où le genre humain se retrempe, la source de l'âme, qui sent que seule elle est plus que le monde et n'attend pas du voisin le secours emprunté de son salut.

Le seizième siècle est un héros.

§. III. — L'organisation de l'ordre et l'énervation de l'individu, du douzième au quinzième siècle.

D'éminents historiens ont parfaitement décrit comment le gouvernement ecclésiastique et laïque s'organise ou s'achève en ces quatre siècles, comment se constituent l'ordre et la paix publique.

Seulement ils ont laissé dans l'ombre le mouvement rétrograde qui s'accomplit alors dans la religion, dans la littérature, la défaillance du caractère et des forces vives de l'âme.

Des trente poëmes épiques du douzième siècle, imités de toute l'Europe, jusqu'à la platitude du

Roman de la Rose, jusqu'aux tristes gaietés de Villon, quel pas rétrograde!

Les auteurs de l'Histoire littéraire, spécialement M. Fauriel, ont très-bien dit : « Le douzième siècle est une aurore. Le quatorzième est un couchant. » Et que dire, hélas! du quinzième?

Le fait même que les historiens politiques ont fait le plus valoir, la multiplication immense des affranchissements, l'augmentation et la richesse de la bourgeoisie, la facilité croissante de monter d'une classe à l'autre, tout cela devait, ce semble, produire un résultat moral, fortifier le nerf de l'âme, développer, par le sens tout nouveau de sa dignité, le Dieu qui est en elle, la rendre créatrice et lui donner l'inspiration.

La liberté civile, qui se répand alors, n'a pourtant guère d'effet visible. De chose qu'il était, l'homme devient personne, devient homme. Qu'y gagne-t-il? S'il y gagne, il n'y paraît pas. Il tarit et devient stérile.

Que s'est-il passé pendant ce temps dans le monde supérieur dont il subit les influences?

L'Église est devenue une monarchie, un gouvernement, armé d'une police terrible, la plus forte qui fut jamais.

La monarchie est devenue une espèce d'église, bâtie sur la chute des fiefs, comme la papauté sur l'abaissement de l'épiscopat, une église qui a ses conciles laïques, son pontificat de jurisprudence.

Deux gouvernements par la grâce de Dieu, deux espèces de dieux mortels, dont l'infaillibilité implique le caractère divin. Le peuple de leurs dévots sent en eux une incarnation. La loi vivante, la sagesse de chair, dans un individu infirme, un Dieu dans un rien, c'est le culte nouveau de ce monde.

Le monarchique autel des deux idoles se bâtit sur la ruine de ce que le moyen âge avait pu essayer de gouvernements collectifs, sur la ruine des conciles, des communes et des municipes, des grandes fédérations, ligues lombardes, diètes de l'Empire, états généraux de France. Tout cela au quinzième siècle est couché dans le tombeau. L'incarnation sous ses deux formes (pape et roi) a vaincu partout. Le mysticisme a tout rempli. Quelle place à la raison? Aucune.

L'opération qu'Origène pratiqua, dit-on, sur

lui, est celle que l'esprit humain a subie dans cette période, jusqu'à ce que la nature, la vie productrice, qui ne peut jamais s'éteindre, se fût réveillée et révoltée au seizième siècle avec une sauvage énergie.

M. Guizot soupçonne que nous avons perdu *quelque chose* à la chute des communes. Rien que l'âme, — la fierté personnelle, l'esprit des fortes résistances, la foi en soi, qui fit la commune du douzième siècle plus forte que Frédéric Barberousse, et qui a si parfaitement disparu dans la bourgeoisie du quinzième.

M. Augustin Thierry, en admirant la réforme administrative qu'essaya en 1413 le Paris des Cabochiens, y voit un progrès sur la révolution de Marcel, antérieure de soixante années. Il ne paraît pas remarquer cette énorme chute de l'esprit public, tellement baissé, qu'il croit pouvoir améliorer l'administration sans changer le cadre politique qui l'enserre et l'étouffe. Quelle réforme sérieuse sous la girouette d'un gouvernement capricieusement viager, entre l'étourderie de Jean et la folie de Charles VI? Le quatorzième siècle sent encore où est le mal et cherche où est le remède. Le quinzième n'y songe même plus.

Cette imbécillité du pauvre Frédégaire qui, en tête de sa chronique, s'avoue à moitié idiot, elle semble reparaître dans tels monuments du quinzième siècle; et je ne sais si aucun des moines mérovingiens eût atteint la platitude des rimes de Molinet.

§ IV. — Nobles origines du moyen âge. — Abaissement au treizième siècle.

La tyrannie du moyen âge commença par la liberté. Rien ne commence que par elle. C'est vers le dixième siècle, dans ce moment obscur dont les résultats immenses ont assez dit la grandeur, quand Eudes défendait Paris, quand Robert le Fort fut tué, quand Allan Barbetorte jeta les Normands dans la mer; c'est alors que, sans nul doute, commencèrent les chants de Roland. Ces chants, déjà antiques sous Guillaume le Conquérant, en 1066, ne sont pas, comme on le croit, l'œuvre du pesant âge féodal, qui n'a fait que les délayer. De telles choses ne datent pas d'un âge de servitude, mais d'un âge vivant, libre encore, de l'âge de la défense, de l'âge qui résista, bâtit les asiles de la résistance, et sauva l'Europe de l'invasion normande, hongroise et sarrasine.

On ne s'informait guère alors de noblesse en ces grands périls. Celui qui avait hasardé d'élever un fort sur les marches ravagées ou à l'embouchure d'un fleuve ne demandait pas l'origine des braves qui venaient le défendre. Les races, les différences de Gaulois, Francs ou Romains, qui nous font faire tant de systèmes, lui étaient fort indifférentes. Quelle était l'association? De toutes formes : en certains pays, d'adoption mutuelle, c'est la forme la plus antique; ailleurs, d'hommage mutuel (par exemple en Franche-Comté). Même l'inféodation était sous quelque rapport un contrat à titre égal. Ce qu'il y avait de plus rare, c'était l'homme (l'homme de combat). Ce n'était rien d'avoir une tour; il fallait y mettre des hommes. L'homme de la tour appelait le passant, le fugitif, et lui disait : « Reste, et défendons-nous ensemble. Tu partiras quand tu voudras, et je t'aiderai à partir; je te conduirai, s'il le faut, etc. (voir les formules primitives dans mes *Origines du Droit*). Donc, je te confie dès ce jour ce pont, ce pas de la vallée, ma porte, mon foyer, ma vie, moi-même, ma femme et mes enfants. » A quoi l'autre répondait : « Et moi, je me donne à vous, à la vie et à la mort, par delà... » Ils s'embrassaient et mangeaient à la même table. Ce lien était le plus fort; tout autre venait après. — « Je donnerais deux impératrices, dit Frédéric Barberousse, pour un chevalier comme toi. »

Tels étaient les contrats antiques. Que la liberté est féconde! Voilà que les pierres se font hommes; les enfants multiplient sans nombre; les peuples grouillent de la terre. Et ce n'est pas seulement le nombre qui croît, mais le cœur augmente, la vie forte et l'inspiration. On ne veut pas seulement faire de grandes choses, on veut les dire. Le guerrier chante ses guerres. C'est ce que dit encore très-expressément le chroniqueur : « Les preux chantaient. » Qu'on n'espère pas me faire accroire que le jongleur mercenaire qui chante au douzième siècle, que le chapelain domestique qui écrit au treizième siècle, soient les auteurs de pareils chants. Dans le plus ancien qui nous reste, la sublime *Chanson de Roland*, quoique nous ne l'ayons encore que dans sa forme féodale, j'entends la forte voix du peuple et le grave accent des héros.

J'ai dit longuement dans mes cours, et je dirai mieux plus tard, comment périt le système des libertés du moyen âge, par quelle interprétation fatale et perfide, par quel enchaînement d'équivoques les mots de *vassal* (ou vaillant), de *servus* (serviteur? ou serf?), etc., devinrent les formules magiques qui enchantèrent l'homme libre et le lièrent à la terre ; l'équivoque, l'oubli, l'ignorance, ténébreuses et glissantes voies qui permirent à ces mots funestes de passer d'un sens à l'autre. J'ai dit les résistances désespérées de la propriété libre, le mortel combat des aleux assiégés et étouffés dans la grande mer féodale, la fureur de l'homme qui s'est couché libre, se lève serf, apprend qu'il n'est plus homme, qu'il est pierre, glèbe, animal. Lisez la terrible histoire du prévôt de Bruges, l'histoire de l'homme du Hainaut, qui, dans les risées des cours féodales, entend que sa terre n'est plus libre, et tombe foudroyé de fureur, crève sa veine, laissant échapper son sang libre encore.

La noble *Chanson de Roland* est antérieure, on le sent partout, à cette mauvaise époque. La pénétrante critique de l'éditeur a démêlé qu'elle est antérieure aux croisades, antérieure à l'âge des poëmes composés dans les châteaux pour l'amusement du baron. Le caractère de ceux-ci, tels que les *Quatre Fils Aymon*, est la haine de la royauté et du gouvernement central; ils portent tout l'intérêt sur le vassal révolté. Charlemagne y est un sot; il est le jouet d'un sorcier. Triste majesté qui dort sur son trône, la tête couronnée d'un torchon, et s'éveille, aux rires de la cour, pour voir en sa main une bûche éteinte au lieu de l'épée de l'Empire. Ce sont là des choses trouvées en pleine féodalité pendant le sommeil de la royauté. Au contraire, dans le dixième siècle, dans le grand combat contre les barbares, on regrette, on admire et bénit l'ancienne unité impériale. Rien entre l'empereur et le peuple. Les Roland, les Olivier, n'en sont nullement séparés ; ils ne sont que le peuple armé. C'est ce qui fait la grandeur étonnante de ce poëme, même sous cette forme relativement moderne, qui peut-être est de 1100.

Il faut voir l'énorme chute qui se fait entre cette époque et le temps de saint Louis. En un siècle ou un siècle et demi, mille ans semblent avoir passé. L'un des plus essentiels services qu'on ait rendus à la critique, c'est d'avoir marqué ce passage. L'éditeur du *Roland* l'a fait d'une manière admirable, notant avec une extrême finesse et une étonnante verve de critique et de bon sens les rajeunissements étranges qu'on a fait subir au poëme, de manuscrit en manuscrit. Le premier est parent d'Homère ; le dernier, de la Henriade.

Et pourtant court est l'intervalle ; du douzième au treizième siècle. Déjà dans ce temps, le temps de saint Louis, les rajeunisseurs du vieux poëme sont des gens de lettres modernes qui pouvaient vivre aussi bien au siècle de Louis XV.

Le treizième siècle est un siècle littéraire. Et vous croiriez qu'à ce titre un sentiment de sobriété élégante lui fera resserrer le détail et condenser les idées. C'est tout le contraire. La pensée maigre est étouffée sous les rimes accumulées. L'expansion immodérée, l'étalage des mots, l'amplification, sentent partout le collége. Au douzième, les poëmes étaient courts et se chantaient; c'étaient des chants, des *chansons*, comme dit leur titre. Au treizième, on ne songe plus à l'oreille, mais plutôt aux yeux. On écrit pour le cabinet. La rhétorique fleurit; une rhétorique verbeuse, intarissable, qui, de deux ou trois mille vers qu'avait le poëme original, vous en fait vingt ou trente mille. Comment s'en étonner? Ces auteurs sont des chapelains, des scribes, assis dans la tour d'un château; ou bien ce sont des jongleurs, qui deviennent déjà des marchands, une espèce de libraires qui vendent les vers au nombre et les manuscrits au poids.

Inutile de dire que ces gens ne comprennent déjà plus rien à la forte et croyante époque dont ils délayent les ouvrages. Ils sont plus étrangers que nous à la vie des temps héroïques. Ils n'ont ni le temps ni le goût de connaître et d'étudier ces mœurs d'un âge voisin, mais complétement oublié. Ils prennent sans difficulté des noms de lieux pour des noms d'hommes, etc., etc.

Étrange illusion! l'auréole de saint Louis suffit pour illuminer la France d'alors de sainteté et jette sur ce temps, déjà moderne, un faux reflet du moyen âge.

J'ai dit (t. III) à quel point le monde s'était oublié. Oublié naturellement, de lui-même et par le temps, par la négligence? Oh! non. On ne dira jamais, dans la vérité, la pénétrante blessure qui fendit le cœur de l'homme vers 1200, lui rompit sa tradition, brisa sa personnalité, et le sépara si bien de lui-même, que, si l'on parvient à lui retrouver quelque image de ce qu'il fut, il a beau y regarder, il dit : « Quel est cet homme-là? »

§ V. — Des abdications successives de l'indépendance humaine, du douzième au quinzième siècle.

« L'esclavage, dit l'antiquité dans sa simplicité tragique, c'est une forme de la mort. » Voilà une position nette, qui ne donne rien à l'équivoque ni à la moquerie; l'esclave n'est point un être ridicule ni méprisable; c'est la victime du destin, qui a perdu ses dieux et sa cité, qui n'est plus comme citoyen. Il est mort, mais peut rester grand, et s'appeler l'esclave Épictète.

Le servage est un état absurde et contradictoire. Voilà un chrétien, une âme rachetée de tout le sang d'un Dieu, une âme égale à toute âme, qui ne traîne pas moins ici-bas dans un esclavage réel dont le nom seul est changé; que dis-je? dans un état profondément antichrétien, tout à la fois responsable et irresponsable, qui le soumet, l'associe aux péchés du maître, et qui le mène tout droit à partager sa damnation.

Est-il libre? ne l'est-il pas? Il l'est, il a une famille garantie par le sacrement. Et il ne l'est pas ; sa femme, en pratique, n'est pas plus sienne que la femme de l'esclave antique. Ses enfants sont-ils ses enfants? Oui et non. Il est tel village où la race entière reproduit encore aujourd'hui les traits des anciens seigneurs (je parle des Mirabeau).

Le serf, ni libre, ni non-libre, est un être bâtard, équivoque, né pour la dérision.

C'est là la plaie du moyen âge. C'est que tous s'y moquent de tous. Tout est louche et rien n'est net ; tout y peut sembler ridicule. Les formes bâtardes abondent, et du plus haut au plus bas. La création tardive qui ferme le moyen âge, le bourgeois, mi-parti de l'homme inférieur des villes et jouant le petit noble, avec des mains de paysan, des épaules de forgeron, est devant l'homme de cour ce qu'est l'oie devant le cygne.

Riez donc, bons vieux temps joyeux ; riez, facétieux noëls ; riez, plaisants fabliaux ; amusez-vous de votre honte.

La gaieté d'Aristophane n'est point basse ; elle

élève encore. Lorsque, par-devant le peuple souverain, le peuple juge, qui tous les jours juge à mort, l'intrépide satirique met en scène le *Bonhomme Peuple*, dont ses favoris se moquent, cela est hardi et grand. La farce du moyen âge attriste plutôt; je ne lui vois que trois gaietés, la potence, la bastonnade et le cocu; mais celui-ci, cocu par force, est trop malheureux pour faire rire.

J'oubliais l'objet principal des risées de ces temps, c'est le peu qui y reste d'indépendance et de liberté. Les *francs aleux* sont chez nous l'éternelle plaisanterie. Les *fiefs du soleil*, réclamant une indépendance ancienne comme le soleil et nette comme la lumière, sont l'amusement de l'Allemagne. Cette touchante réclamation de la liberté antique est la dérision des esclaves. Plaisante seigneurie qui n'a ni vassal ni suzerain, rien au-dessous, rien au-dessus! C'est une anomalie, un monstre. On ne sait quel nom donner à cette chose ridicule; on l'appelle une royauté. Qui n'a ri du *roi d'Yvetot?* Cette étrangère, la Liberté, inconnue dans un monde serf, elle est stupidement moquée, honnie, conspuée; on lui met un diadème de papier avec un sceptre de roseau.

De même que d'abord l'homme libre, cruellement persécuté, a été forcé de s'abdiquer, de se donner, lui et sa terre, au seigneur, prêtre ou baron; la libre ville, la commune, ne naît au onzième siècle que pour se donner au treizième, se mettre aux mains du seigneur roi.

A leur naissance, âge de force, de grandeur et d'activité, les communes du midi de la France ont commencé le mouvement du monde; celles d'Italie, d'Allemagne, des Pays-Bas, ont suivi, créant d'un seul coup tous les arts, toutes les formes de civilisation qu'aura l'Europe jusqu'au seizième siècle.

Mais la ruine épouvantable de notre Midi, qui s'est affaissé dans les flammes, sous la torche des papes et des rois, instruit assez nos communes du Nord. A l'oppression locale d'un seigneur du voisinage, on croyait pouvoir résister. Le seigneur universel, lointain, mystérieux, le roi, qui paraît au treizième siècle, armé de la double puissance de l'État et de l'Église, est-il quelqu'un d'assez fou pour vouloir lutter contre lui? Le cœur n'avait pas baissé dans les luttes féodales. Mais ici il baisse; on s'effraye; on commence à se regarder, dans chaque ville, avec défiance. Il y a les hommes de la ville, mais il y a les hommes du roi. A la première discussion, croyez bien que ces derniers, contre les magistrats du lieu « qui oppriment le pauvre peuple, » vont appeler ce maître lointain, et personne n'y contredira. Les villes italiennes invoquent le podestat étranger, le capitaine étranger; les villes françaises appellent ce podestat supérieur, le prévôt ou juge du roi. Dans ses mains, agenouillés, ils résignent la commune, l'élection, le gouvernement de soi par soi, tous leurs droits de régler leur propre sort. L'épée de justice passe aux mains d'un homme étranger à la coutume et qui n'en sait pas la justice. La vieille voix de la cité, le beffroi descend de sa tour. La ville rentre dans le silence, et si la cloche y sonne encore, c'est la cloche monastique qui sonne au profit des seigneurs, du seigneur roi, du seigneur prêtre. Que dit-elle? Humiliez-vous, obéissez, dormez, enfants. Sous sa monotonie pesante, l'âme, assourdie d'un même son, s'hébète d'ennui et se bâille; elle a la nausée d'elle-même.

Ceux qui priment dans cette commune devenue une ville muette, obscur petit trou de province, ce sont sans nul doute les hommes du roi, les gens de la justice royale et des finances royales, monsieur le lieutenant du bailli, du sénéchal, etc. Voilà les coqs de ce fumier, ceux qui marchent la tête haute et qui tiennent le haut du pavé, dans les boueuses petites rues. Tout se fera à leur exemple. Quel est l'esprit, quels sont les mœurs de cette bourgeoisie? Timides, honnêtes, répondent nos modernes historiens. Effrontées et débridées, répondent les vieilles histoires et les monuments juridiques. Consultez un de ceux-ci, cent fois plus riche et plus fécond que toutes nos Gazettes des tribunaux : je parle des trois cents registres du Trésor des chartes, spécialement les lettres de grâce. Vous trouverez là les mœurs que les fabliaux indiquaient, et les Villon, et les Basselin, et les Régnier, et jusque sous Louis XIV, les curieux mémoires de Fléchier. Ces naïves archives de la bourgeoisie nous la montrent sans chemise, sans pudeur, et par le dos. On y voit toute la bassesse d'une société fondée sur l'imitation fidèle de Patelin, de Grippeminaud, du procureur, du magistrat, qui le soir mange avec les filles les épices du matin et les profits de la potence. Madame, pendant ce temps, la présidente ou conseillère, l'élue, qui ne peut souffrir que les gens d'épée, ouvre la porte de derrière à son galant en plumet qu'elle paye et qui le matin conte sa nuit à tous les passants.

Quel dédommagement à cet abaissement des mœurs et du caractère? une justice impartiale peut-être, parce qu'elle émane du centre? Mais ce juge, cet homme du roi, enveloppé, dominé par la coterie locale, en prononce au tribunal les sentences intéressées. Et que voulez-vous qu'il refuse, ce magistrat galantin, aux déesses des belles ruelles, pour qui, ce matin, entre deux arrêts de mort, il rimait des madrigaux? Toute injustice locale, par les femmes ou par l'argent, par le coffre ou par l'alcôve, frappera, de haut et plus pesante, au nom de la royauté.

La triste lumière se fait aux quatorzième et quinzième siècles. La centralisation, qui sans doute doit être un jour la force et le salut de la France, fait provisoirement sa ruine. Elle est centralisée pour rendre le désordre général, centralisée pour tourner d'ensemble au vertige d'un fou, pour universaliser le désastre et la banqueroute, pour être prisonnière avec Jean, idiote avec Charles VI.

Et la royauté, même habile et hardie, Louis XI, n'y pourra remédier, pas plus que n'a fait Marcel. A la première tentative de réforme, tout l'abandonne; comme le tribun fut seul, seul reste le roi (en 1464). Pourquoi? Pour la même cause. A l'un comme à l'autre, les hommes manquèrent. On avait misérablement aplati les caractères, brisé le ressort moral, anéanti l'énergie. Quand le roi voulut être un roi, il se trouva le roi du vide.

En sorte que cette longue abdication au profit de la royauté n'aboutissait qu'à la rendre impuissante elle-même.

Par quels circuits infiniment longs, tortueux, obscurs, devait-on, de ce désert d'hommes, revenir à la vie nouvelle qui recommencerait un monde? Personne ne pouvait le prévoir. Et, en attendant, les meilleurs, les plus fiers se décourageaient. Du règne de la platitude, de jeunes et vigoureux esprits se rejetaient sur l'impossible, sur la noble, l'héroïque, l'irréalisable antiquité. Le célèbre ami de Montaigne, la Boétie, magistrat, homme du roi, écrit le *Contr' un*. Violent, douloureux petit livre, qui, d'ensemble, efface tout le moyen âge, le dédaigne plutôt, l'oublie, disant en substance le mot de Saint-Just : « Le monde est vide depuis les Romains. »

§ VI. — De la création du peuple des sots.

L'antiquité, dans l'esclave et le maître, eut le stupide et l'insensé. Le moyen âge monastique eut un monde d'idiots. Mais le sot est une création essentiellement moderne, née des écoles du vide et de la suffisance scolastique; il a fleuri, multiplié, dans les classes si nombreuses où la vanité prétentieuse se gonfle de mots, se nourrit de vent.

L'académie, le barreau, la littérature, le gouvernement parlementaire, ont donné à ce grand peuple de notables accroissements. Mais, si l'on veut en marquer le vénérable berceau, l'histoire, aussi bien que la logique, ne peut en donner l'honneur qu'à un âge essentiellement verbal, à l'âge qui adora les mots, qui imposa à l'esprit le culte des entités creuses, des abstractions réalisées, qui partit de ce principe *que toute idée* (la plus fantasque, la plus arbitraire) *a nécessairement un objet* correspondant dans la nature, imposant au Créateur cette étrange condition de créer des réalités pour donner corps et fondement à toutes les idées des fous.

« Tout mot répond à une idée, et toute idée est un être. Donc la grammaire est la logique, et la logique est la science. Pourquoi étudier la nature, pourquoi observer, s'informer? Il faut regarder le monde dans sa pensée creuse; on verra le vrai, le réel, au miroir de la fantaisie. »

Cette doctrine a suffi à l'humanité pendant trois ou quatre cents ans. Avec quel fruit? On le vit lorsque le dernier scolastique, Ockam, nouveau Samson, secoua les colonnes du temple et que tout s'écroula d'un coup. Où étaient les ruines? On chercha en vain. Pas une idée n'était restée. Ce que professait le dernier scolastique, c'était de revenir au premier, au point de départ du bon sens, à l'enseignement d'Abailard, autrement dit, d'avouer qu'on avait perdu trois siècles.

La difficulté était grande. Si l'on n'avait pas créé une philosophie, on avait créé un peuple, une race nouvelle, qui n'avait aucune envie de finir. Tant d'écoles, tant de chaires, tant de docteurs, tant de sottises! Ah! supprimer tout cela, quel coup à l'autorité! Où trouver une création plus solide et plus massive, une plus épaisse muraille pour intercepter les rayons du jour?

Interdire la philosophie, le raisonnement, c'eût été les stimuler davantage; mais placer la philosophie dans un petit cercle légal où, sans avancer, elle pourrait tourner éternellement; permettre de raisonner un peu, et, jusqu'à un certain point, n'autorisant la raison qu'à combattre la raison, c'était plus habile et plus sage. On avait trouvé vaccine de cette maladie dangereuse qui s'appelle le bon sens.

Au moment où Abailard hasarda ce petit mot que des idées n'étaient pas des êtres, que les abstractions qu'on appelait les universaux n'étaient pas des réalités, mais des conceptions de l'esprit, toute l'école se signa d'horreur. L'insurrection régulière commença contre la raison. Abailard fit pour elle amende honorable, comme fera plus tard Galilée. Seulement il avertit ses ineptes adversaires qu'en s'enfonçant étourdiment dans ce réalisme qu'ils croyaient plus orthodoxe, ils marchaient droit à un abîme où leur orthodoxie, leur dogme, irait s'abîmant sans remède. Du fond du douzième siècle, il montra déjà Spinosa.

La raison étant prohibée, l'intuition restait peut-être. L'esprit, auquel on défendait de marcher, se mit à voler. Il s'appuya des puissances d'amour et de seconde vue qui permettent au génie d'atteindre la vérité lointaine et d'anticiper l'avenir. Les mystiques, par lesquels le pape avait accablé Abailard, vinrent, dans leur parfaite innocence, lui offrir la révélation de l'âge du libre Esprit, où le pape devait disparaître avec l'Église vieillie ; une jeune Église allait naître, de lumière, de liberté, d'amour. Rome épouvantée aperçut tout ce qu'elle avait à craindre de ces terribles amis qui voulaient la rajeunir, mais en la mettant dissoute dans le chaudron de Médée. Le danger n'était pas plus grand du côté des raisonneurs. Comment revenir à ceux-ci ? Comment condamner les mystiques ? Si l'Église ne soutient pas l'arbitraire du mysticisme, elle rentre dans la doctrine de la justice et de la loi, dans la foi du jurisconsulte opposée à celle du théologien. L'Église légiste et raisonneuse, c'est le contraire de l'Église, un effet sans cause, un néant.

On imagina un pauvre expédient. De même qu'après Abailard on avait souffert des demi-raisonneurs qui pouvaient raisonner un peu, on permit des demi-mystiques qui pouvaient délirer un peu, s'emporter jusqu'à un certain point, être fous, mais avec méthode. C'est la seconde classe des sots.

Ceux-ci furent vraiment admirables. Les autres allaient gauchement, avec des entraves aux jambes, tristes quadrupèdes qui marchaient pourtant quelque peu. Mais les mystiques raisonnables étaient des animaux ailés ; ils donnaient l'étonnant spectacle de volatiles étendant par moments de petites ailes, liées, bridées, les yeux bandés, sautant au ciel jusqu'à un pied de terre, et retombant sur le nez, prenant incessamment l'essor pour rasseoir leur vol d'oisons dans la basse-cour orthodoxe et dans le fumier natal.

Les choses en étaient là vers 1200. L'école était florissante, la dispute fort engagée entre ces deux classes, entre les sots méthodiques et les sots enthousiastes, lorsque les juifs leur jouèrent le mauvais tour de leur apporter d'Espagne ce qu'on avait tant désiré : l'œuvre d'Aristote. Abailard en avait eu à peine quelques petits traités. Toute la bibliothèque philosophique du douzième siècle était de cinq ou six volumes. Mais voici la masse immense de l'encyclopédie antique et de tous ses commentateurs, de quoi charger quatre chameaux. On peut deviner avec quelle fureur de gloutonne avidité nos gens saisirent cette pâture, l'absorbèrent, sans prendre garde que c'était un faux Aristote, mutilé, faussé, gâché, de grec en arabe, d'arabe en latin, estropié par Avicenne, défiguré, jusqu'à dire le contraire de sa pensée, par le panthéiste Averrhoès et les cabalistes juifs.

Voici un curieux spectacle. Ces gens qui, dans la croisade, dans les guerres des Maures d'Espagne, dans l'extermination des hérétiques du Midi, dans l'âpre poursuite des juifs, croient mettre le fil du glaive entre eux et les infidèles, ils les admettent et les subissent au cœur de leur théologie, les enseignent dans leurs écoles, le plus souvent, il est vrai, en dissimulant leur nom. L'éclectique arabe Avicenne impose ses classifications et bon nombre de ses idées à l'éclectisme chrétien d'Albert le Grand et de saint Thomas. « Avicenne, dit nettement Brucker dans sa grande histoire, a été le roi de l'École arabe et chrétienne. » Influence peu orthodoxe. Le faux Aristote d'Orient, parmi son péripatétisme, mêle le germe spinosiste de David le juif, d'Averrhoès et d'Alkindi.

Remercions le dernier historien de la philosophie, M. Haureau, ce ferme et courageux critique qui a rompu la barrière, disant nettement ce que nos amis même, par un respect filial pour les docteurs du moyen âge, s'étaient abstenu de dire. Il a établi : 1° qu'ils s'étaient souvent trompés, attribuant à Aristote les opinions de ses glossateurs arabes ; 2° qu'ils ont souvent trompé les autres, substituant à Aristote ce qu'ils appellent les *péripatéticiens* et dissimulant sous ce nom les Arabes, très-infidèles disciples du péripatétisme ; 3° que, dans leur désir passionné de concilier Aristote qu'ils connaissent mal, et Platon qu'ils ne connaissent point, avec la doctrine orthodoxe, ils font parfois dire à ces maîtres le contraire de ce qu'ils ont dit. Pour ne prendre qu'un exemple, Albert le Grand, saint Thomas et Duns Scot s'accordent pour attribuer à Aristote une définition de *la cause* qui n'est point dans ses écrits, et qui ne peut y être, étant justement opposée à l'esprit de ses doctrines.

Cette tentative pour faire un Aristote orthodoxe, un paganisme chrétien, en mêlant à cette base fausse quelque peu de doctrine arabe, travestie du manteau grec et du capuchon dominicain, donna, quelle que fût la dextérité de ces grands docteurs, un enseignement hybride, trois fois bâtard, trois fois faux. Leur louable intention de réconcilier le monde au sein d'une même doctrine, leur étonnante vigueur d'abstraction et de subtilité, n'en a pas moins produit des monstres d'incohérence. La division extrême des questions en poudre impalpable, qui semble vouloir éclaircir et réellement obscurcit, trompe la vue et la rend flottante ; vous restez embarrassé, mais nullement convaincu, au contraire plein de défiance ; mille raisons, et point d'évidence ; mille yeux à la fois pour mieux voir, tous troubles et tous louches.

Le mulet n'engendre point. Cette école est restée stérile. En vain, après saint Thomas, prit-elle une nouvelle audace qu'on crut un moment créatrice. Un jeune cerveau hibernois, le plus étonnant disputeur qui ait existé, Duns Scot, lança la scolastique dans les champs de la fantaisie. Saint Thomas, dans les choses les plus excentriques, par exemple dans ses recherches sur la psychologie des anges, s'efforce de garder encore un peu de raison et de sens. Mais l'intrépide Irlandais a quitté tous les rivages, certain qu'il est que toute chose pensée et qui peut exister *se classe légitimement dans les entités de la substance.* Il vogue aux pays inconnus, aux nuées, grosses d'êtres étranges; il est familier avec tous les monstres, chevauche hardiment la chimère, l'hircocerf et le bucentaure.

Si le rêve équivaut à l'être, le mot équivaut à la chose, toute combinaison de mots est une combinaison de choses et de réalités. Enchaîner des mots, c'est connaître. Cet enchaînement, prévu, tracé dans un système de formules, nous donne la *machine à penser.* Unique et superbe recette pour parler sans jugement des choses qu'on n'a pas apprises. Penser mécaniquement, penser sans penser! quel coup de génie! et quelle profondeur! Les sots se frappèrent le front d'étonnement et d'admiration. Raymond Lulle a vaincu

Duns Scot, comme Scot a vaincu saint Thomas.

Tout cela est beau en soi, mais plus beau pour l'éducation et les habitudes intellectuelles. Comme déformation de l'intelligence, comme gymnastique spéciale pour faire des bossus, des boiteux, des borgnes, on ne trouvera rien de semblable. Il y a ce miracle même que d'inconciliables défauts étaient pourtant conciliés dans cet enseignement unique. Il était léger, d'insignifiance, de futilité, et pourtant il était lourd, appesanti par les textes. Excentrique et chimérique, il n'en traînait pas moins à terre par sa lente, minutieuse, fatigante déduction.

On procédait prudemment. On ne se mettait en route qu'avec un maître, un docteur, un guide, qui vous gardait à vue, répondait de vous. Ce maître était un manuscrit, plus ou moins falsifié, mauvaise traduction latine d'une mauvaise version arabe. Double obscurité, et déjà complète absence de critique, habitude de confusion.

Cette nuit s'épaississait par le commentaire de l'École. L'étudiant prenait là une précieuse faculté, celle de se payer de mots. Que si pourtant il s'obstinait à garder quelque jugement, la dispute en venait à bout. Heureux effets de concurrence, d'émulation, de vanité! Mis en présence, dressés sur leurs ergots, ces jeunes coqs prenaient là un cœur héroïque pour argumenter à mort, embrouiller les questions, stupéfier les auditeurs, et eux-mêmes s'hébéter au vertige de leur propre escrime. La gloire était de ferrailler six heures, dix heures, sans reculer, et de trouver des mots encore. Tournois sublimes, mirifiques batailles que la nuit seule pouvait finir. Juges et combattants, tous se retiraient pleins d'admiration pour eux-mêmes, gonflés, vides et presque idiots.

Arrière les combats d'Homère! La Guerre des rats et des grenouilles, la *Secchia rapita*, doivent céder le pas ici. Dès le douzième siècle, la boue de la rue du Fouarre, le ruisseau de la rue Saint-Jacques, virent, front à front, se heurter les factions des cornificiens et des nihilistes. Le jeu grave de ceux-ci consistait à calculer rapidement, sans broncher, combien de négations il faut pour faire une affirmation. Deux négations affirment, trois nient, quatre affirment encore, etc., etc. Les cornificiens (ou faiseurs d'arguments cornus) agitaient des problèmes d'extrême importance, par exemple : « Le porc qu'on mène au marché est-il tenu par le porcher ou bien par la corde? » On sait l'âne de Buridan ; entre deux mobiles égaux, deux tentations égales, deux boisseaux d'avoine, que fera le pauvre Bruneau (c'est le nom scolastique de l'âne)? L'école garantissait qu'il resterait immobile, et partant mourrait de faim.

Des têtes nourries de telles pensées, sans aucune étude de faits, parfaitement préservées des lumières de l'expérience, grossissaient étonnamment, soufflées de vent et de vide. On les voyait majestueux, dans la robe jadis noire et toujours crottée des Capets, roulant sous leur sombre sourcil et leurs gros yeux menaçants des orages de syllogismes. Respectables étudiants qui ergotaient quinze ans, vingt ans, sans avoir jamais le chagrin de céder à l'évidence. Athlètes vaillants de la sottise et ses champions émérites, sûrs de n'avoir point de rival, et d'être par-dessus tous les hommes, doctement, logiquement sots.

Les systèmes pouvaient passer; mais la sottise est immortelle. Quand tous les fantômes de la scolastique disparurent soufflés par Ockam, la scolastique subsista, comme institution gymnastique, immuable école du Rien.

Deux historiens illustres ont honoré son tombeau. Hutten, d'une plume naïve, écrit les effusions touchantes de la moinerie ignare et de la Bêtise. Rabelais, d'une haute formule, résume la Sottise savante et le génie de l'École, posant l'horrifique question : « On demande si la Chimère, bourdonnant dans le vide, ne pourrait pas dévorer les secondes intentions? Question débattue à fond pendant douze ou quinze semaines au concile, » etc.

§ VII. — Proscription de la nature.

On avait assez adroitement, ce semble, bouché et calfeutré les trous par où aurait pu passer la lumière. On avait, chose ingénieuse, au lieu de faire des aveugles qui eussent eu la fureur de voir, on avait fait des myopes, des oiseaux de nuit, qui n'aimaient point du tout à voir, auxquels on disait hardiment : « Regardez; vous avez des yeux. »

On avait également découragé les deux puissances, la raison et la déraison, la logique et la prophétie, de sorte que l'esprit humain, à qui l'on interdisait son procédé régulier, n'avait plus même la ressource de ces héroïques folies par lesquelles il atteint d'un bond ce qu'on lui défend de toucher. Entre la marche et le vol, également prohibés, permis de ramper sur le ventre; l'autorité satisfaite instituait des courses au clocher pour la chenille et la limace, et leur proposait des prix.

Tout cela, c'est le lendemain du *Connais-toi* d'Abailard et de l'*Évangile éternel*, également étouffés ; c'est la florissante époque du Lombard, où son manuel de sottise eut deux cents commentateurs. Mais voyez! L'esprit humain a un tel fond de révolte et de perversité native; qu'exclu de l'étude de l'âme et des libertés du monde intérieur, il commença à regarder sournoisement du côté de la nature. Plus de libre raison, d'accord; plus de poésie, à la bonne heure. Mais du moins, si l'on observait!... Est-ce donc une grande hérésie que de recueillir les herbes des champs, d'assister l'homme malade, de tirer des simples la vie qu'y mit Dieu et qui peut réparer la nôtre?

Prenez garde, mon fils, prenez garde. Il n'y a pas en effet de plus monstrueuse hérésie. Eh! c'est justement pour cela que les Juifs et les Arabes sont maudits de Dieu. Misérables! ils n'ont pu comprendre que la maladie est un don, un avertissement du ciel, un léger purgatoire de ce monde en déduction des supplices de l'autre. Dieu aussi, pour punition, a multiplié autour d'eux toutes les tentations de la terre. Véritables paradis du diable, la *huerta* de Valence et la *vega* de Grenade, ont accumulé sur un point tous les trésors des trois mondes, Europe, Afrique et Asie. Soie, riz, safran, canne à sucre, dattier, bananier, myrrhe, gingembre, al-bricot et al-coton, leur tyrannique industrie a violenté les climats, embrouillé l'œuvre de Dieu. Ces barbares qui ont trouvé la poudre, le papier et la boussole, ont eu la témérité d'élever des observatoires pour veiller de plus près le ciel, espionner les étoiles, que dis-je? ils les font descendre au moyen d'un verre convexe, les obligent de déposer leur image au fond d'une lunette obscure, d'avouer tous leurs mouvements, d'humilier sous l'œil de l'homme ces triomphants luminaires que l'Écriture et les Pères avaient sagement cloués au cristal immobile des cieux.

En un mot, les mécréants, renouvelant le péché d'Adam, se sont remis à manger les fruits de l'arbre de science. Ils ont cherché le salut, non dans le miracle, mais dans la nature; non dans la légende du Fils, mais dans la création du Père.

Comprenez donc ce monde-ci, comprenez le moyen âge. Remarquez que pendant quinze siècles, Dieu le Père, Dieu le Créateur, n'a pas eu un temple, et pas un autel. Son image, jusqu'au douzième siècle, est absolument absente (Didron, *Histoire de Dieu, approuvée par l'archevêque de Paris*). Au treizième, il se hasarde de paraître à côté du Fils. Mais il reste toujours inférieur. Qui s'est avisé de lui faire faire la moindre offrande, de lui faire dire une messe? Il reste avec sa longue barbe, négligé et solitaire. La foule est ailleurs. On le souffre; le Fils et la Vierge, maîtres de céans, ne l'expulsent pas de l'Église. C'est beaucoup. Qu'il se tienne heureux qu'on ne lui garde pas rancune. Car enfin il a été juif. Et qui sait si ce Jéhovah est autre que l'Allah de la Mecque? Arabes et Juifs soutiennent qu'ils sont croyants de Dieu le Père, et qu'en récompense il leur verse les dons de sa création.

Création, production, industrie de Dieu, industrie de l'homme, tous mots de sens peu favorable et mal sonnants au moyen âge. La Force génératrice, naïvement mise sur l'autel dans les anciennes religions, fait scandale dans celle-ci, pâle et blême religieuse devant qui on ose à peine parler de maternité. Si la mère est sur l'autel, c'est comme vierge. La mère n'est pas mère; le fils n'est pas fils. « Quoi de commun entre vous et moi? » Le père est-il père? non pas; nourricier, et rien de plus. Les noëls du moyen âge, implacables pour la modeste et souffrante image de Joseph, en font leur risée.

L'Ormuzd créateur de la Perse, le fécond Jéhovah des Juifs, l'héroïque Jupiter de Grèce, sont tous des dieux à forte barbe, amants ardents de la nature, ou promoteurs énergiques des activités de l'homme. Le doux et mélancolique Dieu du moyen âge est imberbe, et reste tel dans les vrais siècles chrétiens. Les monuments presque jamais ne lui ont prêté la barbe jusqu'au rude âge féodal. La barbe génératrice! à quoi bon pour annoncer la fin prochaine du monde? Que sert d'engendrer pour mourir demain? Toute activité productive doit cesser. « Voyez les lis, ils ne savent pas filer, et ils sont mieux vêtus que vous. » Ainsi finit le travail. « A César ce qui est à César. » Toute patrie finit dans l'Empire. « Ni Grec, ni Romain, ni barbare. » L'Empire s'écroule, le barbare entre. Saint Paul même, démentant hardiment la loi Julia, tolère à peine le mariage; la famille aussi finit, et de la manière la plus froide, les époux se séparant d'un commun accord, lui moine, elle religieuse, bons amis, parfaitement uns dans l'idée de séparation.

Voilà la vraie tradition. Si l'ordre de Saint-Benoît cultive un moment la terre, dans la disette qui suit l'invasion, c'est une dérogation forcée à l'inertie légitime. Tout bientôt rentre en son repos.

Comment la chaîne des temps allait-elle continuer ? La course éternelle du monde, où comme aux fêtes d'Athènes, « tous se passent le flambeau de vie, » (*Et quasi currentes vitaï lampada tradunt*), n'était-elle pas finie ? N'était-ce pas fait de ce sublime chœur ? Les dieux de la beauté, brisés, étaient enfouis dans la terre. Les manuscrits brûlés, perdus. Constantinople, elle-même, sous l'Isaurien iconoclaste, faisait aux muses la même guerre que faisait Grégoire le Grand. Le jour s'était vu où l'humanité ruinée, pauvre veuve, eut son dernier patrimoine réduit à une phrase de Porphyre dans la traduction de Boëce ! L'occasion était belle pour renoncer à toute science, pour embrasser une bonne fois l'imbécillité. Pascal n'eût eu que faire de dire son mot pieux : « Abétissez-vous. »

INTRODUCTION.

Ici vient la grande formule, qu'on ne manque jamais de dire : : « Heureusement les moines étaient là, religieux conservateurs de l'antiquité, ses sauveurs. Écrivains infatigables, ces bons bénédictins copiaient, multipliaient les livres. » Et voilà justement où était le mal. Plût au ciel que les bénédictins n'eussent su ni lire ni écrire! Mais ils eurent la rage d'écrire et de gratter les écrits. Sans eux, la fureur des barbares, des dévots, n'eût pas réussi. La fatale patience des moines fit plus que l'incendie d'Omar, plus que celui des cent bibliothèques d'Espagne et tous les bûchers de l'inquisition. Les couvents où l'on visite avec tant de vénération les manuscrits palimpsestes (c'est-à-dire grattés et regrattés), ce sont ceux où s'accomplirent ces idiotes Saint-Barthélemy des chefs-d'œuvre de l'antiquité.

« Me trouvant au mont Cassin, je demandai humblement la grâce de visiter la fameuse bibliothèque. Un moine me dit sèchement : « Montez, la porte est ouverte. » Il n'y avait ni porte ni clef. L'herbe poussait sur la fenêtre; les livres dormaient sur les bancs dans une épaisse poussière. J'ouvris force livres anciens, mais pas un complet; aux uns, il manquait des cahiers; à d'autres, on avait coupé des feuillets pour profiter des marges blanches. Je descendis les larmes aux yeux, et je demandai pourquoi cette mutilation barbare. Un moine me dit que ses frères, pour gagner quatre ou cinq sous, arrachaient, grattaient un cahier, et vendaient aux enfants de petits psautiers, aux femmes de petites lettres (*sans doute des talismans*). » Tel est le récit naïf de Benvenuto d'Imola.

Près de ces conservateurs admirables des manuscrits, il y avait une école arabe de médecine, la vieille école de Salerne, obstinément protégée par les rois qui voulaient vivre et faisaient cas des sciences qui pouvaient conserver la vie. Un Maure d'Afrique, à en croire la légende, voyageur hardi aux pays d'Asie, en avait apporté, traduit Hippocrate et Galien, premier trésor de cette école. Mais les Arabes ne s'en tenaient pas à cette impiété de lire l'antique médecine païenne. Hardis des encouragements du prince des impies, l'empereur Frédéric II, ils firent cette chose intrépide, ce sacrilége sublime, d'ouvrir la mort pour lire la vie; ils assassinèrent, chose horrible, un cadavre qui n'y sentait rien, tuèrent une chose pour sauver des hommes. Leur protecteur, penseur hardi, charmant poëte et mauvais croyant, passait pour un tel scélérat, qu'on crut pouvoir lui attribuer le livre des *Trois Imposteurs*, qui n'a jamais été écrit. Ce qui est sûr, c'est que ce grand prince, l'une des voix de l'humanité par qui l'Europe reprit son dialogue fraternel avec l'Asie, interrogea les docteurs musulmans, et posa cette question qui eût pu briser l'épée des croisades : « Quelle idée avez-vous de Dieu? »

Par Salerne, par Montpellier, par les Arabes et les Juifs, par les Italiens leurs disciples, une glorieuse résurrection s'accomplissait du Dieu de la nature. Inhumé, non pas trois jours, mais mille ou douze cents ans, il avait pourtant percé de sa tête la pierre du tombeau. Il remontait vainqueur, immense, les mains pleines de fruits et de fleurs, l'Amour consolateur du monde. Les Maures avaient découvert ces puissants élixirs de vie que la Terre, de son sein profond, par l'intermédiaire des simples, envoie à l'homme, son enfant, et qui sont peut-être sa vie maternelle. La tendresse de ce Dieu-mère qu'on ne sait comment nommer éclatait, débordait pour lui. Le voyant faible, chancelant, qui ne pouvait aller à elle, elle s'élançait, la grande mère, la compatissante nourrice, pour le soutenir dans ses bras.

Que pouvait lui rendre l'homme? Un grand cœur, une sublime et immense volonté. Un héros parut : c'est Roger Bacon (1214-1294).

Élève d'Oxford et de Paris, ayant épuisé d'abord la creuse théologie du temps, il apprit l'hébreu, le grec et l'arabe, tranchant les vieilles questions par cette simplicité hardie : « Il n'y a point de chrétien que celui qui lit l'Écriture. »

Ayant centralisé à grands frais la science d'alors, tout ce qu'on pouvait avoir d'écrits arabes et grecs, il suivait la voie des Arabes, poussait vigoureusement au sein de la nature. Dénoncé, comme de juste, par les moines ses confrères qui le croyaient magicien, il envoya au pape pour justification son colossal *Opus majus*, se prouvant infiniment plus coupable qu'on n'avait cru. « La magie n'est rien, » disait-il. « Bien, dit l'Église; mais pourquoi? » Il ajoutait : « Parce que *l'esprit humain peut tout* en se servant de la nature. »

Effrayante assertion qui supprimait la magie, mais en renversant la magie sacrée, et laissant pour tout miracle la toute-puissance de l'homme.

Encore s'il n'eût envoyé qu'un livre! mais il y joignit un livre vivant, un homme improvisé par lui, se dénonçant ainsi pour le plus rapide, le plus terrible éducateur qui eût existé. « Voyez bien, disait-il au pape, ce jeune homme qui porte mon livre; il s'appelle Jean de Paris; il a appris en une année ce qui m'en a coûté quarante. »

Foudroyante rapidité de l'éducation du bon sens! Puissance étrange de tirer, avec l'étincelle électrique, la science préexistante au cerveau de l'homme, et d'en faire jaillir la Minerve armée!

Les moines avaient très-bien dit que ce dangereux Bacon forgeait une tête d'airain qui devait rendre des oracles.

Le pape, qui reçut ce message, fut stupéfait,

n'osa toucher au magicien. Son successeur l'emprisonna. Combien judicieusement! Son livre, plein de lueurs terribles, préparait pour un nouveau monde la force et la vérité.

La force, l'égalité des forces, la poudre et l'artillerie, y sont enseignées; l'Amérique indiquée, prédite, et c'est sur ce mot qu'est parti Christophe Colomb. Le télescope, connu des Arabes, est pour la première fois ici entrevu par un chrétien. La haute loi des sciences et de l'homme, la perfectibilité indéfinie, se lit dans l'*Opus majus* cinq cents ans avant Condorcet. Que devient le type immuable de l'*Imitation* et le *Consummatum est?*

On l'eût brûlé certainement. Mais il lui advint justement ce qui arrive plus tard à son confrère Armand de Villeneuve, l'inventeur de l'eau-de-vie. Le pape le poursuit comme pape, le ménage comme médecin. Bacon a écrit un livre sur les moyens d'éviter les infirmités de la vieillesse. Si ce mécréant avait l'art d'éterniser la vie de l'homme? Pendant que le pape rumine cette question et ce doute, Bacon, qui a quatre-vingts ans, se tire d'affaire en mourant, et volé à ses ennemis le bonheur de lui voir faire le désaveu de Galilée.

Voilà la perplexité de l'autorité de ce temps. L'homme de l'esprit est ébranlé par les craintes du corps, le désir de vivre, de sauver la chair. Les papes approuvent la médecine, s'entourent de médecins juifs, mais défendent l'anatomie, la chimie, les moyens de la médecine. Les observateurs sont découragés. L'étude des faits est trop dangereuse. On s'abrite derrière les livres, on se ménage de vieux textes pour appuyer la science vaine, fantasque, d'imagination. Le champ de la vérité se stérilise; nulle découverte au quatorzième siècle.

En revanche, l'erreur est féconde. Le peuple des hommes d'erreur, des bavards et des fripons, astrologues et alchimistes, va multipliant. Les mathématiciens, sérieux au douzième siècle du temps de Fibonacci et de l'école de Pise, sont des sorciers au quatorzième, des faiseurs de carrés magiques. Charlemagne avait une horloge qu'il avait reçue du calife; mais saint Louis, qui revient d'Orient, n'en a pas, et mesure ses nuits par la durée d'un cierge. La chimie, féconde chez les Arabes d'Espagne, et prudente encore chez Roger Bacon, devient l'art de perdre l'or, de l'enterrer au creuset pour en tirer de la fumée. La reculade que nous notions en philosophie, en littérature, se fait plus magnifique encore et plus triomphante dans les sciences. Copernic, Harvey, Galilée, sont ajournés pour trois cents ans. Une nouvelle porte solide ferme le passage au progrès, porte épaisse, porte massive, la création d'un monde de bavards qui jasent de la nature sans s'en occuper jamais.

Bonne légion de renfort pour l'armée immense des sots.

§ VIII. — Prophétie de la Renaissance. — Évangile éternel. Impuissance de Dante.

La Renaissance s'était présentée au douzième siècle comme la sibylle à cet ancien roi de Rome, les mains toutes pleines d'avenir, chargées des livres du destin. Il hésite; de cinq volumes, elle en brûle deux, et pour trois demande le même prix que pour cinq. Il hésite; deux volumes disparaissent encore dans les flammes. Il lui arrache ce qui reste, et il l'achète à tout prix.

C'est ainsi que la Renaissance, en son premier essor, offrit tout d'abord à l'homme les voies rapides et directes de l'initiation moderne; si bien que les raisonneurs et les mystiques même de ce premier âge se font entendre de nous bien mieux que tous leurs successeurs. Puis, ce moment solennel étant passé et manqué, les voies de la Renaissance deviennent obliques, incertaines; elle ne s'achemine au but que par des circuits immenses, bien plus, par des tâtonnements, des impasses où elle se heurte. L'esprit humain fourvoyé, las de ces ambages infinis, s'assoit plus d'une fois aux pierres du chemin, et là, comme un enfant qui pleure, ne veut plus écouter personne, ni marcher, ni avancer, sinon peut-être à reculons pour faire en arrière des pas rétrogrades qui doubleront sa fatigue et l'éloigneront du but.

Rappelons le point de départ, le premier critique, le premier prophète, l'auteur du *Connais-toi toi-même*, et la révélation de l'*Évangile éternel.*

Lorsque Abailard, proscrit de l'école de la montagne, proscrit de son asile même, l'abbaye de Saint-Denis, alla se cacher au désert, il y dressa l'autel nouveau du Paraclet, du Saint-Esprit, de l'Esprit de science et d'amour. Une telle lumière ne put se dérober. Les écoles le suivirent, avec toutes leurs nations, campèrent autour de lui, comme elles purent, bâtirent des cabanes. Une ville s'éleva au désert, à la science, à la liberté. Ce monde indigent d'écoliers se trouva riche en un moment pour bâtir le nouveau temple, que devait garder Héloïse. Son abbaye du Paraclet, fondée de l'aumône du peuple, fut la première et la dernière église qu'on éleva au Saint-Esprit.

L'Esprit-Saint, misérablement oublié ou pauvrement représenté sous une figure bestiale, Abailard l'avait rétabli dans son droit par cette statue célèbre où les trois personnes de la Trinité parurent dans leur égalité, toutes trois sous visages d'hommes. Étrange trinité jusque-là, dans laquelle ne paraissait ni le Père ni le Saint-Esprit!

Et il enseigna *que l'Esprit était identique à l'amour*, que le Fils était, non l'amour, comme le disait le moyen âge, mais l'intelligence et la parole. Doctrine antique, conforme aux origines platoniciennes du christianisme. Doctrine de grande portée moderne, qui ouvrait l'interprétation, voulait sauver l'ancienne foi en lui ménageant le progrès, de sorte qu'elle allât s'étendant à la mesure du nouveau monde.

On sait avec quelle fureur sauvage cette voix fut étouffée par ceux qui voulaient périr. Tous les systèmes, dès lors, d'interprétation hardie, destructives, paraissent au douzième siècle. Les Vaudois, dégageant l'Évangile du lieu et du temps, enseignent qu'il se renouvelle tous les jours, que l'incarnation de Dieu en l'homme recommence sans cesse et qu'elle est sa passion. Donc l'Évangile ne date plus de telle année de Tibère ; il est de toutes les années, et de tous les temps, hors du temps ; il est l'*Évangile éternel*.

Redoutable simplification, qui apparut comme la mort du christianisme. La plupart frémirent et fermèrent les yeux devant cette cuisante lumière.

Mais elle brillait inexorable, et du dedans au dehors, du fonds même de leur esprit.

Il y avait en Calabre un simple, le portier d'un couvent, nommé Joachim. Un jour qu'il rêvait au jardin, une figure d'homme merveilleusement belle lui apparaît, un vase en main, le lui met aux lèvres. Joachim, discrètement, boit une goutte : « Eh! pauvre homme, dit l'inconnu, si tu avais bu jusqu'au fond, tu aurais bu tout l'avenir! »

Mais, n'ayant pris qu'une goutte, moins éclairé que tourmenté, épouvanté des abîmes qui s'ouvraient au christianisme, Joachim quitta son pays et chercha au tombeau du Christ l'apaisement de ses tentations. Au retour, dit son disciple, il s'arrêta en Sicile dans un couvent au pied de l'Etna, et il y fut saisi d'une si étrange pensée, qu'il eut trois jours d'une sorte d'agonie, sans pouls, sans voix et comme mort. Qu'avait-il rêvé? on n'en sut rien que longtemps après, lorsqu'il se décida à en faire écrire quelque chose : « J'étais à ses pieds, j'écrivais, et deux autres avec moi; il dictait nuit et jour : son visage était pâle comme la feuille sèche des bois. »

Cette unique goutte d'eau, bue dans l'amour et la simplicité à l'urne de l'avenir, c'est une mer, vous allez le voir.

Chose étonnante! le christianisme naissant semblait s'être compris lui-même comme un simple âge du monde, une de ses formes historiques. Tertullien dit au second siècle : « Tout mûrit, et la Justice aussi. En son berceau, elle ne fut que *nature* et crainte de Dieu. La *loi* et les prophètes ont été son enfance, l'*Évangile*, sa jeunesse : le *Saint-Esprit* lui donnera sa maturité. »

L'homme de l'an 1200 en sait plus. Il sait que le Saint-Esprit, c'est le libre esprit, l'âge de science :

« Il y a eu trois âges, trois ordres de personnes parmi les croyants. Les premiers ont été appelés au travail de l'accomplissement de la Loi ; les seconds, au travail de la Passion ; les derniers, qui procèdent des uns et des autres, ont été élus pour la Liberté de la contemplation. C'est ce qu'atteste l'Écriture, lorsqu'elle dit : « Où est l'Esprit du

Seigneur, là est la Liberté. » Le Père a imposé le travail de la Loi, qui est la crainte et la servitude ; le Fils, le travail de la Discipline, qui est la sagesse ; le Saint-Esprit offre la Liberté, qui est l'amour. Le second âge, sous l'Évangile, a été, est libre, en comparaison de celui qui précéda, mais non relativement à l'âge à venir.

« Au peuple juif a été commise la lettre de l'Ancien Testament ; au peuple romain, la lettre du Nouveau ; aux hommes spirituels a été réservée l'intelligence spirituelle qui procède de l'un et de l'autre. »

Le mystère de royaume de Dieu apparut d'abord comme dans une nuit profonde, puis il est venu à poindre comme l'aurore ; un jour il rayonnera dans son plein midi ; car, à chaque âge du monde, la science croît et devient multiple. Il est écrit : « Beaucoup passeront, et la science ira se multipliant. »

Le premier âge est un âge d'esclave ; le second, d'hommes libres ; le troisième, d'amis. Le premier âge, de vieillards ; le second, d'hommes ; le troisième, d'enfants. Au premier, les orties ; au second, les roses ; au dernier, les lis. » (*Concordia,* p. 9, 20, 96, 112.)

Voilà ce que Tertullien n'a point vu, et qui est grand, vraiment inspiré de l'Esprit, de la *lumière des cœurs.* L'ancien docteur menait la foi de l'enfance à l'âge mûr ; et Joachim la montre qui devient jeune d'âge en âge ; pour fruit de la maturité, pour couronne de la sagesse, il nous promet l'enfance. Oh ! sublime parole ! La sainte enfance héroïque du cœur ; c'est par elle, en effet, que toute vie recommence !

Règne du libre esprit, âge de science et d'enfance à la fois ! Doctrine attendrissante qui embarque le genre humain dans ce vaisseau d'amis où Dante aurait désiré de voguer pour toujours, où nous-mêmes demandons à Dieu de naviguer de monde en monde !

Ce grand enseignement était l'alpha de la Renaissance. Il circula dès lors comme un Évangile éternel. Plusieurs l'enseignèrent dans les flammes. Et Jean de Parme, aux Cordeliers, professa hardiment : « *Quod doctrina Joachimi excellit doctrinam Christi.* »

§ IX. — L'évangile héroïque. — Jean et Jeanne. — Efforts impuissants.

Le premier mot de la Renaissance était dit, et le plus fort. Toutes ses tentatives ultérieures, celles même du seizième siècle, sont relativement rétrogrades. L'originalité de génie et d'invention, la grandeur des caractères, ne feront rien à cela, jusqu'au dix-huitième siècle. La porte a été ouverte, et elle a été fermée. Tout ce qu'on essayera maintenant, pour s'affranchir du moyen âge, se fait lentement, à grand'peine, et avec peu de succès. Pourquoi? c'est que ces efforts se font dans le cadre même du système dont on veut sortir. On le veut, on ne le veut pas. On en sort, et l'on n'en sort pas. Joachim de Flore lui-même s'excuse, repousse bien loin l'idée d'Évangile éternel. A qui offre-t-il son livre? Au pape même qu'il anéantit. Dante, qui, cent ans après, a levé le sceau des trois mondes, humanisé le moyen âge par la force de son cœur, il le détruit dans un sens, mais dans l'autre il le consacre, lui

e

prêtant, par son génie, un nouvel enchantement. Luther même, au seizième siècle, dans son élan héroïque, « dans son mépris magnifique et de Rome et de Satan, » vous croyez qu'il va démolir le passé de fond en comble. Point du tout. Il veut un passé plus antique, et par saint Paul il prétend y retourner.

Spectacle extraordinaire, étrange, auquel il faut bien s'arrêter. Dans ces âges de fer et de plomb, de 1300 à 1500, la Providence prodigue les miracles, et c'est en vain. Elle secoue l'humanité et ne la réveille pas. *Ferreus urget somnus.* Dieu ne sait plus que croire de sa création.

Voyez vous-même. En 1300, l'œuvre la plus inspirée, la plus calculée du génie humain, ce mortel effort de science et de passion concentrée, la *Divine Comédie,* passe et n'a nulle action. Florence, qui à ce moment succède partout aux Juifs, dans la banque et dans l'usure, a bien autre chose à faire. L'Italie, antidantesque, ne lit que le *Décaméron.* Le grand poëme théologique est renvoyé à Saint-Thomas, à l'École et à l'église, aux prédications du dimanche.

Pétrarque, bien plus populaire, échoue dans son pieux effort d'exhumer l'antiquité. Il attire les maîtres grecs, mais ils n'ont point d'écoliers. Ombre errante d'un monde détruit, lui-même va rejoindre ses morts, sans pouvoir relever leur culte. On le trouva sur un Homère qu'il baisait et ne pouvait lire.

Les vrais restaurateurs de Rome, zélateurs de l'ancien Empire, c'étaient nos légistes, ce semble, ce Guillaume Nogaret, qui porta à Boniface VIII le soufflet de Philippe le Bel. Le droit du *salus populi*, attesté contre les papes, l'est bientôt contre les rois. Les Marcel et les Arteveld croient fonder la République sur la base de la bourgeoisie. Celle-ci se dérobe et s'efface, s'aplatit, et tout s'écroule.

Née hier à peine du peuple, elle le voit avec épouvante dans sa première apparition. La révolution de Paris ne veut avoir rien de commun avec la Jacquerie des campagnes. Elle en frémit, en a horreur. Ce Lazare ressuscité est tellement défiguré, que tout fuit à son approche; est-ce un homme encore? on en doute, on se dispense d'en avoir compassion.

Et pourtant, à ce moment, une révolution commençait, obscure, mais grande et sainte, prélude d'unité fraternelle. Le génie de chaque nation, qui est surtout dans sa langue, révélait, par de timides tentatives, par un premier bégayement, ce mystère d'unité : *Patrie!*

L'Italie commençait à parler le même idiome; aux dialectes effacés succédait la langue du *si*. La France dénouait la sienne dans Froissard, son charmant conteur. En attendant que Luther rendît son Verbe à l'Allemagne, un simple, un héros, un prophète, Jean Huss, avait formulé celui de la Bohême, évoqué le génie slave, créé sa patrie et sa langue.

Patrie! mot saint! pourquoi faut-il qu'en l'écrivant la vue se trouble et s'obscurcissent les yeux? Est-ce ta longue et tragique histoire, l'accablant souvenir de tant de gloire, de tant de chutes, qui pèse trop sur notre cœur? Ou bien ton point de départ, la Passion douloureuse qui commence ton Incarnation, l'histoire de cette femme en qui tu apparus, et qui, contée cent fois, cent fois renouvelle les larmes?

Le monde, abreuvé de légendes et de faux miracles, vit le vrai et le réel, un miracle sûr, ne le sentit pas.

Quelle légende pourtant, quelle fable se soutient devant cette histoire? Des trente mille incarnations de l'Orient, des dieux mortels de l'Occident, héros, sages ou martyrs, qui osera lutter ici?

Songez-y bien. Ici, ce n'est pas un docteur, un sage éprouvé par la vie et fort de ses doctrines. Ce n'est point un martyre passif, repoussé, accepté. C'est un martyre actif, voulu, prémédité, une mort persévérante de blessure en blessure, sans que le fer décourage jamais, jusqu'à l'affreux bûcher.

L'Évangile monastique, renouvelé alors par le livre de l'*Imitation*, nous dit : « Fuyez ce méchant monde. » L'Évangile héroïque (un livre? non, une âme) nous dit : « Sauvez ce monde, combattez et mourez pour lui. »

Et quel est ce révélateur, cet étonnant martyr qui prêche de son sang à travers les épées? C'est cette fille qui filait hier près de sa mère, une fille des champs, ignorante, une enfant. Mais sa force est son cœur, et dans son cœur est sa lumière.

Elle couvre la patrie de son sein de femme et de sa charmante pitié. Il y aura une patrie. Elle seule dit et sentit ce mot : « Le sang de France! » La France naîtra de cette larme.

Et, la patrie fondée, elle fonde sur le bûcher, dans son ignorance sublime qui confond les docteurs, l'autorité de la voix intérieure, le droit de la conscience.

Le monde va tomber à genoux? vous le croyez; lui dresser un autel? Détrompez-vous. Quand le bûcher s'allume, quand l'antique légende, que tous ont à la bouche, reparaît, réelle, agrandie, personne ne la reconnaît, personne n'y prend garde. Et c'est nous, critiques modernes, qui trouvons si tard la sainte relique, pour l'associer aux nôtres, aux grands morts de la liberté.

O génération malheureuse! Age désespéré qui vit sans voir! Est-ce donc l'excès des maux, la torpeur des misères, la faim, la voix du ventre, qui ferma votre oreille, boucha vos yeux et votre esprit? Non, même avant ces maux, un pesant prosaïsme, une léthargie de plomb, avaient envahi le siècle, disons mieux, un néant! Maîtres jaloux du peuple, ses prétendus éducateurs n'avaient formé qu'un peuple d'ombres. La stérilité, tant prêchée, avait trop réussi. Le moyen âge, en s'en allant, laissait derrière lui un désert.

Qui restait pour entendre Dante? Personne. Et pour comprendre Ockam, quand il brisa la scolastique? Personne. Tout fut anéanti. Combien moins restait-il des hommes pour comprendre Jeanne d'Arc, l'Évangile héroïque du peuple, la prophétie vivante de la Révolution?

Il s'était fait plus que le vide, plus que le désert et la mort. Car une chose vivait, la discorde, le germe du fatal divorce, dont nous goûtons toujours les fruits, et qui est le malheur durable de ce peuple : *deux Frances en une*, deux peuples, peu amis, de culture diverse et contraire. Aux pires siècles du moyen âge, quand tous, peuple et barons, chantaient les mêmes chants, et le *Dies iræ*, et le chant de Roland, il y avait, certes, de dures différences sociales, pourtant quelque unité d'esprit. Vers le douzième siècle, les hautes classes voulant des chants à elles, une littérature raffinée, le clergé a gardé le peuple et s'est couché dessus, se chargeant seul de lui. Malheur à qui y eût touché! Ce nourricier, comment l'a-t-il nourri? De latin qu'il ne comprend plus, d'abstractions byzantines qu'Aristote n'aurait pas comprises. Cependant, par en haut, les grands, nobles ou riches, allaient, de plus en plus subtils; par en bas, morne, abandonné, restait le peuple. La distance a grandi toujours, la malveillance aussi. Pas un mot de langue commune, pas un chant vraiment populaire. La musique, qui relie tout en Allemagne, est nulle ici. Le seizième siècle n'a point rapproché les deux peuples, et le fastueux dix-septième les a encore plus séparés. Quel paysan connaît Molière? Et que connaît-il? Rien du tout.

§ X. — L'architecture rationnelle et mathématique. — La déroute du gothique.

Le premier coup senti, populaire, de la Renaissance devait avoir lieu dans l'art, et cela pour deux raisons.

La voie théologique semblait décidément fermée. Les réformateurs de l'Église, les Pères du concile de Constance, un Gerson! brûlèrent vivant le fervent chrétien dont la foi différait si peu de la leur! Pour une dissidence extérieure les partisans de Jean Huss furent voués à l'anathème, comme l'avaient été ceux qui renversaient l'édifice entier du christianisme. Un peuple fut livré à l'épée et toute la terre appelée à son extermination. Exemple inouï, terrible, des férocités de la peur. Gerson, à qui l'on attribuait l'*Imitation de Jésus*, n'aurait pas trempé ses mains dans le sang du juste s'il n'eût cru en faire un ciment pour réparer cette ruine croulante de l'Église, cette voûte lézardée qu'il suait à soutenir et qui s'affaissait sur lui.

C'était par des voies indirectes qu'on pouvait accélérer la fin du moyen âge, de ce terrible mourant qui ne pouvait mourir ni vivre, et devenait plus cruel en touchant à sa dernière heure. La voie de la science était fermée depuis la persécution de Roger Bacon et d'Arnauld de Villeneuve. Mais l'art était moins surveillé. Les tyrans sentaient peu les liens profonds, intimes, qu'ont entre elles les libertés diverses de l'esprit humain, la chance que l'art affranchi pouvait donner à l'affranchissement littéraire et philosophique.

Notez que, si le vieux système faisait encore grande figure, c'était dans l'art : il le revendiquait comme sien, comme son œuvre et son fruit. Quand un système religieux s'est emparé de toutes choses, chaque énergie productrice des activités de l'homme semble inspirée de ce système, et on lui en fait honneur. Déjà cependant Giotto, le grand peintre, tout en restant dans le cercle des sujets sacrés, avait montré, par un coup inattendu d'audace, combien en réalité il était libre de la vieille inspiration. Il avait laissé les types consacrés, les insipides et muettes figures du moyen âge, pour peindre ce qu'il voyait, d'ardentes têtes italiennes, de belles et vivantes madones, qu'il entoura de l'auréole et mit hardiment sur l'autel. Changement immense qui doit renouveler la tradition, surtout quand, du fond du Nord, le puissant Van Eyck, laissant la fade couleur à l'œuf, fait flamboyer la vie dans cette brûlante peinture qui pâlit l'autre et l'envoya, ombre ennuyeuse, dormir près de la scolastique.

Là pourtant n'était pas vraiment le combat décisif de l'art. Le cœur de l'art chrétien, sa poésie, sa prétention d'effacer les âges passés, était dans l'architecture. L'ogive arabe et persane (des huitième et neuvième siècles) avait été adoptée au douzième par les francs-maçons, combinée avec génie dans des monuments sublimes. Cette révolution laïque, qui enleva l'architecture aux mains des prêtres, n'en faisait pas moins leur orgueil. L'Église s'y croyait invincible. A qui contestait sa logique ou mettait sa légende en doute, elle répondait en montrant cette légende de pierre, le miracle subsistant de ces voûtes improbables. Elle disait : « Voyez et croyez. »

La tradition mystérieuse des maçons gothiques semblait au quatorzième siècle exister surtout sur le Rhin. Elle y était venue tard, mais elle y avait fait école. Elle y dressait le monument d'ambition infinie où plusieurs ont voulu voir le type définitif de l'art, l'inachevable cathédrale de Cologne. L'Italie même ne semblait pas contester la primatie des loges maçonniques de Cologne et de Strasbourg. Elle leur rendait hommage, et le duc Jean Galéas ne crut, dit-on, pouvoir, sans leur secours, fermer les voûtes de Milan.

Cette papauté des francs-maçons, cette infaillibilité qui les constituait en une espèce d'Église d'art, cliente de l'Église théologique, trouva son douteur, son sceptique, dans un ferme esprit italien. Le florentin Brunelleschi, calculateur impitoyable, regarda d'un œil sévère ces fantasques constructions, contesta leur solidité, et contre leur orthodoxie fragile bâtit la durable hérésie qui maintenant est la foi de l'art.

Le gothique faisait bruit, ostentation de calcul et de nombres. Le sacro-saint nombre trois, le mystérieux nombre sept, étaient soigneusement reproduits, en eux-mêmes ou dans leurs multiples, pour chaque partie de ces églises. « Remarquez bien, disait-on, ces 7 portes et ces 7 arcades, cette longueur de 16 fois 9 (9 lui-même est 3 fois 3); ces tours ont 204 pieds, c'est-à-dire 18 fois

12, encore un multiple de 3, etc., etc. Bâtie sur 3 et sur 7, cette église est très-solide. »

Pourquoi donc alors tout autour cette armée d'arcs-boutants, ces énormes contre-forts, cet éternel échafaudage qui semble oublié du maçon ? Retirez-les ; laissez les voûtes se soutenir d'elles-mêmes. Tout ce bâtiment, vu de près, communique au spectateur un sentiment de fatigue. Il avoue, tout neuf encore, sa caducité précoce. On s'inquiète, on est tenté, le voyant chercher tant d'appuis, d'y porter la main pour le soutenir.

Que laisse-t-il au dehors, sous l'action destructive des pluies, des hivers? Les appuis qui font sa solidité. Vous diriez d'un faible insecte montrant, traînant après lui un cortége de membres grêles, qui, blessés, le feront choir. Une construction robuste abriterait, envelopperait ses soutiens, garants de sa durée. Celle-ci, qui laisse aux hasards ces organes essentiels, est naturellement maladive. Elle exige qu'on entretienne autour d'elle un peuple de médecins ; je n'appelle pas autrement les villages de maçons que je vois établis au pied de ces édifices, vivant, engraissant là-dessus, eux et leurs nombreux enfants, réparateurs héréditaires de cette existence fragile qu'on refait si bien pièce à pièce, qu'au bout de deux ou trois cents ans pas une pierre peut-être ne subsiste de la construction primitive.

S'il y a un monument romain à côté, le contraste est grand. Dans son altière solitude, il regarde dédaigneusement l'éternel raccommodage de son fragile voisin, et cette fourmilière d'hommes qui le fait vivre et qui en vit. Lui, bâti depuis deux mille ans par la main des légions, il reste invincible aux hivers, n'ayant pas plus besoin de l'homme que les Alpes ou les Pyrénées.

Ce constraste fut senti du calculateur italien. C'était, dit son biographe, un homme d'une volonté terrible, qui avait commencé par apprendre tous les arts au profit de l'art central qui trouve dans les mathématiques son harmonie et sa durée. Il avait l'âme de Dante, son universalité d'esprit, mais dominée et guidée par une autre Béatrix, la divine mélodie du nombre et du rhythme visible.

Par elle, il échappa vainqueur à toutes les tentations, spécialement à la sculpture, dont l'attrait viril le retint d'abord. Perspective, mécanique, arts divers de l'ingénieur, voilà la route par laquelle il alla serrant toujours la poursuite de cette Uranie qui imite sur la terre la régularité du ciel et l'éternité des constructions de Dieu.

Jamais il n'y eut un temps moins favorable à ces hautes tendances. L'Italie entrait dans une profonde prose, la matérialité violente des tyrans, des bandes mercenaires, la platitude bourgeoise des hommes de finance et d'argent. Une religion commençait dans la banque de Florence, ayant dans l'or sa présence réelle, et dans la lettre de change son eucharistie. L'avénement des Médicis s'inaugurait par ce mot : « Quatre aunes de drap suffisent pour faire un homme de bien. »

Brunelleschi vend un petit champ qu'il avait, et s'en va à Rome avec son ami, le sculpteur Donatello. Voyage périlleux alors. La campagne romaine était déjà horriblement sauvage, courue des bandits, des soldats des Colonna, des

Orsini. Chaque jour, en ce désert, l'homme perdait, le buffle sauvage devenait le roi de la solitude. Elle continuait dans Rome. Les rues étaient pleines d'herbe, entre les vieux monuments devenus des forteresses, défigurés et crénelés. Ce n'était pas la Rome des papes, mais celle de Piranesi, ces ruines grandioses et bizarres que le temps, « ce maître en beauté, » a savamment accumulées dans sa négligence apparente, les noyant d'ombres et de plantes, qui les parent et qui les détruisent. De statues, on n'en voyait guère ; elles dormaient encore sous le sol ; mais des bains immenses restaient, onze temples, presque tous disparus maintenant, des substructions profondes, des égouts monumentaux où auraient pu passer les triomphes des Césars, toutes les sombres merveilles de *Roma sotteranea*.

Pétrarque avait désigné Rome oubliée à la religion du monde. Brunelleschi la retrouva, la recomposa en esprit. Que n'a-t-il laissé écrit ce courageux pèlerinage ! Presque tout était enfoui. En creusant bien loin dans la terre, on trouvait le faîte d'un temple debout. Pour atteindre cette étrange Rome, il fallait y suivre les chèvres aux plus hasardeuses corniches, ou, le flambeau à la main, se plonger aux détours obscurs des abîmes inconnus.

Le Christophe Colomb de ce monde n'était pas un dessinateur pour se contenter de la forme. Il fit la plus profonde étude du genre des matériaux, de la qualité des ciments, du poids des différentes pierres, de l'art qui les liait entre elles. Il apprit des Romains tous leurs secrets, et, de plus, celui de les surpasser. Ce sont gens timides encore qui donnent (voyez au pont du Gard, au cirque d'Arles) des bases énormément larges, et par delà le besoin, à leurs monuments. L'ambition titanique de Brunelleschi, sa foi au calcul, lui firent croire que, sur des assises moins larges, il mettrait premièrement les voûtes énormes des Tarquins, et, par-dessus, enlèverait le Panthéon à trois cents pieds dans les airs.

Il revint et demanda à achever la cathédrale de Florence, dont l'architecte était mort après avoir seulement jeté les fondations en terre. Fondations octogones et d'un plan particulier qui compliquait la question. Dans cette affaire difficile, le génie n'était pas tout. Il fallait encore infiniment d'adresse et d'industrie pour s'emparer de ces bourgeois de Florence, banquiers, marchands, qui ne savaient rien, croyaient tout comprendre, ne manquaient pas d'écouter les ignorants, les envieux. Brunelleschi eut besoin d'une plus fine diplomatie qu'il n'eût fallu pour régler toutes les affaires de l'Europe.

Son coup de maître fut de dire qu'il fallait préalablement qu'on fît venir de partout les grands architectes, surtout les maîtres allemands, qu'on n'eût pas manqué de lui opposer, s'il ne les eût appelés lui-même. Il voulait les voir tous ensemble et les vaincre en une fois. Convoqués, il leur fallut bien avouer l'insuffisance de leurs moyens, l'incertitude de leur art. Ils avaient le génie des formes, des effets et du pittoresque de l'architecture, point du tout la connaissance des moyens scientifiques de construction. Ils avaient opéré jusque-là par tâtonnements, fortifiant les appuis extérieurs, selon la poussée des murs. L'enfant se tenait debout, mais à condition d'être soutenu par la lisière paternelle. C'est fort tard qu'ils ont calculé, seulement au quinzième siècle. Nul calcul ne subsiste d'eux qui soit antérieur à ce congrès architectural de Florence, réuni en 1420.

Là, placés au pied du mur et sommés de se passer de leurs soutiens extérieurs, ils ne surent rien proposer qu'un moyen grossier, l'appui intérieur d'un gigantesque pilier sur lequel porterait le dôme. Tel était cet art sans art dont on faisait tant de bruit.

Non-seulement ils employaient toute sorte d'étais visibles; mais, comme me l'a montré l'architecte actuel d'une de nos cathédrales, dans l'ornementation même, les parties les plus hasardées étaient soutenues par des crampons de fer qu'on cachait soigneusement. Inutile de dire que ce fer s'oxydait bientôt, et qu'il fallait une réparation continuelle, un va-et-vient de pierres qui se succédaient, sans être jamais plus solides.

Il s'agissait de faire pour la première fois une construction durable qui se soutînt elle-même et sans secours étrangers.

Le grand artiste dit son plan. Mais personne ne voulut comprendre. Les juges se mirent tout d'abord du côté des impuissants. Tous rirent. Il fut convenu qu'il était fou. On le dit; le peuple le crut, et on disait en le voyant passer : « C'est ce fou de Brunelleschi. »

Cependant, les autres ne proposant rien, on daigna le faire revenir : « Eh bien, montre-nous ton modèle. » Ils l'auraient copié sans doute. A ces malicieux ignorants Brunelleschi répliqua par un argument digne d'eux. Il tira un œuf de sa poche : « Voilà le modèle, dit-il. Dressez-le... » Et, personne n'y réussissant, il le casse et le fait tenir. Tous crient : « Rien n'était plus simple ! — Eh ! que ne vous en avisiez-vous ? »

Je voudrais pouvoir tout conter. C'est tout à la fois l'héroïsme et l'art, l'œuvre et le martyre du génie. Il vainquit, à condition qu'il subirait comme adjoint un sculpteur qui entravait tout. Mille autres difficultés lui vinrent. Ses ouvriers le quittèrent. Il en fit. Il apprit à tous leur métier, aux maçons à maçonner, aux serruriers à forger. etc. Il eût échoué cent fois, s'il n'eût été soutenu dans le détail par cette étonnante universalité qu'il avait de bonne heure acquise et subordonnée au grand but.

Sans charpente, ni contre-fort, ni arc-boutant, sans secours d'appui extérieur, se dressa la colossale église, simplement, naturellement, comme un homme fort se lève le matin de son lit, sans chercher bâton ni béquille. Et, au grand effroi de tous, le puissant calculateur lui mit hardiment sur la tête son pesant chapeau de marbre, la lanterne, riant de leurs craintes, et disant : « Cette masse elle-même ajoute à la solidité. »

Voilà donc la forte pierre de la Renaissance fondée, la permanente objection à l'art boiteux du moyen âge, premier essai, mais triomphant, d'une construction sérieuse qui s'appuie sur elle-même, sur le calcul et l'autorité de la raison.

L'art et la raison réconciliés, voilà la Renaissance, le mariage du beau et du vrai.

Profondes religions de l'âme!

« Où voulez-vous être enterré? » demandait-on à Michel-Ange, qui venait de bâtir Saint-Pierre.

« A la place d'où je pourrai contempler éternellement l'œuvre de Brunelleschi. »

§ XI. — Élans et rechute. — Vinci. — L'imprimerie. — La Bible.

L'héroïsme encyclopédique qui veut embrasser toute chose semble le génie de Florence sous Brunelleschi. Avant, tout était divisé; il y avait des peintres, des orfèvres, des sculpteurs, des architectes. L'art est quelque temps général, mêlé et marié de tous les arts. Cela dure un demi-siècle, jusqu'à Vinci, génie vraiment universel de tout art et de toute science. Michel-Ange, qui n'est plus un savant, unira du moins les arts du dessin, sera sculpteur, peintre, architecte; mais Raphaël et les autres grands maîtres du seizième siècle se concentreront dans un art.

Ce qui étonne le plus dans le mouvement du quinzième, c'est que l'œuvre qui fait l'admiration, la stupeur universelles, celle de Brunelleschi, a peu d'influence, est peu imitée. En présence de cette victoire de la Renaissance, le gothique mourant se survit ; il fait son dernier effort ; il apprend à calculer, et dresse la flèche de Strasbourg. Fatigué dès ce moment, il s'enfonce dans l'impénitence ; loin de songer à s'amender, il devient plus fragile encore, s'entourant de plus en plus de tous les petits arts d'ornement, des mignardises du ciseleur, du brodeur, frisures, guipures. La coquette église de Brou, défaillante à sa naissance, demande tout d'abord des réparations. Saint-Pierre même, œuvre sublime du plus grand disciple de Brunelleschi, rappellera les formes du maître, mais non son robuste génie. Ce dôme admirable sera contrebandé, appuyé du dehors ; il ne se tient pas de lui-même.

La peinture a ses rechutes. Au grand Van Eyck, à l'énergique créateur et générateur, à l'homme succède une femme, Hemling, qui peint au clair de lune, et qui s'est si bien exprimé à l'hospice de Bruges, où on le voit en bonnet de malade.

Ainsi la Flandre retomba. L'Italie retomberait-elle? Si jamais on dut supposer que l'élan de la Renaissance était décidement donné, c'est lorsqu'au milieu du siècle apparut le grand Italien, l'homme complet, équilibré, tout-puissant en toute chose, qui résumait tout le passé, anticipait l'avenir, qui, par delà l'universalité florentine, eut celle du Nord, unissant les arts chimiques, mécaniques, à ceux du dessin. On entend bien que je parle de Léonard de Vinci.

« Anatomiste, chimiste, musicien, géologue, mathématicien, improvisateur, poëte, ingénieur, physicien, quand il a découvert la machine à vapeur, le mortier à bombe, le thermomètre, le baromètre, précédé Cuvier dans la science des fossiles; Geoffroy Saint-Hilaire dans la théorie de l'unité, il se souvient qu'il est peintre, et il veut appliquer à l'art humain le dessin du créateur dans l'unité des organisations. » (Quinet, *Rév. d'Italie.*)

Le moyen âge s'était tenu dans une timidité tremblante en présence de la nature. Il n'avait su que maudire, exorciser la grande fée. Ce

Vinci, fils de l'amour et lui-même le plus beau des hommes, sent qu'il est aussi la nature; il n'en a pas peur. Toute nature est comme sienne, aimée de lui. Son point de départ effraya. Des gens de la campagne lui apportant une espèce d'écusson de bois pour y mettre des ornements, il le leur rend paré d'un monde d'animaux repoussants, terribles, combiné en un monstre sublime qui attirait et faisait peur. Même audace dans ses Lédas, où l'hymen des deux natures est marqué intrépidement, telle que la science moderne l'a découvert de nos jours, et toute la création retrouvée parente de l'homme.

Entrez au Musée du Louvre, dans la grande galerie, à gauche vous avez l'ancien monde, le nouveau à droite. D'un côté, les défaillantes figures du frère Angelico de Fiesole, restées aux pieds de la Vierge du moyen âge; leurs regards malades et mourants semblent pourtant chercher, vouloir. En face de ce vieux mysticisme, brille dans les peintures de Vinci le génie de la Renaissance, en sa plus âpre inquiétude, en son plus perçant aiguillon. Entre ces choses contemporaines, il y a plus d'un millier d'années.

Bacchus, saint Jean et la Joconde, dirigent leurs regards vers vous; vous êtes fascinés et troublés, un infini agit sur vous par un étrange magnétisme. Art, nature, avenir, génie de mystère et de découverte, maître des profondeurs du monde, de l'abîme inconnu des âges, parlez, que voulez-vous de moi? Cette toile m'attire, m'appelle, m'envahit, m'absorbe; je vais à elle malgré moi, comme l'oiseau va au serpent.

Bacchus ou saint Jean, n'importe, c'est le même personnage à deux moments différents. « Regardez le jeune Bacchus au milieu de ce paysage des premiers jours. Quel silence! quelle curiosité! il épie dans la solitude le premier germe des choses, le bruissement de la nature naissante : il écoute sous l'antre des cyclopes le murmure enivrant des dieux.

« Même curiosité du bien et du mal dans son saint Jean précurseur : un regard éblouissant qui porte lui-même la lumière et se rit de l'obscurité des temps et des choses; l'avidité infinie de l'esprit nouveau qui cherche la science et s'écrie :

Je l'ai trouvée !» (Quinet). C'est le moment de la révélation du vrai dans une intelligence épanouie, le ravissement de la découverte, avec une ironie légère sur le vieil âge, enfant caduc. Ironie si légitime, que vous reverrez victorieuse, décidément reine du monde, dans les dialogues voltairiens de Galilée.

Il n'y a à dire qu'une chose ; ceux-ci sont des dieux, mais malades. Nous n'en sommes pas à la victoire. Galilée est loin encore. Le Bacchus et le saint Jean, ces âpres prophètes de l'esprit nouveau, en souffrent, en sont consumés. Vous le voyez à leurs regards. Un désert les en sépare, avec cent mirages incertains. Une étrange île d'Alcine est dans les yeux de la Joconde, gracieux et souriant fantôme. Vous la croyiez attentive aux récits légers de Boccace. Prenez garde. Vinci lui-même, le grand maître de l'illusion, fut pris à son piége ; longues années il resta là, sans pouvoir sortir jamais de ce labyrinthe mobile, fluide et changeant, qu'il a peint au fond du dangereux tableau.

Personne ne fut plus admiré que Léonard de

Vinci. Personne ne fut moins suivi. Ce surprenant magicien, le frère italien de Faust, étonna et effraya. Il ne fut encouragé ni de Florence ni de Rome. Milan imita ses peintures, faiblement, de loin. Ce fut tout. Il resta seul, comme prophète des sciences, comme le créateur hardi, qui, en face de la nature, enfante et combine comme elle, lui rend vie pour vie, monde pour monde, la défie. Prenez-moi les agréables arabesques du Vatican, faibles représentations de la nature animale, et placez-les à côté du combat où Vinci a mis aux prises ces ardents coursiers qui se mordent, ces guerriers barbares vêtus d'armures monstres, d'écailles de serpents, de scorpions, vous verrez où est la science. Raphaël copie toujours le cheval de Marc-Aurèle, lorsque, depuis tant d'années, Vinci avait peint le cheval avec la savante énergie de Rubens et la spécialité de Géricault.

Revenons au quinzième siècle. Ces élans suivis de chutes, ces efforts de Brunelleschi, de Van Eyck, après lesquels on retombe, ne révèlent que trop une chose, c'est leur grande solitude. Les mille artistes de Florence, les trois cents peintres de Bruges, n'empêchent pas que ces grands novateurs en peinture, en architecture, ne meurent sans enfants légitimes, et n'attendent longtemps leur postérité. Guttenberg et Colomb même (comme on le verra), après une odyssée pénible d'efforts, de recherches, d'essais avortés, ne trouvent nullement, le but atteint, les résultats immédiats que devaient faire espérer leurs étonnantes découvertes. Un abîme reste évidemment entre ces cinq ou six hommes, les héros de la volonté, et la foule, misérablement entravée et arriérée, qui ne peut se soulever du moyen âge gothique et de l'aplatissement du quinzième siècle.

L'imprimerie, bienfait immense qui va centupler pour l'homme les moyens de la liberté, sert d'abord, il faut le dire, à propager les ouvrages qui, depuis trois cents ans, ont le plus efficacement entravé la Renaissance. Elle multiplie à l'infini les scolastiques et les mystiques. Si elle imprime Tacite, elle inonde les bibliothèques de Duns Scot et de saint Thomas; elle publie, elle éternise les cent glossateurs du Lombard qu'on délaissait dans la poussière. Submergées des livres barbares du moyen âge qu'on exhume à la fois, les écoles subissent une déplorable recrudescence d'absurdités théologiques.

Peu ou rien en langue vulgaire. Les livres anciens se publient avec une extrême lenteur. C'est quarante ou cinquante ans après la découverte qu'on s'avise d'imprimer Homère, Tacite, Aristote. Platon est pour l'autre siècle. Si l'on publie l'antiquité, on publie et republie bien autrement le moyen âge, surtout ses livres de classes, les sommes, les abrégés, tout l'enseignement de sottise, des manuels de confesseurs et de cas de conscience; dix Nyder contre une Iliade; pour un Virgile, vingt Fichet.

L'imprimerie avait, il est vrai, rendu à l'humanité le service immense de lui mettre entre les mains le livre auquel depuis si longtemps elle obéissait sans le connaître. Aux Bibles latines innombrables succédèrent les traductions, dix-sept rien qu'en allemand! L'embarras était pourtant dans l'énormité de ce livre, dans la variété des ouvrages qu'il réunit. L'humanité était ravie de tenir son Dieu écrit, étonnée et effrayée de lui trouver cent visages. Le premier attribut de Dieu, l'unité, l'immutabilité, semblait en contradiction avec cette diversité infinie, changeante. *On aurait voulu un symbole,* on eut une encyclopédie. *On aurait voulu un type,* simple, applicable, qu'on pût imiter. L'esprit du temps était inquiet, mais non pas révolutionnaire. Les audacieux du moyen âge qui prièrent le Christ d'abdiquer étaient extrêmement loin. Le quinzième siècle, en inventant, n'aurait voulu qu'imiter. Mais les types bibliques, peu en rapport avec ceux de l'Évangile, compliquèrent la question. David tentait plus que Jésus.

De ce pêle-mêle immense de la Bible, de tant de doctrines contraires (par exemple, pour et contre le péché originel), sortirait-il un principe vainqueur qui fît oublier les autres, les dominât pour quelque temps? Il y avait bien peu d'apparence. Jean Wessel, grand et savant prédicateur qui lisait la Bible en hébreu, prêcha partout sur le Rhin la doctrine que Luther devait répandre plus tard avec ce merveilleux succès. Le temps n'était pas venu. On y fit peu d'attention. Devant un objet trop multiple, le premier effet était de vertige. L'esprit humain, étourdi, ahuri, au lieu de choisir, restait immobile et ne prenait rien.

§ XII. — La farce de Patelin. — La bourgeoisie. — L'ennui.

L'œuvre saillante du quinzième siècle, la forte et vive formule qui le révèle tout entier, le perce de part en part, c'est la farce de *Patelin*, publiée tout récemment par le très-habile éditeur qui déjà nous avait donné le *Chant de Roland*.

Le critique, d'une main sûre, a touché le premier et le dernier monument du moyen âge; celui-ci, non moins important, non moins expressif. Fait pour un âge de fripons, *Patelin* en est le *Roland*, la *Marseillaise* du vol.

L'avocat dupe de marchand, le renvoie payé de grimaces, de la farce sacrilége d'une agonie bien jouée. Mais lui-même, le fin et l'habile, il est dupé par le simple des simples, le bon, l'ignorant Agnelet, pauvre berger qui le paye d'une monnaie analogue, parlant comme ses moutons, bêlant dès qu'il s'agit d'argent, et ne sachant dire que *Bé!*

Noble enseignement mutuel de la bourgeoisie au peuple. Celui-ci n'est pas si grossier que, sur ces modèles honorables de l'avocat, du marchand, il ne puisse devenir escroc.

L'éditeur veut que *Patelin* ait pour auteur l'écrivain auquel nous devons le roman le plus répandu du siècle, le *Petit Jehan de Saintré*. Peu importe. Ce qui est sûr, c'est que ce roman éclaire l'abaissement de la noblesse aussi bien que *Patelin* a exprimé la bassesse du peuple et de la bourgeoisie.

C'est un pesant Télémaque du quinzième siècle, écrit pour l'éducation d'un prince, œuvre ennuyeuse et pédantesque visiblement copiée et mêlée de plusieurs romans. Les changements sont pas heureux. La donnée seule est jolie, c'est l'histoire, commune au moyen âge, du page favorisé par une grande dame, qui l'élève, le dirige, l'avance, et le rend accompli. Mais comment? Par quel lourd et sot enseignement? Il faudra que Saintré ait une nature bien heureuse pour y résister. Entre autres choses, elle lui apprend la morale en vers techniques, dans le goût des *Racines grecques*. « Malle mori fame quàm nomen perdere famæ. Tristitiam mentis caveas plusquàm mala dentis. » (De l'âme crains l'abattement encore plus que le mal de dent, etc.) La reine Genièvre aurait donné à son favori Lancelot un coursier ou une épée; la princesse de Saintré lui met de l'argent dans la poche. La fin est ignoble. Saintré, revenu de la croisade, trouve sa place occupée par un gaillard de première force, un abbé de taille athlétique, qui le défie à la lutte. Le chevalier n'a garde d'accepter; il trouve plus simple de se servir de ses armes contre un homme désarmé. Tout cela devant la princesse éperdue et avilie. Voilà la reconnaissance du chevalier accompli pour sa protectrice, pour cette mère et nourrice, cette maîtresse adorée.

C'est le caractère de ce siècle, que les meilleures choses y nuisent. De même qu'en philosophie, la victoire du bon sens sur la scolastique n'a rien produit qu'un grand vide; ainsi, dans l'ordre politique, l'avénement de la justice, l'ascension des classes inférieures, ne crée rien de vraiment vital, rien qu'une classe amphibie, bâtarde, servilement imitatrice, qui ne veut que faire fortune et devenir une noblesse.

Mettons les deux classes en face. Pour l'âpreté intéressée, l'activité, la vigueur, le bourgeois éclipse le noble. Il est vert et plein d'avenir.

Le hardi bourgeois, Jacques Cœur, marchand d'esclaves, commerçant aux pays sarrasins, écrit sur sa maison de Bourges : « A vaillant *cœur* rien d'impossible. »

Le noble Jean de Ligny, de la maison impériale, met dans son blason un chameau pliant sous le faix : « Nul n'est tenu à l'impossible. » Il fut fidèle à sa devise. C'est lui qui livra la Pucelle.

Voilà la bourgeoisie bien haut, dans cette chute

de la noblesse. Eh bien, regardez à Versailles le portrait, non d'une bourgeoise, mais de la bourgeoisie même. Vous aurez l'idée précise de ce nouveau monde qui vient. Cette bonne et naïve statue est la femme d'un conseiller de Louis XI, la fille de Jean Bureau, homme de plume et de finances, qui fit une révolution dans les choses de la guerre, organisa l'artillerie. La fille de cet habile homme est elle-même une femme évidemment énergique, d'esprit et de sens. Point belle, il s'en faut de beaucoup, avouons-le, elle est plutôt d'une vigoureuse laideur, avec de déplaisants contrastes, jeune et vieille, doucereuse et dure, équilibrée cependant, robuste de corps et d'esprit, mais avec une complète absence de grâce et d'élévation. Une telle bassesse de visage implique presque infailliblement celle de l'âme.

Soyez sûrs, avec cette classe maintenant dominante en Europe, dans la France de Louis XI, dans les villes impériales d'Allemagne, même en Italie sous les Médicis, que la Renaissance ne se fera point par révolution populaire. Partout, au contraire, la bourgeoisie, qui fut l'ascension du peuple, sera un obstacle au peuple, l'arrêtera au besoin et pèsera lourdement sur lui.

Deux choses semblent faire la misère irrémédiable du temps.

C'est un temps soucieux, envieux, à l'image de la classe qui monte et influe, de la bourgeoisie. Plus libre, le paysan est plus inquiet qu'autrefois. Plus riche, le bourgeois a plus de soucis en tête. L'avocat ou le marchand, le drapier ou Patelin, ont toujours peur qu'Agnelet ne leur mange leurs moutons, ou ne paye point la rente.

L'autre sujet de tristesse, c'est que la satire est usée. Les redites l'ont tuée.

Trois cents ans de plaisanteries sur le pape, les mœurs des moines, la gouvernante du curé, c'est de quoi lasser à la fin. Notez que les premières satires ont peut-être été les meilleures. Cette critique, extérieure et légère, bien loin de remédier au mal, l'avait corroboré plutôt, faisant diversion constante aux questions fondamentales. On discutait sur l'abus, sur le principe jamais. Telle avait été la France, d'autant moins révolutionnaire, qu'elle était badine et rieuse.

De tant de rires, que restait-il? Rien que l'aggravation des maux, le découragement, le désespoir du bien, l'ennui et le mal de cœur. Il semble que le jour ait baissé ; le temps n'est pas noir, mais gris. Un monotone brouillard décolore la création. Que l'infatigable cloche sonne aux heures accoutumées, l'on bâille ; qu'un chant nasillard continue dans le vieux latin, l'on bâille. Tout est prévu; on n'espère rien de ce monde. Les choses reviendront les mêmes. L'ennui certain de demain fait bâiller dès aujourd'hui, et la perspective des jours, des années d'ennui qui suivront, pèse d'avance, dégoûte de vivre. Du cerveau à l'estomac, de l'estomac à la bouche, l'automatique et fatale convulsion va distendant les mâchoires sans fin ni remède. Véritable maladie que la dévote Bretagne avoue, en la mettant toutefois sur le compte des malices du diable. Il se tient tapi dans les bois, disent les paysans bretons ; à celui qui passe et garde les bêtes, il chante vêpres et tous les offices, et le fait bâiller à mort.

Les efforts de fausse gaieté qu'on fait au quinzième siècle, ces entreprises travaillées et préméditées pour faire rire, assombrissent encore le temps. Quoi de moins gai que ces moralités de Brandt et son *Vaisseau des fous?* J'aime autant les *Danses des morts* qu'on imprime sous toutes les formes. Faibles et plates allégories qui rappellent ennuyeusement le vertige frénétique d'un temps plus vivant du moins : les grandes danses de saint Gui, les rondes de Charles VI.

De ces belles inventions, celle qui est vraiment du temps et doit emporter le prix, c'est le baroque instrument qui simule un chœur de mauvaises basses, stupide caricature de la voix profonde des foules. Le *serpent*, dans une église chaque jour moins fréquentée, remplacera désormais le peuple, ou du moins diminuera le chœur trop coûteux des chantres. Douze chantres ivres ne produiraient pas un pareil mugissement. C'est la voix humaine déshumanisée et retombée à la bête, aux brutales harmonies d'un chœur d'ânes et de taureaux.

Voilà donc l'éducateur actuel du peuple. Entre l'office en latin et le catéchisme moins compris encore, il écoute le *serpent*. Son oreille est occupée par ces barbares mélodies. Il écoute, bouche béante, muet, distrait. De son corps, il est ici, il y doit être. Est-il sûr que son esprit ne s'envole pas hors de ces murs? Je n'en voudrais pas répondre. Je gagerais bien plutôt que cet esprit, captif et serf, n'en voltige pas moins aux champs, aux forêts. Croyez-vous donc, idiots, qu'on retienne lié dans un sac l'insaisissable lutin, l'éther de la pensée humaine?

Si vous voulez que je le dise, eh bien, non, l'homme que voici est loin, très-loin, partout ailleurs. Où est-il? Au chêne des fées, à la source où, depuis mille ans, on se réunit la nuit. Le croiriez-vous bien? Ce simple, dont la naïveté vous fait rire, il garde contre vous, mes maîtres, l'indépendante tradition des cultes que vous croyez éteints. La belle Diane des forêts, les libertés du clair de lune (puisque le jour est aux tyrans), sont chantées et fêtées le soir. Immuable au fond des sources, au crépuscule éternel des grandes forêts, réside l'Esprit des anciens jours, l'âme vivace de la contrée. Muet, mais indestruc-

tible, il voit en paix passer les dieux, ceux de
Rome et d'autres qui passent. Il ne s'émeut, sachant trop bien que l'homme, dans ses inventions, n'a trouvé rien de plus pur que le cristal
des sources vives, de plus ferme et de plus loyal
que le cœur inviolé des chênes.

Innocente rébellion qui dure dans tout le
moyen âge. (Voir la *Myth. de Grimm*.) Innocente,
je le répète, dans l'instinct d'un cœur simple et
pur. Eh! qui ne sait que la meilleure âme de
France, celle en qui renaquit la France, la sainte
vierge Jeanne d'Arc, prit sa première inspiration
aux marches lorraines, dans la mystérieuse clairière où se dressait, vieux de mille ans, l'arbre des
fées, arbre éloquent qui lui parla de la Patrie.

Tels devaient être les effets du tout-puissant
retour du cœur vers la consolante mère, la Nature. Malheureusement ceux-ci ne sont point les
vrais simples. Faussés, dévoyés si longtemps par
l'effort bizarre d'un art insensé qui veut des enfants scolastiques, des paysans théologiens, ils
n'évitent d'être idiots qu'en devenant fous. Un
abcès de sombre folie éclate en ce siècle, elle va

gagnant par l'ennui et le désespoir. Sur la prairie des sorcières revient moins la blanche Diane que le détestable Arimane, l'aîné, le dernier des faux dieux.

§ XIII. — La sorcellerie. — Résumé.

Le bon moine allemand Sprenger, qui a écrit le *Marteau des sorcières,* manuel fameux de l'inquisition, se demande pourquoi il y a si peu de sorciers et tant de sorcières, pourquoi le Diable s'entend mieux avec les femmes. A cette question il trouve vingt réponses savamment sottes; c'est que la femme a perdu l'homme, c'est qu'elle a la tête légère, qu'elle a en elle (Salomon l'assure) un abîme de sensualité, etc., etc. Il y a d'autres raisons, plus simples et plus vraies peut-être.

La femme, en ce temps bizarre, idéalement adorée en remplaçant Dieu sur l'autel, est dans la réalité la victime de ce monde sur laquelle tous les maux retombent, et elle a l'enfer ici-bas. Boccace, dans sa *Griselidis*, ne dit qu'une histoire trop commune, la dureté insouciante de l'homme pour le pauvre cœur maternel. L'homme se résignant pieusement aux maux qui frappent la femme, il résulte de son imprévoyance une fécondité immense, balancée par une immense mortalité d'enfants. La femme, jouet misérable, toujours mère, toujours en deuil, ne concevait qu'en disant (dit Sprenger) : « Le fruit soit au Diable ! » Vieille à trente ou quarante ans, survivant à ses enfants, elle restait sans famille, négligée, abandonnée. Et dans sa famille même, au dur foyer du paysan, quelle place a la *vieille?* Le dernier des serviteurs, le petit berger, est placé plus haut. On lui envie les morceaux, on lui reproche de vivre. En tel canton de la Suisse, il faut une loi écrite pour que la mère, chez son fils, conserve sa place au feu.

Elle s'éloigne en grondant, elle rôde sur la prairie déserte, elle erre dans les froides nuits, le fiel au cœur et maudissante. Elle invoque les mauvais esprits. Et s'ils n'existent, elle en créera. Le Diable, qui est en elle, n'a pas long chemin pour venir. Elle est sa mère, sa fiancée, ne veut plus adorer que lui.

Qui eût retenu cette femme? Dieu ne lui parlait qu'en latin, en symboles incompréhensibles. Le Diable parlait par la nature, par le Monde dont il est roi; les biens et les maux d'ici-bas proclamaient assez sa puissance. Le Monde, croyez-vous que celle-ci y ait renoncé? Fanée, pauvre, déguenillée, huée des enfants, elle garde une volonté violente, un infini de haines, de désirs bizarres. (Où s'arrête-t-on, une fois sorti du possible et lancé dans le désir?) Mais ce qu'elle acquiert surtout, c'est une diabolique puissance d'enfanter tout ce qu'elle veut. Elle enfante la maladie dont le voisin est frappé. Elle opère l'avortement que subit la dédaigneuse qui la regarde avec dégoût. Une royauté de terreur lui revient. On ne rit plus, on n'ose plus dire la *vieille*. C'est *Madame*, on la salue. La mère lui viendra, les mains pleines, tremblante pour ses enfants. Le beau jeune homme y viendra, pour que son mariage

ne manque, donnera tout ce qu'elle voudra, fera
ce qui lui plaira. « La sorcière, en son grenier, a
montré à sa camarade quinze beaux fils en habit
vert, et dit : « Choisis, ils sont à toi. »

Sprenger raconte avec effroi qu'il vit, par un
temps de neige, toutes les routes étant enfoncées,
une misérable population, éperdue de peur, et
maléficiée de maux trop réels, qui couvraient
tous les abords d'une petite ville d'Allemagne.
Jamais, dit-il, vous ne vîtes de si nombreux pèlerinages à Notre-Dame-de-Grâce ou Notre-Dame-des-Ermites. Tous ces gens, par les fondrières,
clochant, se traînant, tombant, s'en allaient à
la sorcière, implorer leur grâce du Diable. Quels
devaient être l'orgueil et l'emportement de la vieille
de voir tout ce peuple à ses pieds! Elle avait alors
des envies fantasques, étant si puissante, d'être
belle, aimée du moins. Elle s'amusait à rendre
fous les plus graves personnages. Des moines d'un
couvent disaient à Sprenger : « Nous l'avons vue
ensorceler trois de nos abbés tour à tour, tuer le
quatrième, disant avec effronterie : Je l'ai fait et
le ferai, et ils ne pourront se tirer de là, parce

qu'ils ont mangé... » désignant le moins appétissant des philtres.

Les sorcières, comme on le voit, prenaient peu de peine pour cacher leur jeu. Elles s'en vantaient plutôt, et c'est de leur bouche même que Sprenger a recueilli une grande partie des histoires qui ornent son manuel. C'est un livre pédantesque, calqué ridiculement sur les divisions et subdivisions usitées par les Thomistes, mais naïf, très-convaincu, d'un homme vraiment effrayé, qui, dans ce duel terrible entre Dieu et le Diable, où *Dieu permet* généralement que le Diable ait l'avantage, ne voit de remède qu'à poursuivre celui-ci la flamme en main, brûlant au plus vite les corps où il élit domicile.

Sprenger n'a eu que le mérite de faire un livre plus complet, qui couronne un vaste système, toute une littérature. Aux anciens *pénitentiaires*, aux manuels des confesseurs pour l'inquisition des péchés, succédèrent les *directoria* pour l'inquisition de l'hérésie, qui est le plus grand péché. Mais pour la plus grande hérésie, qui est la sorcellerie, on fit des *directoria* ou manuels spéciaux, des Marteaux pour les sorcières. Ces manuels, constamment enrichis par le zèle des dominicains, ont atteint leur perfection dans le *Malleus* de Sprenger, livre qui le guida lui-même dans sa grande mission d'Allemagne et resta pour un siècle au moins le guide et la lumière des tribunaux d'inquisition.

Comment Sprenger fut-il conduit à étudier ces matières? Il raconte qu'étant à Rome, au réfectoire où les moines hébergeaient des pèlerins, il en vit deux de Bohême; l'un jeune prêtre, l'autre son père. Le père soupirait et priait pour le succès de son voyage. Sprenger, ému de charité, lui demande d'où vient son chagrin. C'est que son fils est possédé; avec grande peine et dépense, il l'amène à Rome, au tombeau des saints. « Ce fils, où est-il? dit le moine. — A côté de vous. A cette réponse, j'eus peur, et me reculai. J'envisageai le jeune prêtre et fus étonné de le voir manger d'un air si modeste et répondre avec douceur. Il m'apprit qu'ayant parlé un peu durement à une vieille, elle lui avait jeté un sort; ce sort était sous un arbre. Sous lequel? la sorcière s'obstinait à ne pas le dire. Sprenger, toujours par charité, se mit à mener le possédé d'église en église et de relique en relique. A chaque station, exorcisme, fureur, cris, contorsions, baragouinage en toute langue et force gambades. Tout cela devant le peuple, qui les suivait, admirait, frissonnait. Les diables, si communs en Allemagne, étaient rares en Italie, une vraie curiosité. En quelques jours, Rome ne parlait d'autre chose. Cette affaire, qui fit grand bruit, recommanda sans nul doute le dominicain à l'attention. Il étudia, compila tous les *Mallei* et autres manuels manuscrits, et devint de première force en procédure démoniaque. Son *Malleus* dut être fait dans les vingt ans qui séparent cette aventure de la grande mission donnée à Sprenger par le pape Innocent VIII, en 1484.

Il était bien nécessaire de choisir un homme adroit pour cette mission d'Allemagne, un homme d'esprit, d'habileté, qui vainquît la répugnance des loyautés germaniques au ténébreux système qu'il s'agissait d'introduire. Rome avait eu aux Pays-Bas un rude échec qui y mit l'Inquisition en honneur et, par suite, lui ferma la France (Toulouse seule, comme ancien pays albigeois, y subit l'Inquisition). Vers l'année 1460, un pénitencier de Rome, devenu doyen d'Arras, imagina de frapper un coup de terreur sur les *chambres de rhétorique* (ou réunions littéraires), qui commençaient à discuter des matières religieuses. Il brûla comme sorcier un de ces *rhétoriciens* et, avec lui, des bourgeois riches, des chevaliers même. La noblesse, ainsi touchée, s'irrita; la voix publique s'éleva avec violence. L'Inquisition fut conspuée, maudite, surtout en France. Le parlement de Paris lui ferma rudement la porte, et Rome, par sa maladresse, perdit cette occasion d'introduire dans tout le Nord cette domination de terreur.

Le moment semblait mieux choisi vers 1484. L'Inquisition, qui avait pris en Espagne des proportions si terribles et dominait la royauté, semblait alors devenue une institution conquérante, qui dût marcher d'elle-même, pénétrer partout et envahir tout. Elle trouvait, il est vrai, un obstacle en Allemagne, la jalouse opposition des princes ecclésiastiques, qui, ayant leurs tribunaux, leur inquisition personnelle, ne s'étaient jamais prêtés à recevoir celle de Rome. Mais la situation de ces princes, les très-grandes inquiétudes que leur donnaient les mouvements populaires, les rendaient plus maniables. Tout le Rhin et la Souabe, l'Orient même vers Saltzbourg, semblaient minés en dessous. De moment en moment éclataient des révoltes de paysans. On aurait dit un immense volcan souterrain, un invisible lac de feu, qui, de place en place, se fût révélé par des jets de flamme. L'Inquisition étrangère, plus redoutée que l'allemande, arrivait ici à merveille pour terroriser le pays, briser les esprits rebelles, brûlant comme sorciers aujourd'hui ceux qui, peut-être demain, auraient été insurgés. Excellente arme populaire pour dompter le peuple, admirable dérivatif. On allait détourner l'orage cette fois sur les sorciers, comme, en 1349 et dans tant d'autres occasions, on l'avait lancé sur les juifs.

Seulement il fallait un homme. L'inquisiteur qui, le premier, devant les cours jalouses de Mayence et de Cologne, devant le peuple moqueur de Francfort ou de Strasbourg, allait dresser son tribunal, devait être un homme d'esprit. Il fallait que sa dextérité personnelle balançât, fît quelquefois oublier l'odieux de son ministère. Rome, du reste, s'est piquée toujours de choisir très-bien les hommes. Peu soucieuse des questions, beaucoup des personnes, elle a cru, non sans raison, que le succès des affaires dépendait du caractère tout spécial des agents envoyés dans chaque pays. Sprenger était-il bien l'homme? D'abord, il était Allemand, dominicain, soutenu d'avance par cet ordre redouté, par tous ses couvents, ses écoles. Un digne fils des écoles était nécessaire, un bon scolastique, un homme ferré sur la Somme, ferme sur son saint Thomas, pouvant toujours donner des textes. Sprenger était tout cela. Mais, de plus, c'était un sot.

« On dit, on écrit souvent que *dia-bolus* vient de *dia*, deux, et *bolus*, bol ou pilule, parce qu'avalant à la fois et l'âme et le corps, des deux choses il ne fait qu'une pilule, un même morceau. Mais (dit-il, continuant avec la gravité de Sganarelle), selon l'étymologie grecque, *diabolus* signifie *clausus ergastulo;* ou bien, *defluens* (Teufel?) c'est-à-dire tombant, parce qu'il est tombé du ciel. »

D'où vient maléfice? « De *maleficiendo,* qui signifie *malè de fide sentiendo.* » Étrange étymologie, mais d'une portée très-grande. Si le *maléfice* est assimilé aux *mauvaises opinions,* tout sorcier est un hérétique, et tout douteur est un sorcier. On peut brûler comme sorciers tous ceux qui penseraient mal. C'est ce qu'on avait fait à Arras, et ce qu'on voulait peu à peu établir partout.

Voilà l'incontestable et solide mérite de Sprenger. Il est sot, mais intrépide; il pose hardiment les thèses les moins acceptables. Un autre essayerait d'éluder, d'atténuer, d'amoindrir les objections. Lui, non. Dès la première page, il montre de face, expose une à une les raisons naturelles, évidentes, qu'on a de ne pas croire aux miracles diaboliques. Puis il ajoute froidement : *Autant d'erreurs hérétiques.* Et sans réfuter les raisons, il copie les textes contraires, saint Thomas, Bible, légendes, canonistes et glossateurs.

Il vous montre d'abord le bon sens, puis le pulvérise par l'autorité.

Satisfait, il se rassoit, serein, vainqueur ; il semble dire : Eh bien ! maintenant, qu'en dites-vous ? Seriez-vous bien assez osé pour user de votre raison ?... Allez donc douter, par exemple, que le Diable ne s'amuse à se mettre entre les époux, lorsque tous les jours l'Église et les canonistes admettent ce motif de séparation !

Cela, certes, est sans réplique. Personne ne soufflera. Sprenger, en tête de ce manuel des juges, déclarant le moindre doute *hérétique*, le juge est lié ; il sent qu'il ne doit pas broncher, que si malheureusement il avait quelque tentation de doute ou d'humanité, il lui faudrait commencer par se condamner et se brûler lui-même.

C'est partout la même méthode. Le bon sens d'abord ; puis de front, de face et sans précaution, la négation du bon sens. Quelqu'un, par exemple, serait tenté de dire que, puisque l'amour est dans l'âme, il n'est pas bien nécessaire de supposer qu'il y faut l'action mystérieuse du Diable. Cela n'est-il pas spécieux ? Non pas, dit Sprenger, *dis-*

tinguo. Celui qui fend le bois n'est pas cause de la combustion ; il est seulement cause indirecte. Le fendeur de bois, c'est l'amour (voir Denis l'Aréopagiste, Origène, Jean Damascène). Donc l'amour n'est que la cause indirecte de l'amour.

Voilà ce que c'est que d'étudier. Ce n'est pas une faible école qui eût fabriqué un tel homme. Cologne seule, Louvain, Paris, avaient les machines propres à mouler ainsi le cerveau humain. L'école de Paris était forte; pour le latin de cuisine, qu'opposer au *Janotus* de Gargantua? Mais plus forte était Cologne, glorieuse reine des ténèbres qui a donné à Hutten le type des *Obscuri viri*, des obscurantins et ignorantins, race si prospère et si féconde.

Ce solide scolastique, plein de mots, vide de sens, ennemi juré de la nature, autant que de la raison, siége avec une foi superbe dans ses livres et dans sa robe, dans sa crasse et sa poussière. Sur la table de son tribunal, il a la *Somme* d'un côté, de l'autre le *Directorium*. Il n'en sort pas. A tout le reste il sourit. Ce n'est pas à un homme comme lui qu'on en fait accroire, ce n'est pas lui qui donnera dans l'astrologie ou dans l'alchimie, sottises pas encore assez sottes, qui mèneraient à l'observation. Que dis-je? Sprenger est esprit fort, il doute des vieilles recettes. Quoique Albert le Grand assure que la sauge dans une fontaine suffit pour faire un grand orage, il secoue la tête. La sauge? à d'autres! je vous prie. Pour peu qu'on ait d'expérience, on reconnaît ici la ruse de celui qui voudrait faire perdre sa piste et donner le change, l'astucieux Prince de l'air; mais il y aura du mal, il a affaire à un docteur plus malin que le Malin.

J'aurais voulu voir en face ce type admirable du juge et les gens qu'on lui amenait. Des créatures que Dieu prendrait dans deux globes différents ne seraient pas plus opposées, plus étrangères l'une à l'autre, plus dépourvues de langue commune. La vieille, squelette déguenillé à l'œil flamboyant de malice, trois fois recuite au feu d'enfer; le sinistre solitaire, berger de la forêt Noire ou des hauts déserts des Alpes : voilà les sauvages qu'on présente à l'œil terne du savantasse, au jugement du scolastique.

Ils ne le feront pas, du reste, suer longtemps en son lit de justice. Sans torture, ils diront tout. La torture viendra, mais après, pour complément et ornement du procès-verbal. Ils expliquent et content par ordre tout ce qu'ils ont fait. Le Diable est l'intime ami du berger ; et il couche avec la sorcière. Elle en sourit, elle en triomphe. Elle jouit visiblement de la terreur de l'assemblée. C'est son maître, c'est son amant. Seulement, c'est un rude maître qui la mène à force de coups. Une fois pleine et gonflée de lui, elle voudrait en vain jeter hors l'hôte terrible, en vain courir ; où elle court, elle l'emporte. Comme le malade travaillé du ver solitaire, qui le sent montant, descendant, vivant en lui et malgré lui, elle s'agite parfois furieuse ; lui s'en amuse d'autant plus ; c'est son jouet, c'est sa toupie ; et, si elle flagelle le monde, c'est qu'elle est durement flagellée.

Voilà une vieille bien folle, et l'autre ne l'est pas moins. Sots ? Ni l'un ni l'autre. Loin de là, ils sont affinés, subtils, entendent pousser l'herbe et voient à travers les murs. Ce qu'ils voient le mieux encore, ce sont les monumentales oreilles d'âne qui ombragent le bonnet du docteur. C'est surtout la peur qu'il a d'eux. Car il a beau faire le brave, il tremble. Lui-même avoue que le prêtre, s'il n'y prend garde, en conjurant le démon, le décide parfois à changer de gîte, à passer dans le prêtre même, trouvant plus flatteur de loger dans un corps consacré à Dieu. Qui sait si ces simples diables de bergers et de sorcières n'auraient pas l'ambition d'habiter un inquisiteur? Il n'est nullement rassuré lorsque, de sa plus grosse voix, il dit à la vieille : « S'il est si puissant, ton maître, comment ne sens-je point ses atteintes? » — « Et je ne les sentais que trop, dit le pauvre homme dans son livre. Quand j'étais à Ratisbonne, que de fois il venait frapper aux carreaux de ma fenêtre! Que de fois il enfonçait des épingles à mon bonnet! Puis c'étaient cent visions, des chiens, des singes, » etc.

La plus grande joie du Diable, ce grand logicien, c'est de pousser au docteur, par la voix de la fausse vieille, des arguments embarrassants, d'insidieuses questions, auxquels il n'échappe guère qu'en faisant comme ce poisson qui s'enfuit en troublant l'eau et la noircissant comme l'encre. Par exemple : « Le Diable n'agit qu'autant que Dieu le permet. Pourquoi punir ses instruments? » — Ou bien : « Nous ne sommes pas libres. Dieu permet, comme pour Job, que le Diable nous tente et nous pousse, nous violente avec des coups... Doit-on punir qui n'est pas libre? » — Sprenger s'en tire en disant : « Vous êtes des êtres libres (ici force textes). Vous n'êtes serfs que de votre pacte avec le Malin. » — A quoi la réponse serait trop facile : « Si Dieu permet au Malin de nous tenter de faire un pacte, il rend ce pacte possible; il en est cause, » etc.

« Je suis bien bon, dit-il, d'écouter ces gens-là! Sot qui dispute avec le Diable. » — Tout le peuple dit comme lui. Tous applaudissent au procès; tous sont émus, frémissants, impatients de l'exécution. De pendus, on en voit assez. Mais le sorcier et la sorcière, ce sera une curieuse fête de voir comment ces deux fagots petilleront dans la flamme.

Le juge a le peuple pour lui. Il n'est pas embarrassé. Avec son *Directorium,* il suffirait de trois témoins. Comment n'a-t-on pas trois témoins, surtout pour témoigner le faux? Dans toute ville médisante, dans tout village envieux, plein de haines de voisins, les témoins abondent. Au reste, le *Directorium* est un livre suranné, vieux d'un siècle. Au quinzième, siècle de lumière, tout est perfectionné. Si l'on n'a pas de témoins, il suffit de la *voix publique,* du cri général.

Cri sincère, cri de la peur, cri lamentable des victimes, des pauvres ensorcelés. Sprenger en est fort touché. Ne croyez pas que ce soit de ces scolastiques insensibles, hommes de sèche abstraction. Il a un cœur. C'est justement pour cela qu'il tue si facilement. Il est pitoyable, plein de charité. Il a pitié de cette femme éplorée, naguère enceinte, dont la sorcière étouffa l'enfant d'un regard. Il a pitié du pauvre homme dont elle a fait grêler le champ. Il a pitié du mari qui, n'étant nullement sorcier, voit bien que sa femme est sorcière, et la traîne, la corde au cou, à Sprenger, qui la fait brûler.

Avec un homme cruel, on s'en tirerait peut-être; mais, avec ce bon Sprenger, il n'y a rien à espérer. Trop forte est son humanité; on est brûlé sans remède, ou bien il faut bien de l'adresse, une grande présence d'esprit. Un jour, on lui porte plainte de la part de trois bonnes dames de Strasbourg qui, au même jour, à la même heure, ont été frappées de coups invisibles. Comment? Elles ne peuvent accuser qu'un homme de mauvaise mine qui leur aura jeté un sort. Mandé devant l'inquisiteur, l'homme proteste, jure par tous les saints qu'il ne connaît point ces dames, qu'il ne les a jamais vues. Le juge ne veut point le croire. Pleurs, serments, rien ne servait. Sa grande pitié pour les dames le rendait inexorable, indigné des dénégations. Et déjà il se levait. L'homme allait être torturé, et là il eût avoué, comme faisaient les plus innocents. Il obtient de parler encore, et dit : « J'ai mémoire, en effet, qu'hier, à cette heure, j'ai battu... mais qui ? non des créatures baptisées, mais trois chattes qui furieusement sont venues pour me mordre aux jambes... » — Le juge, en homme pénétrant, vit alors toute l'affaire; le pauvre homme était innocent ; les dames étaient certainement à tels jours transformées en chattes, et le Malin s'amusait à les jeter aux jambes des chrétiens pour perdre ceux-ci et les faire passer pour sorciers.

Avec un juge moins habile, on n'eût pas deviné ceci. Mais on ne pouvait toujours avoir un tel homme. Il était bien nécessaire que, toujours sur la table de l'Inquisition, il y eût un bon guide-âne qui révélât au juge, simple et peu expérimenté, les ruses du vieil Ennemi, les moyens de les déjouer, la tactique habile et profonde dont le grand Sprenger avait si heureusement fait usage dans ses campagnes du Rhin. Dans cette vue, le *Malleus*, qu'on devait porter dans la poche, fut imprimé généralement dans un format rare alors, le petit-18. Il n'eût pas été séant qu'à l'audience, embarrassé, le juge ouvrît sur la table un in-folio. Il pouvait, sans affectation, regarder du coin de l'œil, et, sous la table, fouiller son manuel de sottise.

Le *Malleus*, comme tous les livres de ce genre, contient un singulier aveu, c'est que le Diable gagne du terrain, c'est-à-dire que Dieu en perd ;

que le genre humain, sauvé par Jésus, devient la conquête du Diable. Celui-ci, trop visiblement, avance de légende en légende. Que de chemin il a fait depuis les temps de l'Évangile, où il était trop heureux de se loger dans des pourceaux, jusqu'à l'époque de Dante, où, théologien et juriste, il argumente avec les saints, plaide, et, pour conclusion d'un syllogisme vainqueur, emportant l'âme disputée, dit avec un rire triomphant : « Tu ne savais pas que j'étais logicien ! »

Aux premiers temps du moyen âge, il attend encore l'agonie pour prendre l'âme et l'emporter. Sainte Hildegarde (vers 1100) croit « *qu'il ne peut pas entrer dans le corps d'un homme vivant*, autrement les membres se disperseraient ; c'est l'ombre et la fumée du Diable qui y entrent seulement. » Cette dernière lueur de bon sens disparaît au douzième siècle. Au treizième, nous voyons un prieur qui craint tellement d'être pris vivant, qu'il se fait garder jour et nuit par deux cents hommes armés.

Là commence une époque de terreurs croissantes, où l'homme se fie de moins en moins à la protection divine. Le Démon n'est plus un esprit furtif, un voleur de nuit qui se glisse dans les ténèbres ; c'est l'intrépide adversaire, l'audacieux singe de Dieu, qui, sous son soleil, en plein jour, contrefait sa création. Qui dit cela? La légende? Non, mais les plus grands docteurs. Le Diable transforme tous les êtres, dit Albert le Grand. Saint Thomas va bien plus loin. « Tous les changements, dit-il, qui peuvent se faire de nature et par les germes, le Diable peut les imiter. » Étonnante concession, qui, dans une bouche si grave, ne va pas à moins qu'à constituer un Créateur en face du Créateur ! « Mais pour ce qui peut se faire sans germe, ajoute-t-il, une métamorphose d'homme en bête, la résurrection d'un mort, le Diable ne peut les faire. » Voilà la part de Dieu petite. En propre, il n'a que le miracle, l'action rare et singulière. Mais le miracle quotidien, la vie, elle n'est plus à lui seul : le Démon, son imitateur, partage avec lui la nature.

Pour l'homme, dont les faibles yeux ne font pas la différence de la nature créée de Dieu à la nature créée du Diable, voilà le monde partagé. Une terrible incertitude planera sur toute chose. L'innocence de la nature est perdue. La source pure, la blanche fleur, le petit oiseau, sont-ils bien de Dieu, ou de perfides imitations, des pièges tendus à l'homme?... Arrière! tout devient suspect. Des deux créations, la bonne, comme l'autre, en suspicion, est obscurcie et envahie. L'ombre du Diable voile le jour, elle s'étend sur toute vie. A juger par l'apparence et par les terreurs humaines, il ne partage pas le monde, il l'a usurpé tout entier.

Les choses en sont là au temps de Sprenger. Son livre est plein des aveux les plus tristes sur l'impuissance de Dieu. *Il permet*, dit-il, qu'il en soit ainsi. *Permettre* une illusion si complète, laisser croire que le Diable est tout, Dieu rien, c'est plus que *permettre*, c'est décider la damnation d'un monde d'âmes infortunées que rien ne défend contre cette erreur. Nulle prière, nulle pénitence, nul pèlerinage ne suffit; non pas même (il en fait l'aveu) le sacrement de l'autel. Étrange mortification! Des nonnes, bien confessées, *l'hostie dans la bouche,* avouent qu'à ce moment même elles ressentent l'infernal amant, qui, sans vergogne ni peur, les trouble et ne lâche pas prise. Et, pressées de questions, elles ajoutent, en pleurant, qu'il a le corps, *parce qu'il a l'âme.*

Les anciens Manichéens, les modernes Albigeois, furent accusés d'avoir cru à la puissance du Mal qui luttait à côté du Bien, et fait le Diable égal de Dieu. Mais ici il est plus qu'égal. Si Dieu, dans l'hostie, ne fait rien, le Diable paraît supérieur.

Je ne m'étonne pas du spectacle étrange qu'offre alors le monde. L'Espagne, avec une sombre fureur, l'Allemagne, avec la colère effrayée et pédantesque dont témoigne le *Malleus,* poursuivent l'insolent vainqueur dans les misérables où il élit domicile ; on brûle, on détruit les logis vivants où il s'était établi. Le trouvant trop fort dans l'âme, on veut le chasser des corps. A quoi bon ? Brûlez cette vieille, il s'établit chez la voisine ; que dis-je ? il se saisit parfois (si nous en croyons Sprenger) du prêtre qui l'exorcise, triomphant dans son juge même, chansonnant son jugement et riant de cette lutte des feux grossiers contre un esprit.

Les dominicains, aux expédients, conseillaient pourtant d'essayer l'intercession de la Vierge, la répétition continuelle de l'*Ave Maria*. Toutefois Sprenger avoue que ce remède est éphémère. On peut être pris entre deux *Ave*. De là l'invention du Rosaire, le chapelet des *Ave* par lequel on peut sans attention marmotter indéfiniment pendant que l'esprit est ailleurs. Des populations entières adoptent ce premier essai de l'art par lequel Loyola essayera de mener le monde, et dont ses *Exercitia* sont l'ingénieux rudiment.

La scolastique avait fini par la *machine à penser*. La religion semblait finir par les *machines à prier*.

§ XIV. Résumé de l'introduction.

Pourquoi la Renaissance arrive-t-elle trois cents ans trop tard? Pourquoi le Moyen Age vit-il trois siècles après sa mort?

Son terrorisme, sa police, ses bûchers, n'auraient pas suffi. L'esprit humain eût tout brisé. L'École le sauva, la création d'un grand peuple de raisonneurs contre la Raison.

Le néant fut fécond, créa.

De la philosophie proscrite naquit l'infinie légion des ergoteurs, la dispute sérieuse, acharnée, du vide et du rien.

De la religion étouffée naquit le monde béat des mystiques raisonnables, l'art de délirer sagement.

De la proscription de la nature et des sciences sortirent en foule les fripons et les dupes, qui lurent aux astres et firent de l'or.

Immense armée des fils d'Éole, nés du vent et gonflés de mots. Ils soufflèrent. A leur souffle, une Babel de mensonges et de billevesées, un solide brouillard, magiquement épaissi, où la raison ne mordait pas, s'éleva dans les airs. L'humanité s'assit au pied, morne, silencieuse, renonçant à la Vérité.

Si du moins, au défaut du Vrai, on pouvait atteindre le Juste? Le roi l'oppose au pape. Grand bruit, grand combat de nos dieux. Et tout cela pour rien. Les deux incarnations s'entendent, et toute liberté est désespérée. On tombe plus bas qu'auparavant. Les communes ont péri. La bourgeoisie est née, avec la petite prudence.

Les masses ainsi amorties, que pourront les grandes âmes? Des apparitions surhumaines, à réveiller les morts, vont venir, et ne feront rien. Ils voyent passer Jeanne d'Arc, et disent : « Quelle est cette fille? »

Dante a bâti sa cathédrale, et Brunelleschi calcule Santa Maria del Fiore. Mais on ne goûte que Boccace. L'orfévrerie domine l'architecture. La vieille église gothique, *in extremis,* s'entoure de petits ornements, frisures, guipures, etc., elle s'attife et se fait jolie.

La persévérante culture du faux, continuée tant de siècles, l'attention soutenue d'aplatir la cervelle humaine, a porté ses fruits. A la nature proscrite a succédé l'anti-nature, d'où spontanément naît le monstre, sous deux faces, monstre de fausse science, monstre de perverse ignorance. Le scolastique et le berger, l'inquisiteur et la sorcière offrent deux peuples opposés. Toutefois les uns et les autres, les sots en hermine, les fous en haillons, ont au fond la même foi, la foi au Mal, comme maître et prince de ce monde. Les sots, terrifiés du triomphe du Diable, brûlent les fous pour protéger Dieu.

C'est bien là le fonds des ténèbres. Et il se passe un demi siècle sans que l'imprimerie y ramène un peu de lumière. La grande encyclopédie juive, publiée dans sa discordance de siècles, d'écoles et de doctrines, embrouille d'abord et complique les perplexités de l'esprit humain. La prise de Constantinople, la Grèce réfugiée, n'aident guère; les manuscrits qui arrivent cherchent des lecteurs sérieux; les principaux ne seront imprimés qu'au siècle suivant.

Ainsi, grandes découvertes, machines, moyens matériels, secours fortuits, tout est encore inutile. A la mort de Louis XI et dans les premières années qui suivent, rien ne permet de prévoir l'approche d'un jour nouveau.

Tout l'honneur en sera à l'âme, à la volonté héroïque. Un grand mouvement va se faire, de guerre et d'événements, d'agitations confuses, de vague inspiration. Ces avertissements obscurs, sortis des foules, mais peu entendus d'elles, quelqu'un (Colomb, Copernic ou Luther), les prendra pour lui seul, se lèvera, répondra : « Me voici ! »

NOTES DE L'INTRODUCTION

NOTE DU § II.

Sur l'ère de la Renaissance, Abailard, etc., p. IV.

Cette ère eût été certainement le douzième siècle, si les choses eussent suivi leur cours naturel. L'inspiration ecclésiastique, ayant produit son symbole, son rituel et sa légende, avait décidément tari. Et l'inspiration laïque, sortie déjà de son âge primitif de chants populaires, arrivée aux grands poëmes, avait opposé aux types légendaires de sainteté monastique les types directement contraires d'héroïsme et d'action. Un saint, comme Godefroy de Bouillon, faisant la guerre au pape et plantant sur les murs de Rome le drapeau de l'Empire, c'était déjà la Réforme, le changement complet de l'idéal humain. On écrivait peu; mais comment douter que la culture ne fût très-avancée quand on voit que l'enseignement d'Abailard eut tant de milliers d'auditeurs? Je ne sais si l'on trouverait aujourd'hui tant d'esprits avides d'études métaphysiques.

C'est, comme on sait, à Sainte-Geneviève, au pied de la tour (très-mal nommée) de Clovis qu'ouvrit cette grande école. Cette tour, qui s'élève derrière le Panthéon, a été fondée entre 1000 et 1031 (Lebeuf, II, 374, *d'après le nécrologe de Sainte-Geneviève.*) Sa base antique, qui subsiste, a donc entendu le grand Abailard. Le point de départ de la philosophie moderne est ainsi à deux pas des caveaux du Panthéon, où reposent Voltaire et Rousseau. De la montagne sont descendues toutes les écoles modernes. Je vois au pied de cette tour une terrible assemblée, non-seulement les auditeurs d'Abailard, cinquante évêques, vingt cardinaux, deux papes, toute la scolastique; non-seulement la savante Héloïse, l'enseignement des langues et la Renaissance, mais Arnaldo de Brescia, c'est-à-dire la Révolution. Énorme grandeur! Combien cette tour a droit de mépriser le Capitole! Regardez-la bien, pendant qu'elle dure. Nos démolisseurs frénétiques pourront bien la faire disparaître.

Quel était donc ce prodigieux enseignement, qui eut de tels effets? Certes, s'il n'eût été rien que ce qu'on en a conservé, il y aurait lieu de s'étonner. Mais on entrevoit fort bien qu'il y eut tout autre chose. C'était plus qu'une science, c'était un esprit; esprit surtout de grande douceur, effort d'une logique humaine pour interpréter la sombre et dure théologie du moyen âge. C'est par là très-probablement qu'il enleva le monde, bien plus que par sa logique et sa théorie des universaux. MM. Cousin et Rémusat, dans leurs beaux travaux, M. Hauréau, dans son résumé, ferme, net et si lumineux, n'ont pu malheureusement, gênés qu'ils étaient par leur cadre, prendre l'homme par ses deux côtés. Mais est-il possible de les séparer? Si la foule, au douzième siècle, sentit si vivement la portée de la logique d'Abailard dans les plus obscures questions, c'est certainement parce qu'elle était très-fortement avertie par son enseignement théologique bien plus populaire. Sous la forme rebutante du temps, cette théologie, éminemment humaine et douce, indique dans Abailard une vraie tendresse de cœur. Voyez particulièrement l'*Introductio ad Theologiam*, p. 988, sur le péché originel.

Je regrette de n'avoir pas senti cela quand j'ai parlé si durement de ce grand homme; sa froideur pour Héloïse m'avait indisposé, je dois l'avouer. J'étais sous l'impression de la légende, du dévouement de cette femme admirable et de son immortel amour. Elle s'immola à la gloire du grand logicien, et elle eut pour consolation la science et le don des langues. L'enseignement des trois langues, fondé par elle dans l'église du Saint-Esprit (le Paraclet), est resté, par Raymond Lulle et autres, l'idée fixe de la Renaissance, réalisée enfin, sous François Ier, dans le Collége de

France. Ce mariage de la logique et de la science, cruellement séparées, est la plus belle légende du monde, la seule aussi du moyen âge dont le peuple ait gardé le souvenir. Les restes des deux époux, réunis dans le tombeau, ont été remis, en 1792, à la municipalité de Nogent, et plus tard déposés, par M. Lenoir, au Musée des Monuments français. (Voir sa *Description*, I, 219.) Ils sont maintenant au cimetière de l'Est, toujours visités du peuple, chargés de couronnes.

NOTE DU § III.

L'organisation de l'ordre et l'énervation de l'individu, p. x.

Nous ne nions pas l'évidence. En présence des savants travaux, des publications si utiles de MM. Augustin Thierry, Henry Martin, de Stadler, Chéruel, etc., qui ont paru ou vont paraître, nous ne voulons nullement contester le progrès administratif, qui a été l'œuvre patiente de la France depuis le treizième siècle, et par lequel elle a devancé les autres États de l'Europe. Nous ne voulons pas davantage nier le progrès de la langue et la formation de la prose française, curieuse formation, si rapide de Joinville à Froissard, en trente ou quarante années, si lente de Froissard à Comines, dans une période de cent cinquante ans!

Dans ce temps, si long, je ne vois aucun nom vraiment littéraire, sauf Deschamps, Charles d'Orléans, et le petit chef-d'œuvre de *Patelin*. Chastelain est un grand effort, impuissant, comme celui de son maître, Charles le Téméraire. Comines arrive fort tard : il écrit sous Charles VIII et Louis XII. Encore une fois, nous ne nions pas le progrès sous ces deux formes, administrative et littéraire. Nous examinons seulement s'il n'eût pu se faire à meilleur marché, sans un tel aplatissement du caractère individuel. Cet affaiblissement moral livra ce pays désarmé à l'invasion anglaise ; la royauté, qui avait pris pour elle seule l'épée de tous, ne sut s'en servir, et cette création de l'ordre, dont on parle tant, subit deux très-longs, deux horribles entr'actes, où tout ordre disparut. Notez que rien ne reprit avec la même grandeur et la même vie qu'auparavant. Aux États généraux de 1357, la France avait vu et posé nettement le but de l'avenir. Ceux qui suivent, comme on le verra, sont presque toujours des comédies menteuses, de pures réactions féodales.

NOTE DU § IV.

Abaissement au treizième siècle, p. XIV.

La date la plus sinistre, la plus sombre, de toute l'histoire, est pour moi l'an 1200, le 93 de l'Église.

— Bien moins parce que c'est l'époque de l'extermination d'un peuple, des Vaudois et des Albigeois, mais surtout parce que cette époque est celle de l'organisation de la grande police ecclésiastique. Terrorisme épouvantable, à tous les moyens de notre 93 il en joignit un, qu'aucune autre autorité n'a eu en ce monde, la confession. — Un œil fut dès lors ouvert, une fenêtre percée sur toute maison et tout foyer, une vue sur l'intérieur de l'âme, et cela avec tant de force, que la pensée, corrompue contre elle-même, devint son propre espion et son délateur. « Mais si cette Terreur fut telle, prouvez-la, montrez-en la trace, indiquez les monuments. » Malicieuse interrogation! Vous ne savez que trop vous-mêmes comment vous avez fait en sorte qu'il n'y eût point de monument. Le monument, c'est le désert, c'est la disparition subite du génie, de l'âme d'un peuple, — en 1200, le premier de tous; en 1300, le dernier. En 1200, l'éclat inouï de cette muse des troubadours où s'est inspirée l'Italie. En 1300, la platitude des cantiques des Jeux Floraux. — Voulez-vous d'autres monuments? Venez près de Carcassonne, à l'entrée des montagnes Noires; entrons dans ces grottes qu'on a retrouvées en 1836. Elles étaient remplies de squelettes couchés en cercle, tous les crânes rapprochés au centre, et les corps faisaient les rayons du cercle. Point d'inscriptions, point de restes de vêtements, nul signe qui pût les faire reconnaître. La Terreur ecclésiastique poursuivant même les morts, les familles cachaient ainsi les restes de leurs parents, pour éviter la honte et l'horreur de voir brûler ces pauvres os en place publique. Nus, sans honneur, anonymes, ces morts sont restés là cachés jusqu'en 1836. — Le grand mort, c'est le peuple même, tué dans tous ses souvenirs, dans sa langue et sa tradition. Je lis, dans la belle et froide préface que M. Fauriel a mise au poëme des *Albigeois*, que ce poëme, répandu au treizième siècle, traduit deux fois, disparut tout à coup, et ne reparut que quand sa langue se trouva si vieille et si oubliée, que « l'ouvrage étant inintelligible, il se retrouva innocent. » Populaire au treizième siècle, illisible au quatorzième ! la langue est changée, les souvenirs effacés ! Quelle complète, quelle barbare destruction fait supposer un tel oubli ! Non-seulement on n'ose penser, mais on n'ose se souvenir. On croit sans difficulté cette sottise du roman en vers, que le pape déplora les résultats de la croisade. J'ai trouvé aux Archives la preuve certaine du contraire, deux lettres d'Innocent III, écrites bien près de sa mort, où il accepte, dans les termes d'un enthousiasme frénétique, le poids de tout le sang versé. Voilà le véritable Innocent, et non l'Innocent douteux et pleureur que moi-même, comme les autres, j'avais fait d'après ce roman. Voir *Trésor des Chartes*, registre XIII-18, folio 32, et carton J, 430.

NOTE DU § V,

Spécialement de la p. xxviii, sur les mœurs du quatorzième siècle.

L'opinion trop favorable que nous avions des mœurs du moyen âge a dû se modifier par la publication des textes nouveaux. Mes propres études pour le second volume du *Procès des Templiers* m'ont éclairé pour le quatorzième ; ces actes sont accablants pour l'ordre du Temple. — Le onzième et le douzième siècle, que nous avions regardés comme un âge de sainteté, apparaissent sous un jour tout autre par la publication récente du *Cartulaire de Saint-Bertin*. La vie des moines, surprise et dévoilée dans l'intérieur d'un couvent, y est scandaleuse de disputes, de licence, de misère morale. — Mais la plus terrible lumière est celle que nous donne, sur le treizième siècle, le *Journal des visites épiscopales d'Eudes Rigaud*, publié à Rouen, en 1845, par M. Bonnin. Rigaud est un franciscain, un homme de saint Louis, son conseiller. Devenu archevêque de Rouen (1248-1269), il parcourt son diocèse d'église en église, et chaque soir, en notes très-rudes, brèves et âpres, il dit ce qu'il a vu. Ce qu'il voit partout, c'est le scandale et l'horreur du faux célibat, qui, n'ayant pas encore la facilité d'approches et de relations féminines que la direction a donnée plus tard, est forcé de montrer ses vices. Tous ont des femmes, tel sa propre sœur. Une foule de religieuses sont enceintes; elles vont, viennent, hors du couvent; les noms de leurs amants connus sont notés par l'archevêque. Son embarras est visible; il a toute autorité, le roi, le pape et le peuple, et il ne peut rien. Tous sont coupables. A qui se fier? Il défend aux religieuses de recevoir des laïques, et il avoue que ceux qui les ont rendues enceintes sont des ecclésiastiques. La corruption est irremédiable, tenant non-seulement à l'oubli du principe, à l'abandon de la foi, mais plus profondément encore au principe même, qui est l'amour, l'énervant mysticisme, la pente fatale à la faiblesse.

NOTE DU § V.

Des abdications de l'indépendance, etc., p. XXII.

Qui a supprimé l'esclavage? Personne, car il dure encore; il ne faut pas être dupe des formes ou des mots. — Le christianisme a-t-il décidé la transformation de l'esclave en serf après la chute de l'Empire? Non, puisque le servage existait dans l'Empire, même sous le nom de colonat. — Ces grandes révolutions dans la vie économique et dans les formes du travail ne se tranchent point par les influences religieuses. Les chrétiens de l'Empire eurent des esclaves tant que cette forme de travail parut la plus productive, et les chrétiens modernes, pour le même motif, en eurent et en ont encore dans nos colonies. La douceur des mœurs chrétiennes fut sans doute favorable à l'esclave; mais l'esprit de résignation que prêcha le christianisme, l'abandon de tout effort d'émancipation qui en résulta, furent visiblement très-utiles à la tyrannie, la consolidèrent et la rassurèrent. Du temps de saint Basile, quelques esprits hardis s'étaient avisés de soutenir « que l'Esprit-Saint ne réside pas dans la condition de maître et esclave, mais dans celle de l'homme libre. » Saint Basile réfute énergiquement cette doctrine (*de l'Esprit-Saint*, c. xx); sous Théodose le jeune, au cinquième siècle, Isidore de Péluse s'exprime dans le même sens (lib. XIV, *epist.* xii) : « Quand même tu pourrais être libre, *tu devrais mieux aimer être esclave*, car il te sera demandé un compte moins rigoureux de tes actions. » Et ailleurs (lib. XIV, 169) : « *L'esclavage vaut mieux que la liberté.* » Sont-ce là des opinions individuelles, accidentelles? Non, elles sortent du fonds essentiel du dogme chrétien, de l'idée d'élection gratuite et du privilége des élus. L'esclave n'a rien à dire; le maître est l'élu de ce monde. « Respectez toute puissance, car elle est de Dieu. » Voilà ce qui fait du christianisme l'allié naturel de la monarchie, de l'aristocratie, des maîtres en tous pays d'esclaves; voilà ce qui constitue, en Europe, la forte et indissoluble alliance des deux branches (religieuse et politique) du parti conservateur; voilà ce qui fait de la foi du moyen âge, non-seulement l'âme et le moyen, mais *l'essence même* de la contre-révolution. — Qu'est-il besoin de répéter ces vérités invinciblement établies par MM. de Maistre et de Bonald, que dis-je? par le gallican Bossuet? Il a solidement prouvé, dans sa politique et partout, que le christianisme était la religion de l'autorité, la foi de l'esclave. Le premier logicien de ce temps, M. Bonavino de Gênes (Ausonio Franchi), a élevé tout ceci jusqu'à la rigueur des mathématiques. Personne, après sa formule, n'y changera rien.

NOTE DU § VI.

De la création du peuple des sots, etc., p. xxx.

Déjà le savant Jourdain, dans ses recherches sur les traductions d'Aristote, nous avait fait entrevoir sur quel terrain peu solide nos grands scolastiques avaient cheminé. Albert le Grand et saint Thomas font profession de ne prendre aucune initiative, de partir toujours d'un texte, de commenter, rien de plus. Que sera-ce s'il est démontré qu'ils n'ont pas eu de textes sérieux, qu'ils ont marché constamment sur le sol flottant, perfide, des versions les plus infidèles? et cela sans s'apercevoir que tel prétendu passage d'Aristote, par exemple, est anti-aristotélique? Eussent-ils eu de meilleurs textes, la seule tentative de concilier Aristote avec l'Église (le noir et le blanc, la glace et le feu) n'indique pas que ces fameux raisonneurs aient eu le cerveau bien sain. Voilà ce qu'on devait conclure des recherches de Jourdain, et ce qui ressort, éclate, du livre de M. Hauréau, — livre de franchise héroïque, de verte et sauvage critique, qui descend tout droit de Kant. Le stoïcien de Kœnigsberg, le grand juge qui, de son rocher du Nord, a justicié les écoles, les systèmes, les hommes et les dieux, Kant aurait signé ce livre. Ce n'est pas seulement un livre, mais un beau fait moral du temps. L'auteur, qui le présentait à un concours de l'Institut, n'en a pas moins jugé ses juges sans le moindre ménagement. Cela est beau, cela est rare, cela donne confiance. On comprend qu'après avoir parlé si librement du prudent éclectisme de M. Cousin il caractérisera en toute franchise celui des anciens docteurs. Ce qui ne l'honore pas moins, c'est que, obligé de révéler les adresses, les habiletés trop habiles des scolastiques, il le fait avec les ménagements dus à un si grand effort, à cette première tentative de rapprocher l'antiquité et le moyen âge. Par cette noble volonté, ils appartiennent à la Renaissance, quoique leur enseignement ait créé, en résultat, une masse d'esprits anti-critiques qui lui fît obstacle.

1re NOTE DU § VII.

Proscription de la nature, p. xliii.

Ajoutons *proscription du Créateur*. — Une révélation singulière s'est faite en 1843, la découverte de la profonde impiété du moyen âge. Le croirez-vous ? *Dieu n'a pas eu un seul temple ! un seul autel ! du premier au douzième siècle !* Il s'agit, bien entendu, de Dieu le Père, de Celui dont vit toute vie ! Étrange ingratitude ! monstrueuse hérésie qui isola l'Europe si longtemps de la communion générale du monde ! La Vierge avait ses temples, et tous les Saints de la légende ; le moindre moine qui marquait dans son ordre passait au ciel, avait sa fête, son église, son culte ; mais Dieu n'en avait pas. « Tout était Dieu, excepté Dieu même. » (Bossuet.) — Cela est-il prouvé ? direz-vous, et, si la chose est sûre, comment le clergé n'a-t-il pas étouffé cela ? — L'histoire est étrange à conter, mais honorable pour le savant antiquaire à qui l'on doit la découverte. M. Didron n'avait obtenu de publier son iconographie chrétienne (*Histoire de Dieu*) dans la grande collection des documents inédits qu'en acceptant un censeur de l'archevêché, M. le chanoine Gaume ; mais que faire ? La lacune tait bien évidente ; dans cette succession des images de Dieu, M. Didron *n'en trouvait aucune, n'en pouvait donner aucune, du premier au douzième siècle.* Le Père apparaît pour la première fois à côté du Fils sur une miniature du commencement du treizième. Il reste égal au Fils et du même âge, jusque vers 1360, où il se détache, rompt l'égalité, devient plus âgé, et peu à peu siége à la première place, au centre des trois personnes divines. (P. 207, 220, 222.) Mais il y faut du temps, et les premières images qu'on lui accorde ne sont nullement respectueuses. A Notre-Dame de Paris (portail du nord, 1300), il ne montre encore qu'une main dans un cordon de la voussure. Au portail du sud, sa figure apparaît, mais au cordon extérieur, exposée à la pluie et au vent, tandis que de simples anges sont abrités. A la porte centrale, sa figure est (du moins *était en 1843*) étranglée entre les pointes des cordons de la voussure et les dais des martyrs. On l'a mis là pour remplir un vide, et parce que, les dimensions étant mal calculées, il restait encore de la place. (P. 189.) — Comment le censeur, M. Gaume, digéra-t-il cette page 189 du trop exact archéologue? je n'en sais rien. Les pages 207-242, étaient composées, en épreuves, quand l'orage éclata. « Mais, monsieur, dit le chanoine, on a toujours rendu des honneurs égaux à chacune des trois personnes divines; dans le culte, comme dans le dogme, le Fils n'a jamais été plus que le Père et le Saint-Esprit! » (P. 242, lignes 16-20 de la note.) M. Didron s'en tira avec adresse, mais avec fermeté, en répondant respectueusement qu'il aurait volontiers corrigé le manuscrit, mais que tout était composé et qu'il faudrait remanier plusieurs feuilles d'impression. S'il eût obéi et détruit ses feuilles, il nous replongeait pour longtemps dans l'ignorance où nous étions sur ce point capital, essentiel, de l'histoire religieuse.

2e NOTE DU § VII.

Proscription de la nature, p. XLVI.

Jean de Salisbury explique parfaitement qu'après la dispersion de l'école d'Abailard et la victoire du mysticisme, plusieurs s'enterrèrent dans les cloîtres, d'autres se tournèrent vers la bagatelle du monde, le néant des cours (*nugis curialibus*); c'est ce que fit Jean lui-même, esprit léger, agréable et sceptique, qui devint le client, l'ami du pape Adrien IV; mais d'autres, plus sérieux, partirent pour Salerne ou pour Montpellier. (*Metalogicus*, c. III.) Là s'abrita la foi. Ces sanctuaires de la science reçurent les croyants de la Nature et du Créateur oublié. De l'autel du Fils ils se réfugièrent à l'autel du Père, du Dieu qui créa la vie, qui la conserve et la guérit par tous les arts consolateurs. Tandis que l'Occident voyait de Dieu le doux reflet lunaire, l'Orient et l'Espagne arabe et juive le contemplaient en son fécond soleil, dans sa puissance créatrice qui verse ses dons à torrents. L'Espagne est le champ du combat. Où paraissent les chrétiens, paraît le désert; où sont les Arabes, l'eau et la vie jaillissent de toutes parts, les ruisseaux courent, la terre verdit, devient un jardin de fleurs. Et le champ de l'intelligence aussi fleurit. Barbares, que serions-nous sans eux? Faut-il dire cette chose honteuse que notre Chambre des comptes attendit au dix-septième siècle pour adopter les chiffres arabes, sans lesquels on ne peut faire le plus simple calcul? Les Arabes ont fait au monde le plus riche présent dont aucun génie de peuple ait doué le genre humain. Si les Grecs lui ont donné le mécanisme logique, les Arabes lui ont donné la logique du nombre, l'arithmétique et l'algèbre, l'indispensable instrument des sciences.

Et combien d'autres choses utiles! la distillation, les sirops, les onguents, les premiers instruments de chirurgie, l'idée de la lithotritie, etc., etc. (Voy. Sacy, Sédillot, Reinaud, Viardot, Libri, Renan, Amari, pour la Sicile et les rapports de Frédéric II et des Arabes.) Certes, le peuple qui, aux huitième et neuvième siècles, donna les modèles admirables de l'architecture ogivale, fut un peuple d'artistes. Le contraste apparaît frappant entre eux et leurs sauvages voisins du Nord, dans le poëme du *Cid*. La chevalerie alors est au Midi, la douceur, la délicatesse, la religion de la femme et la bonté pour les enfants. C'est ce qu'avouent les chrétiens mêmes. (Ferreras, ann. 1159.) Je n'en citerai qu'un trait, mais charmant, et bien propre à toucher le cœur. Dans cette guerre exterminatrice qui déjà avait fait du paradis de Cordoue un désert, la croisade était parvenue au royaume de Grenade, et les *gastadores*, brûlant tout, coupant tout, plantes, arbres, vignes, faisaient consciencieusement leur œuvre de faim. Un vaillant chef arabe sortit de la ville sans doute pour ramasser des vivres. Dans une prairie, hors du camp des chrétiens, il trouva une troupe d'enfants, fils des grands seigneurs espagnols, qui jouaient en sécurité. Il les caressa du bois de sa lance, et dit : « Allez, petits, allez trouver vos mères. » On s'étonnait. « Que voulez-vous? dit-il, je n'ai pas vu de barbes. » (Circourt, *Histoire des Mores Mudejares*, I, 312 ; Viardot, *Mores d'Espagne*, I, 354.) Je parlerai des Juifs à la fin du volume.

3ᵉ NOTE DU § VII.

On se trompe entièrement sur le caractère qu'a la famille du moyen âge dans l'idéal et dans le réel.

La mère est-elle mère? le fils est-il fils? ni l'un ni l'autre. Elle ne l'élève pas; il est au-dessus d'elle. L'enfant idéal est docteur, et prêche en naissant.

L'enfant réel, qui naît damné par le péché originel, est élevé comme damné, à force de coups. (Luther avait le fouet cinq fois par jour.)

La femme, n'ayant point le caractère de mère qui fait son équilibre, devient une vision (la Béatrix du Dante) ou la triste réalité de Boccace, la pauvre Griselidis. Griselidis aime et regarde en haut, et elle épouse un chevalier qui s'amuse à briser son cœur, si bien brisé, qu'elle ne défend pas même son enfant, qu'elle est dénaturée, n'est plus mère, n'est plus femme. — Béatrix n'est pas moins contre nature. Elle regarde en bas, élève l'homme inférieur, l'initie; mais à quoi? à la lumière stérile, sans fécondité, sans chaleur. Il en reste aux pleurs, aux regrets. — Dans le réel, c'est la dame féodale qui élève son page. L'élève-t-elle, tombe-t-elle avec lui? Voir le Petit Jehan de Saintré. Le mariage est condamné dans toute la société féodale comme lien inférieur. Là, comme dans l'idéal religieux de la famille, il n'y a pas de famille, parce que le père et l'époux manque. L'époux n'est pas l'époux du cœur. Le père n'est pas le père, n'étant pas l'initiateur. L'initiateur, c'est l'étranger, la pierre d'achoppement et le brisement du foyer.

Le moyen âge est impuissant pour la famille et l'éducation autant que pour la science. Comme il est l'*anti-nature*, il est la *contre-famille* et la *contre-éducation*.

NOTE DU § IX.

L'Italie du quatorzième siècle est antidantesque. — Dante renvoyé aux prédications du dimanche, p. LXV.

Dans son cours sur Dante, récemment publié par M. Mohl, M. Fauriel établit fort bien que le grand poëte théologien ne fut jamais populaire en Italie. Les Italiens de ce temps, qui étaient des hommes d'affaires et succédaient partout aux juifs, ne retinrent du poëme que quelques vers satyriques. Du reste, la parfaite conformité de la théologie de Dante à celle de saint Thomas leur fit oublier tout à fait l'audace extraordinaire de la déification de la femme, d'une dame morte récemment et que tout le monde connaissait. On sentit si peu la portée d'une telle nouveauté, qu'on fit des leçons dans les églises sur la *Divine Comédie*. L'Église enseigna gravement l'apothéose de madame Béatrix de' Portinari. M. Fauriel, avec un parfait bon sens, prouve qu'il ne s'agit nullement d'une allégorie ni d'un mysticisme amoureux, mais très-positivement d'amour.

NOTE DU § IX.

Jeanne et Jean, p. LXX.

J'ai conté deux fois la légende de Jeanne d'Arc dans mon *Histoire de France* et dans un des volumes de la

Bibliothèque des chemins de fer. Voir les *pièces du Procès* dans l'excellente publication de M. Jules Quicherat. — M. Bonnechose a rendu le service essentiel de traduire les *Lettres de Jean Huss*, M. Alfred Dumesnil de les dater et de les interpréter, de replacer dans la lumière un si grand événement. Ce saint, ce simple, ce martyr, si peu théologien, et tellement le héros du peuple! est un des précurseurs directs de la Révolution, autant et plus que de la Réformation. Ame sainte et tendre cœur, il n'a rien enseigné au monde, rien que ce qui est tout, le grand mystère moderne, le banquet de la Révolution : *La coupe au peuple!* (C'est le cri des Hussites.) Communion circulaire des égaux de la table ronde, sans prêtre, et la table est l'autel. A la sombre ivresse du jeûne, au mysticisme sanguinaire qui prodigua les victimes humaines, succède la joie vraie de tous unis en l'Un, la communion fraternelle au libre sein de Dieu, dans l'éternelle Raison et la bonté de la Nature.

NOTE DU § X.

La déroute du gothique, p. LXXII.

On écrira un jour l'histoire d'une curieuse maladie de notre temps, la manie du gothique. On en sait le premier et ridicule commencement. M. de Chateaubriand, au Val aux Loups, près Sceaux, hasarda de bonne heure une très-grotesque imitation. La chose resta là vingt-cinq ans. En 1830, Victor Hugo la reprit avec la vigueur du génie, et lui donna l'essor, partant toutefois du fantastique, de l'étrange et du monstrueux, c'est-à-dire de l'accidentel. En 1833, dans mon second volume, j'essayai de donner la loi vivante de cette *végétation;* Gœthe avait dit *cristallisation.* Mon trop aveugle enthousiasme s'explique par un mot : nous devinions, et nous avions la fièvre de la divination. Les textes qui ont éclairci le sujet n'étaient pas publiés. — Le clergé, dans ces premiers temps, était fort éloigné de tout cela, indifférent, peu bienveillant, comme à toute nouveauté; l'abbé Pascal protestait encore contre le gothique. Peut-être n'eût-il pas été amnistié si les jeunes architectes, bien plus intelligents, n'eussent entrepris de faire entendre aux prêtres qu'on pouvait faire de cela *une affaire.* La presse, qui va vite, avait beau oublier la chose, les architectes ne l'oubliaient pas. Ils couraient chez Hugo, venaient aussi chez moi, cultivaient tous les gens de lettres. Nous étions un peu étonnés de leur fanatisme pour *nos doctrines;* nous ne comprenions pas. Voici en réalité ce qui se passait. Les hommes de gouvernement, se sentant si isolés dans la nation, tendaient la main au clergé et voulaient s'entendre avec lui. (Voy. les articles de M. Guizot dans la *Revue française.*) Mais s'entendre sur quoi? Que voulait le clergé? Nos enfants, notre avenir, l'enseignement. Le gouvernement eût voulu le contenter à moindre prix, lui livrer l'art, les monuments. Voilà ce que saisirent merveilleusement les architectes hommes de lettres. Ils coururent des uns aux autres. Le côté facile était le gouvernement, le difficile était le clergé. Il ne se soucie guère, au fond, de ces vieilles masures ; à toutes les avances gouvernementales, il disait sèchement : « Gardez vos pierres, donnez-nous les écoles. » Les artistes pourtant lui firent comprendre l'importance de la clientèle populaire d'ouvriers qu'il allait acquérir dans toutes les villes. Ce qu'on lui proposait, c'était tout bonnement une clef du Trésor, une plume pour écrire lui-même au budget ce qu'il daignerait recevoir. Dix millions pour Sainte-Clotilde, vingt sans doute pour Notre-Dame, trois ou quatre pour Saint-Denis ; combien pour Saint-Germain-des-Prés ! et pour cent autres églises ! Le gouvernement lâcha tout. Les villes lâchèrent tout. Les plus obérées votèrent des sommes énormes pour ajouter aux dons de l'État. Rouen (d'un si terrible octroi, avec ses tisserands à dix sous par jour, dans une telle cherté des denrées) vota trois millions pour gâter Saint-Ouen ! — Pendant que l'alliance du gouvernement des bourgeois avec le prêtre et le maçon se consommait, portait ses fruits, nous autres gens de lettres nous regardions plus attentivement l'objet de notre enthousiasme. De savantes études se publiaient. M. Vitet établissait, dans sa *Cathédrale de Noyon*, que les œuvres gothiques que nous avions crues anonymes furent bâties par des gens connus, par des francs-maçons, *laïques et mariés*. —

M. Vinet, dans ses très-beaux articles du *Semeur*, manifestait la crainte que l'âme religieuse ne se prît à ces pierres, et que, tout occupée du matériel, elle n'oubliât trop le moral; il citait le mot de Jésus aux disciples qui admirent le temple : « Est-ce là ce que vous regardez? » — Les années 1843-1845, la lutte du Collége de France contre les jésuites, furent un réveil de la critique. Le *Journal des Débats* fut contre le clergé, et le gouvernement n'osa trop le soutenir. En 1846, l'Académie des beaux-arts, par l'organe de M. Raoul-Rochette, lança un manifeste contre le gothique. Grand trouble chez les architectes, alors en plein cours de travaux; leur fortune périclitait. M. Violet-Leduc, homme d'esprit autant qu'artiste distingué, trouva vite le mot sauveur de la situation, le mot *national*. « C'est l'architecture *nationale* qu'on attaque, » dit-il.

Un nouveau champion entra alors en lutte, intrépide jeune homme qui se jeta entre les Grecs et les Gothiques, et leur dit : « Assez d'imitations ! *Essayez d'inventer*. Finissons cette mascarade d'édifices d'autres pays et d'autre âge, ce carnaval de pierre ! » Ce jeune homme était Laviron. Ses deux brochures (*Revue nouvelle*, 1846-7) mériteraient bien d'être réimprimées. Pleines de force et de sens, elles tranchaient la question et ne laissaient point de réplique. On se garda d'en faire. On alla son chemin. Chacun le sien, les uns vers la fortune, et Laviron vers Rome, où il devait mourir (on sait comment). — Huit ans se sont passés (1847-1855) sans polémique; les Gothiques, complétement rassurés et maîtres du terrain, vont de la truelle, de la plume, vont hardiment. N'ont-ils pas imprimé ces jours-ci que le gothique *est l'art calculateur?* Insigne maladresse de fixer l'attention sur le point faible! Le plus simple bon sens indique *que le calcul était de luxe dans un art qui, soutenant ses constructions sur des appuis extérieurs, était toujours maître de fortifier* ces contre-forts, ces arcs-boutants, ces béquilles architecturales, pouvant y ajouter à volonté, selon qu'il découvrait ses fautes et ses faiblesses. Cet art calculait peu d'avance, par la raison très-simple qu'il pouvait toujours réparer. Nos Gothiques ne diraient point ces choses imprudentes s'ils savaient à quel point leur théorie est minée, porte en l'air. Pendant qu'ils triomphent de dire et font la roue, la modeste *École des chartes* a ruiné de fond en comble, par des textes irrécusables, ce système tout littéraire. Le jour où ces textes seront imprimés, les Gothiques chercheront en vain un contre-fort pour l'étayer; tout tombera. M. Jules Quicherat leur prouvera, par les archives du Rhin et de Paris, par le témoignage même de ces maîtres anciens dont ils se disent les disciples : 1° que l'art gothique n'a calculé que tard, *in extremis*, au quinzième siècle; des pièces officielles, authentiques, établissent qu'alors seulement, trente ans après Brunelleschi, ils élevèrent la flèche de Strasbourg (1439), faussement attribuée à Erwin: — 2° par d'autres preuves non moins sûres, M. Quicherat démontre que, si les églises gothiques subsistent encore, c'est qu'elles ont été l'objet d'un continuel raccommodage. Ce sont d'immenses décorations qu'on ne soutient debout que par des efforts constamment renouvelés. Elles durent, parce qu'elles changent pièce à pièce; c'est le vaisseau de Thésée. Notre-Dame a subi en 1730 une restauration presque aussi forte que celle d'aujourd'hui. Sa grande rose, qu'on croyait du treizième siècle, descendue dans l'église, a laissé lire sur sa membrure aux antiquaires déconcertés quatre chiffres *arabes*, donc très-modernes. M. Quicherat y a lu de ses yeux : 1730. — La restauration actuelle sera-t-elle la dernière? Nullement. D'autres viendront, amis plus réels du gothique et qui tiennent au style, au caractère, à la date d'un monument; ils effaceront les mélanges qu'on se permet en ce moment; ils ne laisseront pas les coquetteries de Reims sur Notre-Dame de Paris, ils en ôteront ces clochetons surajoutés et rétabliront cette église dans l'austérité de Philippe-Auguste. Combien de millions faudra-t-il alors? Je ne puis le dire. Je crois seulement qu'avec le prix de deux restaurations de Notre-Dame on eût fondé une autre église plus vivante et plus selon Dieu : l'enseignement primaire, l'éducation universelle du pauvre.

NOTE DU § XIII.

Sur la sorcellerie, p. cvi.

La sorcellerie a peu d'importance dans les classes élevées, oisives, de mœurs libertines, qui, en tout temps, ont eu de mauvaises curiosités, cherché les mystères obscènes, cru sottement trouver des plaisirs au delà de la nature. Mais elle a beaucoup d'importance, la plus sombre et la plus triste, dans les folies épidémiques du peuple, surtout des campagnes, dans les accès d'ennui et de désespoir qui saisissaient des foules d'hommes, et les menaient, troupeau crédule, à la suite des vieilles hystériques en qui véritablement résidait le mauvais esprit.

Les sabbats des sorciers des villes furent souvent nommés ainsi par l'autorité ecclésiastique, lorsqu'ils n'étaient que des cercles de libres penseurs, de critiques, de hardis moqueurs du clergé. C'est, je crois, le mot réel de la Vaudoiserie d'Arras.

Dans mes extraits du *Malleus maleficarum*, j'ai eu constamment sous les yeux trois éditions : la première, sans date, qui doit être du quinzième siècle, de Paris (*venumdatur vico divi Jacobi*); la seconde, de Cologne, 1520; et la troisième, de Venise, 1576.

HISTOIRE DE FRANCE

AU SEIZIÈME SIÈCLE.

LIVRE PREMIER.

CHAPITRE PREMIER.

La France, réunie sous Charles VIII, envahit l'Italie. 1483-1494.

Le 31 décembre 1494, à trois heures de l'après-midi, l'armée de Charles VIII entra dans Rome, et le défilé se prolongea dans la nuit, aux flambeaux. Les Italiens contemplèrent, non sans terreur, cette première apparition de la France, entrevoyant chez les *barbares* un art, une organisation nouvelle de la guerre, qu'ils ne soupçonnaient pas.

Les bandes provençales de la maison d'Anjou,

qu'ils avaient vues de temps à autre, ne leur avaient rien révélé de tel. Les armées de Charles-le-Téméraire, où servaient nombre d'Italiens, ne donnaient pas non plus l'idée de celle-ci. Sauf l'avant-garde suisse, elle était toute française. La diversité d'armes et de provinces y concourait à l'unité. Sa force principale, unique alors, était l'artillerie, arme nationale, organisée sous Charles VII et devenue mobile, qui devait à cette mobilité une action décisive et terrible. Il y avait bientôt un demi-siècle que cette révolution dans la guerre avait eu lieu en France. Les Italiens n'en savaient rien encore, ou dédaignaient de l'imiter.

L'armée, forte de soixante mille hommes au passage des Alpes, ayant laissé des corps détachés sur tout son chemin, n'en comptait guère, à Rome, plus de trente mille. Mais c'était le nerf même, les plus lestes et les mieux armés; pour être dégagée des faibles et des traînards, elle n'était que plus redoutable.

En tête marchait, au bruit du tambour, en mesure, le bataillon barbare des Suisses et Allemands, bariolés de cent couleurs, en courts jupons et pantalons serrés. Beaucoup étaient de taille énorme, et pour se rehausser encore, ils se mettaient au casque de grands panaches. Ils avaient généralement, avec l'épée, des lances aiguës de frêne; un quart d'entre eux portait une hallebarde (le fer en hache, surmontée d'une pointe à quatre angles), arme meurtrière dans leurs mains, qui frappait de pointe et de taille; chaque millier de soldats avait cent fusiliers. Ces Suisses méprisaient la cuirasse; le premier rang seulement avait des corselets de fer.

Derrière ces géants suisses venaient cinq ou six mille petits hommes noirs et brûlés, à méchantes mines, les Gascons, les meilleurs marcheurs de l'Europe, pleins de feu, d'esprit, de ressources, d'une main leste et vive, qui tirait dix coups pour un seul.

Les gens d'armes suivaient à cheval, deux mille cinq cents, couverts de fer, ayant chacun derrière son page et deux varlets; plus, six mille hommes de cavalerie légère. Troupes féodales en apparence, mais tout autres en réalité. Généralement les capitaines n'étaient plus des seigneurs conduisant leurs vassaux, mais des hommes du roi commandant souvent de plus nobles qu'eux. « En France, dit Guichardin, tous peuvent arriver au commandement. »

Les gros chevaux de cette cavalerie, taillés à la mode française, sans queue et sans oreilles, étonnaient fort les Italiens et leur semblaient des monstres.

Les chevau-légers portaient le grand arc anglais d'Azincourt et de Poitiers, qui, bandé au rouet, dardait de fortes flèches. Les Français avaient ainsi adopté les moyens de leurs ennemis.

Autour du roi marchaient à pied, avec la garde écossaise, trois cents archers et deux cents chevaliers tout or et pourpre; sur l'épaule, des masses de fer.

Trente-six canons de bronze, pesant chacun six mille, puis de longues couleuvrines, une centaine de fauconneaux venaient ensuite lestement, non traînés par des bœufs, à l'italienne, mais chaque pièce tirée par un rapide attelage de six chevaux, avec affûts mobiles, qui, pour le combat, laissaient leur avant-train, et sur-le-champ étaient en batterie.

Tout cela se dessinait, aux flambeaux, sur les palais de Rome et dans la profondeur des longues rues, avec des ombres fantastiques, plus grandes que la réalité, d'un effet sinistre et lugubre. Tout le monde comprenait que c'était là une grande révolution et plus que le passage d'une armée; qu'il en adviendrait non-seulement les tragédies ordinaires de la guerre, mais un changement général, décisif, dans les mœurs et les idées même. Les Alpes s'étaient abaissées pour toujours.

Ce qu'il y avait de moins imposant dans l'armée, c'était sans contredit le roi Charles VIII, jeune homme faible et relevé naguère de maladie, petit, la tête grosse, visiblement crédule et sans méchanceté; il était tout entouré de cardinaux, généraux, grands seigneurs. Mais les vrais rois, ses conseillers intimes, étaient son valet de chambre, de Vesc, et un ancien marchand, Briçonnet; l'un déguisé en sénéchal, l'autre en prélat. C'étaient eux qui, depuis dix ans, animaient le jeune homme, le préparaient à cette expédition, malgré sa sœur Anne de France et tous les vieux conseillers de Louis XI. A quatorze ans, il demandait qu'on lui fît venir un *portrait de Rome*.

Rien n'indique que ces deux favoris aient été aussi malhabiles qu'on l'a dit. Mais ils n'en furent pas moins funestes par leur avidité, leur bassesse de cœur, dans les affaires de l'Italie et de l'Église.

On voit qu'une grande flotte avait été armée pour seconder l'expédition; que trois mille tentes et pavillons suivirent pour la campagne d'hiver; que les alliances italiennes avaient été prévues et ménagées : le duc de Milan devait avoir Otrante, Venise quelque port à l'entrée de l'Adriatique. Si l'on ne prit ni vivres ni argent, c'est qu'on crut que, faisant la guerre dans le plus riche pays de l'Europe, on trouverait des ressources chez ceux qui imploraient l'invasion, que cinquante mille Français armés sauraient se faire nourrir partout.

Tous savaient et prévoyaient dès longtemps l'événement; tous en furent terrifiés. Une chose était visible : c'est que la France était très-forte, et que seule elle l'était. L'Espagne, quoique réunie sous Ferdinand et Isabelle qui venaient de prendre Grenade, n'était pas préparée encore. Cette France, qu'on croyait épuisée, qui avait diminué l'impôt, réduit la gendarmerie, elle apparut tout à coup regorgeant de moyens et d'armes de tous genres, d'armes spéciales, arquebusiers, artillerie, que n'avait nulle autre puissance.

On avait cru, à la mort de Louis XI, que son ouvrage, œuvre d'art très-pénible, retomberait en poudre. Cette œuvre, l'unité de la France, avait pourtant sa légitimité naturelle qui devait la perpétuer. L'unité qui naissait dans la décomposition de la tyrannie féodale au treizième siècle avait été, il est vrai, brisée de nouveau par la maladresse des rois, qui refirent une seconde féodalité. Louis XI avait expié cette faute, et, par un miracle de patience et de ruse, écrasé celle-ci à la sueur de son front. Mais était-elle vraiment anéantie, et n'allait-elle pas reparaître?

Il y avait apparence. Lui mort, l'impôt cessa; plus d'argent, plus de Suisses, ils partirent tous. La royauté désarmée, avec un roi de treize ans, sous une sœur de vingt, gisait à terre : princes et grands, nobles, clergé, tous accourent, crient, pendent ses domestiques, mais ils ne peuvent ramasser le pouvoir. Le plus vivant encore, après tout, c'était le mort. Et le plus terrible. Il n'y en avait pas un qui ne pâlît et ne claquât des dents, s'il eût reçu à l'improviste un parchemin signé : Loys.

Ces pauvres gens, princes et seigneurs, le duc d'Orléans en tête, n'ayant aucune force en eux, en demandent à une ombre, à cette cérémonie qu'on appelait les *États généraux*. Je suis fâché de voir que tous les historiens se soient trompés sur ces États de 1484, qui ne sont autre chose qu'une réaction de l'aristocratie. Rien qui ressemble moins aux vrais et sérieux États de 1357, qui furent la nation même, autant qu'on pouvait la représenter alors. Ceux de 1484 furent une comédie. De grandes provinces, comme la Guienne, la Provence, daignèrent à peine y prendre part. Paris, qui avait fait 1357 et 1409, sous Marcel et les Cabochiens, sentit parfaitement qu'il n'y avait rien à faire.

L'ouverture est fort théâtrale. Tous accusent le dernier règne. On montre le frère d'Armagnac, on montre les enfants de Nemours, il faut leur rendre au moins leurs biens ; les légendes lugubres sont forgées par les avocats à l'appui des demandes. Il faut rendre aux Saint-Pol, rendre aux Croy, rendre à René, à la maison d'Anjou. Et tout à l'heure les étrangers vont venir à leur tour. Aux princes, aux seigneurs, aux voisins, par pitié pour les uns, justice pour les autres, il eût fallu rendre la France.

Le tout pour la France elle-même et dans son intérêt. Le peuple ! la nation ! le droit ! c'est le cri général. Revenir aux armées, aux impôts du bon roi Charles VII, remonter de vingt ou trente ans, pour les ventes surtout, pouvoir racheter les biens aliénés alors avec condition de rachat. Les prix de rachat stipulés si anciennement étaient minimes. Les nobles eussent tout repris pour rien, ruiné les acheteurs, qui étaient les bourgeois.

Les deux provinces où les rois de clocher se trouvaient le plus forts, étaient la Normandie et la Bourgogne. Et ce furent elles aussi qui parlèrent le plus *pour le peuple.* Un député surtout étonna l'assemblée, le Bourguignon Philippe Pot, docile courtisan de Charles le Téméraire, puis de Louis XI. Ce spirituel parleur (l'un des brillants conteurs des *Cent Nouvelles*) fit taire tous ces amis du peuple, en passant de cent lieues tout ce qu'ils avaient dit. « Tout pouvoir vient du peuple, dit-il, tout pouvoir lui retourne. Et par le peuple, j'entends tout le monde ; je n'en excepte aucun *habitant* du royaume.

« Le peuple a fait les rois, et c'est pour lui qu'ils règnent... Le roi manquant, la puissance appartient aux États. »

Cela finit toute déclamation qui eût popularisé les princes. Ce discours, d'excellent effet, fut probablement concerté avec la sœur du roi; car je vois Philippe Pot attaché à l'éducation de Charles VIII.

Il était difficile, au reste, de se méprendre sur le sens des plaintes que les nobles portaient au nom du peuple. Ils demandaient justement les deux choses que le peuple redoutait; qu'on leur rendît les places frontières, qui, dans leurs mains, avaient tant de fois ouvert la France aux ravages de l'ennemi, et que l'on respectât leur droit de chasse, c'est-à-dire le ravage permanent des terres, l'impossibilité de l'agriculture.

Tout avorta. La langue d'oil et la langue d'oc ne purent jamais s'entendre. Les hommes du parti d'Orléans ne tirèrent rien des États pour leur prince qu'un peu d'argent; du parlement, que la mort du barbier de Louis XI; de Paris, qu'ils régalèrent fort de fêtes et de caresses princières, rien que des mots timides.

Cette réaction hypocrite de l'aristocratie trouva sa barrière, son obstacle, un second Louis XI, dans sa très-ferme et politique fille, Anne de France, et dans Pierre de Beaujeu, son mari, cadet de Bourbon, qui, sans titre ni pouvoir légal, régnèrent sous Charles VIII. La France était pour Anne en réalité, et elle put sauver l'œuvre du dernier règne, conservant au royaume ses barrières récemment conquises, cette belle ceinture de provinces nouvelles. Elle la ferma par la Bretagne dont Charles VIII épousa l'héritière.

Il reste fort peu d'actes d'Anne de Beaujeu. Il semble qu'elle ait mis autant de soin à cacher le pouvoir que d'autres en mettent à le montrer. Le peu d'écriture qu'on a de sa main est d'un caractère singulièrement décidé, vif et fort, qui étonne parmi toutes les écritures gauches et lourdes du quinzième siècle.

Le 15 juillet 1830, madame la duchesse d'Angoulême passant en Bourbonnais et visitant l'abbaye de Souvigny, sépulture des ducs de Bourbon, se fit ouvrir leurs caveaux et voulut les voir dans leurs cercueils. Tout était poussière, ossements dispersés. Un de ces morts avait mieux résisté, il gardait ses cheveux, de longs cheveux châtains : c'était Anne de Beaujeu.

Le spectacle est curieux de voir cette femme de vingt ans, entourée, il est vrai, du chancelier et autres conseillers de Louis XI, reprendre la vie de son père, déjouer comme lui une *ligue du bien public*, qu'on nomma très-bien la *guerre folle*. Une première victoire ne fit qu'augmenter le danger. Les ligués appelaient Maximilien des Pays-Bas, Richard III d'Angleterre, l'horrible Richard III. Elle lui lança un concurrent, Tudor. Ce Tudor,

Henri VII, aidé par elle, arme contre elle tout d'abord, passe en France, d'accord avec Maximilien et Ferdinand le Catholique. La France craint un démembrement, et dans Maximilien elle voit l'Empereur, le souverain des Pays-Bas, qui, par un mariage, va s'emparer de la Bretagne. Anne y met trois armées, devance Maximilien, prend l'héritière, la marie à Charles VIII. Elle peut alors, avec toutes ses forces disponibles, montrer les dents aux alliés, qui restent impuissants, ne trouvant ici aucune prise.

Ces miracles semblent inexplicables, quand on voit que de si grandes choses se firent avec des impôts considérablement réduits. Mais l'état de la France avait énormément changé, et changeait d'année en année. On cultivait bien plus; bien plus de gens payaient l'impôt et plus facilement. C'était moins le fait du gouvernement que le résultat naturel de la disparition des cruels mangeurs féodaux qu'avait mangés le dernier roi. La folle et prodigue cour d'Anjou n'existait plus. L'orgueil sauvage et meurtrier de la maison de Bourgogne n'effrayait plus le Nord. Les Nemours et les Armagnacs n'étaient plus en mesure d'ouvrir la Gascogne à l'Espagne. Toute province avait désormais sa barrière. L'Ile-de-France, en profonde paix, travaillait, labourait, derrière la Picardie; et celle-ci était abritée par l'Artois. La

Champagne et le Bourbonnais étaient gardés par les Bourgognes. Le Languedoc, garanti par les acquisitions nouvelles, redevenait le grand et magnifique centre du Midi.

La mémoire d'Anne de Beaujeu serait trop grande si cet habile continuateur de Louis XI contre la féodalité n'eût précisément relevé son plus dangereux représentant dans le trop fameux connétable de Bourbon. Par un fatal orgueil qui dément tous ses actes et fait douter de son génie, elle entassa sur cette jeune, audacieuse et mauvaise créature, une fortune énorme de je ne sais combien de provinces.

Elle était très-contraire à l'expédition d'Italie, et croyait toujours retenir son frère. Il lui échappa un matin.

Il avait été nourri dans ces idées. Louis XI, malgré ses embarras innombrables, n'avait jamais un moment détourné les yeux de l'Italie. Jeune, encore dans son Dauphiné, il avait visé le Piémont, intrigué pour se faire demander par Gênes pour seigneur. Vieux, il acquit soigneusement les droits de la maison d'Anjou.

Il était facile à prévoir que la France serait forcée tôt ou tard d'envahir l'Italie. Appelée dix fois, vingt fois peut-être, elle avait fait la sourde oreille, laissant démêler cette affaire entre l'Aragonais et le Provençal qui, depuis deux cents ans, se disputaient le royaume de Naples. Mais le temps arrivait où l'Italie allait infailliblement devenir la proie d'une grande puissance. Deux paraissaient à l'horizon, l'Espagne et l'empire turc.

Celui-ci était un empire, mais bien plus encore un grand mouvement de populations musulmanes, qui, chaque année, par un progrès fatal, gravitait vers l'ouest et venait heurter l'Italie. Au midi, il se révélait comme force maritime. Il venait de détruire Otrante, phénomène sinistre qui inaugura pour toutes les côtes les ravages des barbaresques, l'enlèvement périodique des populations. Au nord, il se montrait dans l'Istrie, le Frioul, et autres États vénitiens, par son côté tartare, je veux dire par ces courses d'immense cavalerie irrégulière qui, répétées annuellement, rendaient le pays inhabitable, incultivable, désert, et préparaient ainsi la conquête définitive.

Les sultans ottomans entraînaient le monde barbare par l'attrait de ces pillages, par l'idée religieuse et la haine de l'idolâtrie chrétienne, par le serment de prendre Rome. Leurs guerres, à cette époque, étaient effroyablement destructrices.

C'était jouer un jeu terrible que de les appeler, comme faisait Venise contre Naples, et celle-ci contre Venise.

Nous n'hésitons pas toutefois à dire qu'une

invasion espagnole était peut-être plus à craindre que celle du Turc. L'Espagne, en ce moment, consommait sur elle-même une œuvre épouvantable : ayant achevé dans la destruction l'œuvre de l'épée, elle organisait celle du feu ; on n'avait vu rien de pareil depuis les Albigeois. Par les bûchers, par la ruine et la faim, par la catastrophe d'une fuite subite, pleine de misères et de naufrages, périrent en dix années presque un million de juifs, autant de Maures. L'inquisition, refaite sur une base nouvelle et dans une extension immense, emplit l'Espagne de sa royauté, jusqu'à braver le roi et le pape ; elle ne craignait pas d'envahir les revenus de la couronne ; elle brûlait ceux que le pape innocentait à prix d'argent. Elle dressa aux portes de Séville son échafaud de pierres, dont chaque coin portait un prophète, statues de plâtre creux où l'on brûlait des hommes ; on entendait les hurlements, on sentait la graisse brûlée, on voyait la fumée, la suie de chair humaine ; mais on ne voyait pas la face horrible et les convulsions du patient. Sur ce seul échafaud d'une seule ville, en une seule année, 1481, il est constaté qu'on brûla deux mille créatures humaines, hommes ou femmes, riches ou pauvres, tout un peuple voué aux flammes. Quatorze tribunaux semblables fonctionnaient dans le royaume. Pendant ces premières années surtout, de 1480 à 1498, sous l'inquisiteur général, Torquemada, l'Espagne entière fuma comme un bûcher.

Exécrable spectacle! et moins encore que celui des délations. Presque toujours c'était un débiteur qui, bien sûr du secret, comme en confession, venait de nuit porter contre son créancier l'accusation qui servait de prétexte. C'est ainsi qu'on payait ses dettes dans le pays du Cid. Tout le monde y gagnait, l'accusateur, le tribunal, le fisc. L'appétit leur venant, ils imaginèrent, en 1492, la mesure inouïe de la spoliation d'un peuple. Huit cent mille juifs apprirent le 31 mars qu'ils sortiraient d'Espagne le 31 juillet; ils avaient quatre mois pour vendre leurs biens; opération immense, impossible, et c'est sur cette impossibilité que l'on comptait; ils donnèrent tout pour rien, « une maison pour un âne, une vigne pour un morceau de toile. » Le peu d'or qu'ils purent emporter, on le leur arrachait sur le chemin; ils l'avalaient alors; mais, dans plusieurs pays où ils cherchèrent asile, on les égorgeait, les femmes surtout, pour trouver l'or dans leurs entrailles. Ils s'enfuirent en Afrique, en Portugal, en Italie, la plupart sans ressources, mourant de faim, laissant partout des filles, des enfants à qui les voulait. Des maladies effroyables éclatèrent dans cette tourbe infortunée, et gagnèrent l'Europe. L'Italie vit avec horreur vingt mille juifs mourir devant Gênes, et elle fut tout entière envahie de ces spectres, avant l'invasion de Charles VIII.

Si l'Espagne n'eût pas eu la rivalité de la France dans la conquête d'Italie, son invasion, à cette époque, aurait été celle de l'inquisition; l'Italie serait devenue, elle aussi, un bûcher. Ce malheur n'eut pas lieu. L'invasion, retardée, ménagée, fut toute politique. L'Italie résista généralement; Milan et Naples luttèrent, non sans succès. L'inquisition romaine, corrompue et vénale, brûla des victimes individuelles, mais non pas des peuples entiers.

A cela tint aussi que, dans la servitude, le caractère italien ne reçut pas l'atteinte mortelle que lui aurait donnée la police de l'inquisition. La destruction que celle-ci opéra fut surtout celle des âmes. Tout homme fut tenu constamment dans l'asphyxie d'une peur continuelle, sentant toujours l'espion derrière lui, que dis-je? ne se rassurant qu'en se faisant espion. Une aridité effroyable s'empara du pays, dans tous les sens. En chassant les Maures et les juifs, l'Espagne avait tué l'agriculture, le commerce, la plupart des arts. Eux partis, elle continua l'œuvre de mort sur elle-même, tuant en soi la vie morale, l'activité d'esprit. Cette stérilité terrible eût gagné l'Italie, si l'Espagne, sans concurrent, en eût pris possession au tragique moment où l'inquisition régna seule.

L'Espagne, dans son génie farouche, n'était nullement le disciple aimé de l'Italie, nullement l'interprète qui devait la traduire au monde.

La France, au contraire, arrivait dans des conditions favorables à cette grande initiation, peu arrêtée, flottante et d'autant plus docile. Dans son ardente avidité de boire à cette coupe, elle aurait voulu absorber l'Italie tout entière ; elle prit et le mal et le bien. Même souvent elle préféra le mal. N'importe, elle s'imbiba au total, se pénétra, se transforma, de ce fécond esprit. Et elle n'en fut pas absorbée. Tout au contraire, elle trouva sa propre originalité dans ce contact, elle devint elle-même, pour le salut de l'Europe et de l'esprit humain ; elle-même, je veux dire le vivant organe de la Renaissance.

Ni les Espagnols, ni les Allemands, ne comprirent rien à l'Italie.

L'invasion était infaillible, commencée dès longtemps ; l'Italie la voulait et y travaillait. L'invasion des deux fanatismes, musulman, espagnol, aurait été un fait horrible, sans le contrepoids de la France.

Là était son vrai rôle, sa mission. Nous ne reprochons nullement aux ministres de Charles VIII d'avoir présenté leur maître comme chef de l'Europe contre les Turcs, et d'avoir cherché en Italie l'avant-poste de la défense générale. Nous les blâmons seulement de n'avoir pas persévéré.

Une mesure étonnante pour les contemporains de Comines, de Machiavel, ce fut celle qu'on avait louée dans saint Louis, et qu'on blâma dans Charles VIII, celle d'ouvrir son règne par une restitution. A ses voisins Maximilien et Ferdinand, il rendit les conquêtes de Louis XI, le Roussillon, la Franche-Comté et l'Artois, ne leur demandant rien que de lui permettre de les couvrir des Turcs et de respecter en lui le défenseur de la chrétienté.

Cela pouvait être hasardeux; mais sans nul doute on achetait ainsi les sympathies de l'Europe, on partait avec tous ses vœux. Cette faute, si c'en était une, n'eût pas fait tort à Huniade. Il fallait seulement la soutenir, cette belle faute, se montrer grand et rester digne des voix prophétiques qui proclamaient la France au delà des Alpes, et qui l'appelaient l'envoyée de Dieu.

CHAPITRE II.

Découverte de l'Italie. 1494-1495.

« O Italie! ô Rome! je vais vous livrer aux mains d'un peuple qui vous effacera d'entre les peuples. Je les vois qui descendent affamés comme des lions. La peste vient avec la guerre. Et la mortalité sera si grande, que les fossoyeurs iront par les rues, criant : Qui a des morts? Et alors l'un apportera son père et l'autre son fils... O Rome! je te le répète, fais pénitence! Faites pénitence, ô Venise! ô Milan!...

« Ils écrivent à Rome que j'attire le mal sur l'Italie. Hélas! l'attirer et le prédire, est-ce la même chose?

... « Florence, qu'as-tu fait? Veux-tu que je te le dise? Ton iniquité est comblée; prépare-toi à quelque grand fléau. Seigneur, tu m'es témoin qu'avec mes frères je me suis efforcé de soutenir par la parole cette ruine croulante ; mais je n'en puis plus, les forces me manquent. Ne t'endors pas, ô Seigneur ! sur cette croix. Ne vois-tu pas que nous devenons l'opprobre du monde? Que de fois nous t'avons appelé ! que de larmes ! que de prières ! Où est ta providence? où est ta bonté? où est ta fidélité? Étends donc ta main, ta puissance sur nous! Pour moi, je n'en puis plus ; je ne sais plus que dire. Il ne me reste qu'à pleurer et qu'à me fondre en larmes dans cette chaire. Pitié, pitié, Seigneur ! » (Trad. de Quinet, *Révolutions d'Italie.*)

Ces paroles heurtées, brisées à chaque instant, mêlées de cris, de larmes, de sanglots, des douloureux silences d'une douleur trop pleine qui ne se fait plus jour, étaient recueillies, prises au vol, pour ainsi dire, dans les églises de Florence par les nombreux croyants. Ils les ont écrites et transmises. Nous entendons encore, dans son incohérence naïve et pathétique, la voix de ce vrai prophète, Jérôme Savonarole. Cette voix d'un monde fini, à travers le bûcher, à travers les flammes et les siècles, est venue jusqu'à nous.

Des hommes de génie bien divers ont écouté Savonarole, et lui portent témoignage, Michel-Ange, Comines et Machiavel.

Le premier a été son verbe dans les arts, il a reproduit son effort, écrit sa parole tonnante, son immense douleur, dans les peintures de la Sixtine.

Machiavel, non moins frappé peut-être, s'est, pour cette raison même, jeté dans l'extrême opposé. Dieu ne faisant plus rien pour l'Italie, l'apôtre et le martyr n'ayant été d'aucun secours, Machiavel invoqua, pour le salut de la patrie, une politique sans Dieu; le ciel manquant, il appela l'enfer.

Sur l'homme même, tous sont d'accord. Ils le jugent, comme le juge l'avenir, un vrai voyant, un prophète, un martyr, en qui l'Italie se crucifia elle-même.

« La grandeur de Savonarole, a dit très-bien Edgar Quinet, est d'avoir senti que, pour sauver la nationalité italienne, il fallait porter la révolution dans la religion même. » (*Révol. d'Italie.*)

A quoi nous ajoutons : « L'impuissance de Savonarole et de l'Italie, dont il fut la voix, fut de croire que cette révolution se ferait dans l'enceinte de l'idée chrétienne, de la contenir dans la mesure du Christ, qu'elle dépassait de toutes parts, comme l'avaient senti Joachim de Flores et les voyants du XIIIe siècle. »

Son principal ouvrage, le *Triomphe de la croix*, est un effort pour démontrer logiquement, scolastiquement, à un peuple raisonneur, que le christianisme est raisonnable, qu'il répond à tous les besoins de la raison.

Le retour à la foi, la réforme des mœurs, amenée par la terreur salutaire de l'invasion, c'est toute la portée de sa tentative. Il se défend, dans ses interrogatoires, d'avoir lu ou goûté les prophéties d'Évangile éternel qui essayaient d'agrandir et de renouveler le dogme. L'extrême tendresse de cœur qui éclate dans ses sermons ne lui permettait pas sans doute de toucher à l'Église malade. Il respecta tellement la vieille mère, qu'il ne fit rien pour la sauver. Il la respecte en la papauté même, souillée et écroulée. Il la respecte dans Alexandre VI. Il est mort sans que tant d'ennemis eussent pu surprendre en lui la moindre nouveauté.

Que fut-il donc? une idée? Non. Il ne fut rien qu'une voix de douleur, la voix de la mort du pays.

Voix sainte? Oui. Mais fut-elle innocente politiquement? On a pu en douter. Celui qui proclame la mort, c'est celui qui l'achève. En attendrissant tellement le mourant sur lui-même, il peut finir son dernier souffle. Il révèle du moins le secret de son agonie.

L'Europe, tellement ignorante, aveugle et relativement barbare, en était à savoir que l'Italie n'existait plus. Elle ne le crut bien qu'en le lui entendant proclamer elle-même.

Ce prophète de mort, docteur en l'art de bien mourir, eut-il un secret pour la vie ? un moyen de résurrection ? Ni pour l'État, ni pour l'Église. Au premier, il n'apporte que la résignation, qui confirme la mort en l'acceptant. Et à l'Église, il n'offre que le conseil (inutile pour les religions autant que pour l'individu) de retourner à sa jeunesse, d'être ce qu'elle fut, et de se réformer dans son idée originelle, tellement dépassée par le temps.

Il fut un vrai voyant pour la mort et le désespoir. Son erreur fut le songe de la restauration du droit par l'étranger. En son cœur pur, le vieux péché héréditaire de l'Italie eut pourtant une place, la foi à la justice étrangère, l'appel au podestat barbare. Ce podestat, pour Dante, est l'Allemand, masqué du faux nom de César ; pour Savonarole le Français, sous son faux nom de très-chrétien.

« Il voyait l'avenir, dit son disciple Pic de la Mirandole, aussi clairement qu'on voit *que le tout est plus grand que la partie.* » Je le crois. Mais le présent, le voyait-il ? le connut-il ? Eut-il l'idée du problème insoluble au jugement duquel il appelait Charles VIII ? Connaissait-il ce juge qu'il appelait, cette France barbare, mais point du tout naïve, et qui n'apportait à un tel jugement ni la lumière de l'âge mûr, ni la rectitude des instincts d'enfance, mais une avidité aveugle de plaisir, une fougue meurtrière de plaisir, de destruction?

Telle était cette France : jouir ou tuer. Elle n'était pas féroce par ivresse, comme les Allemands ; ni âprement cruelle par avarice ou fanatisme, comme les Espagnols ; mais plutôt outrageuse par légèreté ou sensualité, quelquefois capricieusement sanguinaire, par accès de chaleur du sang.

Les Français eurent aussi de très-mauvais initiateurs en Italie, les Suisses et Allemands de leur avant-garde, qui, quoique venus souvent dans le pays, n'y comprenaient rien et le détestaient, qui s'y rendaient malades en s'engloutissant dans les caves, et se figuraient toujours qu'on les empoisonnait. Ces brutes tiraient aussi vanité de leur barbarie. A la première rencontre, à Rapallo, près Gênes, les Suisses, pour faire les braves devant les Français, non-seulement tuèrent les hommes armés et combattant, mais des prisonniers qui se rendaient, et enfin des malades dans leurs lits. Les nôtres ne voulurent pas rester au-dessous, ils imitèrent ce bel exemple, à la première bourgade qu'ils trouvèrent et emportèrent d'assaut. C'était aussi le sot orgueil de ne pas vouloir qu'on tînt un seul jour devant l'armée royale, où était le Roi en personne.

Telle armée et tel roi, sensuel, emporté. Il s'était révélé dès Lyon, où il s'amusa si bien, qu'on crut qu'il ne passerait pas les Alpes. Et quand il les eut passées, quand le duc de Milan fut venu à sa rencontre avec un cortége de dames, il s'amusa si bien, qu'on crut encore qu'il n'irait pas plus loin. Il n'en pouvait plus à Asti, et y tomba malade; les uns disent de la petite vérole, d'autres de la maladie nouvelle qui éclata cette année même, qui envahit l'Europe et qu'on appela le mal français.

La découverte de l'Italie avait tourné la tête aux nôtres; ils n'étaient pas assez forts pour résister au charme.

Le mot propre est découverte. Les compagnons de Charles VIII ne furent pas moins étonnés que ceux de Christophe Colomb.

Excepté les Provençaux, que le commerce et la guerre y avaient souvent menés, les Français ne soupçonnaient pas cette terre ni ce peuple, ce pays de beauté, où l'art, ajoutant tant de siècles à une si heureuse nature, semblait avoir réalisé le paradis de la terre.

Le contraste était si fort avec la barbarie du Nord, que les conquérants étaient éblouis, presque intimidés, de la nouveauté des objets. Devant ces tableaux, ces églises de marbre, ces vignes délicieuses peuplées de statues, devant ces vivantes statues, ces belles filles couronnées de fleurs qui venaient, les palmes en main, leur apporter les clefs des villes, ils restaient muets de stupeur. Puis leur joie éclatait dans une vivacité bruyante.

Les Provençaux qui avaient fait les expéditions de Naples avaient été ou par mer ou par le détour de la Romagne et des Abruzzes. Aucune armée n'avait, comme celle de Charles VIII, suivi la voie sacrée, l'initiation progressive qui, de Gênes ou de Milan, par Lucques, Florence et Sienne, conduit le voyageur à Rome. La haute et suprême beauté de l'Italie est dans cette forme générale et ce *crescendo* de merveilles, des Alpes à l'Etna. Entré, non sans saisissement, par la porte des neiges éternelles, vous trouvez un premier repos, plein de grandeur, dans la gracieuse majesté de la plaine lombarde, cette splendide corbeille de moissons, de fruits et de fleurs. Puis la Toscane, les collines si bien dessinées de Florence, donnent un sentiment exquis d'élégance, que la solennité tragique de Rome change en horreur sacrée... Est-ce tout? Un paradis plus doux vous attend à Naples, une émotion nouvelle, où l'âme se relève à la hauteur des Alpes devant le colosse fumant de Sicile.

Tout se résume dans la femme, qui est toute la nature. Les yeux noirs d'Italie, généralement plus forts que doux, tragiques et sans enfance (même dans le plus jeune âge), exercèrent sur les hommes du Nord une fascination invincible. Cette rencontre première de deux races se précipitant l'une vers l'autre fut tout aussi aveugle que le contact avide de deux éléments chimiques qui se combinent fatalement. Mais, passé la violence première, la supériorité du Midi éclata : partout où les Français firent un peu de séjour, ils tombèrent inévitablement sous le joug des Italiennes, qui en firent ce qu'elles voulaient.

Charles VIII faillit en mourir, et y céda partout, souvent par sensualité, souvent par sensibilité. Et cela le jeta dans des difficultés imprévues qui compliquèrent fort sa situation d'arbitre de l'Italie.

Elles apparurent dès la descente des Alpes; le roi, dès le premier pas, ne se souvint plus de la politique et suivit la nature.

Dans la misérable situation où était l'Italie, les intérêts de famille dominaient tout. La brouillerie de trois familles et de trois femmes avait été l'occasion décisive qui entraîna l'invasion. Les trois femmes étaient Béatrix d'Este, Isabelle d'Aragon, Alfonsine Orsini.

Béatrix, la jeune et brillante fille du duc d'Este,

sortie de cette cour qu'ont illustrée l'Arioste et le Tasse, avait besoin d'un trône et siégeait sur celui de Milan. Son mari, noir et vieux, n'était pas duc de Milan, mais simplement régent pour son jeune neveu, Jean-Galéas Sforza, maladif, incapable, qu'il tenait enfermé. Ce régent, Ludovic le More, habile homme et faible mari, ne pouvait quitter le pouvoir pour le céder à un idiot; Béatrix ne l'eût pas permis.

Le jeune duc cependant, dans sa réclusion, n'en avait pas moins épousé la fille du roi de Naples, Isabelle d'Aragon. C'était une princesse ardente et fière, jalouse surtout de Béatrix, qui trônait dans la plus belle cour de l'Europe, pendant qu'Isabelle se consumait près d'un malade dans une prison. Elle se plaignait à son père, qui menaçait Ludovic et le sommait de rendre le trône à son neveu.

Ludovic jusque-là avait été couvert au sud par l'alliance de Florence. Il n'avait pas à craindre qu'elle ouvrît le passage au roi de Naples, tant qu'elle fût gouvernée par Laurent le Magnifique, prudent arbitre de l'équilibre italien. Tout changea à la mort de Laurent. Son fils Pierre, qu'il avait eu d'une Romaine, Clarisse Orsini, avait lui-même épousé Alfonsine Orsini, fille du connétable de Naples. Romain, Napolitain de cœur, élevé par sa mère, entretenu par sa femme dans un orgueil de prince, Pierre prit hautement parti pour la légitimité princière, rompit la vieille alliance milanaise, menaça Ludovic, le força d'appeler les Français.

Ce Pierre de Médicis, aussi sage que Jean Galéas, était un athlète, un acteur, figure de tournoi, de théâtre. Il était stupidement fier de ses succès à la lutte, à la paume. L'hiver, il employait la main la plus habile à faire des statues de neige, la main de Michel-Ange.

Ainsi c'était la guerre de trois cours et de trois femmes.

Dès que le Roi arrive, il est habilement enveloppé. Un prince généreux comme lui peut-il passer sans accorder une visite au pauvre duc malade? Tous les nôtres déjà étaient du parti d'Isabelle, sa jeune femme, la fille de notre ennemi, le Roi de Naples. Le Roi cède; il voit ce mourant; il voit l'infortunée princesse, qui embrasse ses genoux, les arrose de larmes. Nourri dans la lecture des romans de chevalerie, le voilà, dès l'entrée de son expédition, en face d'une suppliante, obligé de refuser sa protection à une femme. Il ne dit rien; mais Ludovic comprit son cœur, sentit qu'il était contre lui. Il le sentit bien mieux quand Charles VIII, à peine entré dans la Toscane, lui renvoya ses troupes italiennes. Il ne lui resta plus, après nous avoir appelés en Italie, qu'à faire en sorte que nous y périssions. Galéas mourut à point, et l'on crut généralement que Ludovic l'avait empoisonné.

Mêmes fautes en Toscane. Le Roi, de même, y agit contre ses amis et ses alliés naturels.

Un premier fort ayant été pris et tout tué, Pierre de Médicis perd la tête. Il ouvre les forteresses qu'il avait voulu défendre. Florence profite de son trouble, le chasse, reprend sa liberté. Le pouvoir est aux mains de ceux qui avaient appelé, prophétisé l'invasion. Ils arrivent pleins de joie à Lucques pour saluer le Roi; il leur tourne le dos.

Il était déjà sous l'influence des agents des Médicis. Il voyait, dans son ignorance, Pierre comme un roi chassé par ses sujets.

Ce fut bien pis quand il vit la femme de Pierre, Alfonsine Orsini, en deuil, que la nouvelle république avait eu la débonnaireté de laisser chez elle. Savonarole l'avait voulu ainsi, protégeant tout ce qui tenait aux Médicis, empêchant les vengeances. Voici donc encore une princesse affligée, encore un appel au roi chevalier, à son devoir de protéger les dames. Celle-ci, fille du connétable de Naples que Charles VIII devait combattre, alla au cœur du Roi en lui demandant s'il était bien vrai qu'il voulût la ruine, la mort de tous les siens. Le Roi fut fort touché, et il écouta volontiers Briçonnet, qui lui faisait entendre qu'un prince était son allié naturel plutôt qu'une république. Il sacrifia tous les amis de la France, et expédia un message à Médicis pour le faire revenir.

En pénétrant dans la Toscane, où ils suivaient la mer et les contrées du bas Arno, nos Français commençaient à voir les signes trop sensibles de la mort de l'Italie. Ces contrées si fertiles étaient devenues marécageuses et malsaines par l'abandon des canaux ; c'était déjà presque un désert, œuvre de la nature ? non, mais de l'homme et des mauvais gouvernements. L'Italie, dès le treizième siècle, se dévorait elle-même. Non que la population générale eût peut-être diminué de beaucoup ; mais la campagne était délaissée pour les villes, qui la dominaient tyranniquement, l'astreignant à certaines cultures, en défendant telle autre. Entre les villes elles-mêmes, la plupart étaient devenues de pauvres villes sujettes que les cités souveraines tenaient très-bas et durement. Souveraines elles-mêmes autrefois, ces républiques asservies avaient dans leur glorieux passé une humiliation d'autant plus grande, de mortelles douleurs dans leurs souvenirs.

Sismondi estime, d'après une évaluation très-vraisemblable, que l'Italie, au treizième siècle, n'avait guère moins de un million huit cent mille citoyens ; qu'elle en eut le dixième au siècle suivant (cent quatre-vingt mille), et, au quinzième, seulement le dixième de ce dixième, dix-huit mille citoyens peut-être.

Venise, dans ce nombre misérable, compte pour deux ou trois mille ; Gênes pour quatre ou cinq ; Florence, Sienne et Lucques, en tout cinq ou six mille. Tout le reste était sujet de ces villes ou des tyrans.

Dix-huit mille hommes avaient intérêt à défendre l'Italie.

Ces dix-huit mille étaient-ils libres ? Oui, sous le bon plaisir du Conseil des Dix à Venise ; à Florence, sous l'autorité des Médicis ; à Sienne, sous les Petrucci, etc.

Le gouvernement personnel portait ses fruits. La ville de la banque, la riche Florence, qui absorbait les capitaux du monde, venait de faire banqueroute. Pourquoi ? parce que les Médicis avaient mêlé leur fortune avec celle de la république. Leur somptuosité de princes dérangea leurs affaires, et ils ne sauvèrent leur caisse qu'en faisant sauter celle de l'État.

En Romagne et partout, c'était une foule de petites cours vaniteuses, brillantes à l'envi, dévorantes, mangées de parasites et mangeant leurs sujets. Les gens de lettres, artistes et poëtes, chantaient cette gloire coûteuse.

L'horreur, c'était à Naples, où le vieux roi aragonais, par-dessus l'impôt écrasant, avait organisé un gouvernement de famine, trafiquant de tout ce qui se mange, spéculant sur les jeûnes de ses maigres sujets.

Tout cela couvert d'une fausse paix, de calme et d'art, d'un certain mouvement pédantesque d'érudition.

L'Italie, en réalité, soupirait, haletait; elle attendait quelque chose comme le jugement dernier. Ce n'était pas seulement Savonarole qui parlait; un mendiant à Rome, et d'autres avaient été les trompettes de l'archange. Les habiles, le vieux Ferdinand, son fils Alfonse, le pape Alexandre VI, vacillaient et flottaient, changeaient sans cesse de résolution. Que ceux qui doutent de la puissance des remords et du Vengeur moral lisent ce drame, digne de Shakspeare. Ferdinand meurt comme étouffé sous les ombres de ses victimes. Alfonse, un politique, un guerrier, la plus forte tête de l'Italie, devient comme idiot; il s'enfuit, se fait moine.

De toutes parts se levait le voile, et la réalité apparaissait. Le mensonge croulait. Tout semblait se dissoudre, comme il arrive dans les grandes épidémies, où, la main de Dieu pesant sur tous, il n'y a plus ni fort ni faible; personne ne craint personne; tous se sentent égaux, affranchis par la faiblesse commune.

Mais ce réveil simultané de tant d'éléments différents, désharmonisés depuis longtemps, opposés et contraires, était un embarras immense. Charles VIII eût-il été véritablement l'envoyé de Dieu, guidé par sa lumière, ce n'eût pas été trop pour juger un pareil procès. Dans un pays où une décomposition successive avait couché les uns sur les autres tant de peuples et de cités défuntes, il n'y avait pas de mort si bien mort qui ne reprît la voix et ne réclamât ses atomes. Ceux-ci, passés dans d'autres, étaient revendiqués, défendus par des morts récents. Pour faire revivre l'un, on se trouvait forcé peut-être d'étouffer l'autre et de le clore définitivement au sépulcre.

La première scène, bizarre et violente, d'un imprévu fantastique, eut lieu à Pise. On vit un mort d'un siècle qui portait la parole, et, presque au milieu du discours, un mort de cinquante ans parla. Ces morts, c'étaient les républiques de Pise et de Florence, la première étouffée par l'autre, toutes deux réveillées à la fois (même jour, 9 novembre).

Le Roi entrait à Pise. Il marchait, entouré de tous ses capitaines, vers le fameux *Duomo*, où il allait entendre la messe. Il traversait, entre la tour penchée, le baptistère et le *Campo-Santo*, cette place vénérable, pleine des hautes antiquités du lointain moyen âge. Au seuil du temple, un homme se jeta à lui, effaré, comme un frénétique ; il prit le Roi aux genoux et embrassa ses jambes. Il parlait en français et avec une grande volubilité. Le Roi ne put pas s'en tirer qu'il ne lui fît un long discours. C'était l'histoire de Pise, la plus tragique d'Italie, ville morte en une fois, en un jour, quand tout son peuple fut emporté à Gênes ; puis vendue aux marchands, aux Médicis, qui ont sucé sa vie, ont détruit son commerce, lui ont fermé la mer ; et la terre elle-même, par une négligence voulue et meurtrière, a été changée en marais ; plus de canaux ; la fièvre organisée pour l'extermination d'un peuple...

Ici, les larmes lui vinrent dans une telle abondance, qu'il s'arrêta ; mais tout le monde continuait de l'écouter. Il se leva alors violent et furieux, et commença une terrible invective contre la concurrence, la férocité de boutique, qui ne laissait pas seulement Pise affamée gagner sa vie avec la soie, la laine, et la faisait mourir du supplice d'Ugolin... Cependant, grâce à Dieu, au bout de cent années, la liberté venait... A ce mot *liberté*, le seul que le peuple entendît, il s'éleva de la foule un concert de cris et de larmes qui perça le cœur des Français. Le Roi se détourna, sans doute parce qu'il pleurait lui-même, et entra dans l'église. Mais ses gens, tout émus, hardis de leur émotion (ce n'étaient pas encore les courtisans bien appris et dressés de la cour de Louis XIV), insistèrent près de lui et continuèrent le discours du Pisan. Un conseiller du parlement du Dauphiné, qui s'appelait Rabot, qui était en faveur et que le Roi venait d'attacher à son hôtel, dit fortement : « Pour Dieu, Sire ! voilà chose piteuse ! Vous devriez bien octroyer... Il n'y a jamais eu de gens si maltraités que ceux-ci !... » Le Roi, sans trop songer, répondit vaguement qu'il ne demandait pas mieux. Rabot le quitte à l'instant même, retourne vers le parvis où était la foule du peuple : « Enfants ! le Roi de France entend que votre ville ait ses franchises... »

« Vive la France ! vive la liberté ! » Tous se précipitent au pont de l'Arno. Le grand lion de Florence, qui était là sur une colonne, est emporté par l'ouragan, et va, la tête en bas, s'enterrer dans le fleuve.

Sans malice, dans son ignorance, le Roi avait tranché le grand procès des siècles. Ce procès n'était pas celui de Pise et de Florence : c'était celui de toutes les villes sujettes, celui des cités souveraines.

Proclamé le libérateur et le restaurateur du droit, quel droit allait-il restaurer ? A quelle époque remonter ? Et quelle Italie allait-on refaire ?

La vraie, la forte, la vivante, était celle du treizième siècle ; mais le même peuple vivait-il ? Les hommes du quinzième siècle, était-ce la même chose que les citoyens du treizième ? Oui, si l'on jugeait par la ténacité étonnante, héroïque, que montra Pise à maintenir sa liberté reprise ainsi. S'il en était partout de même, il fallait à chaque ville rendre son droit, consuls et podestat, bourse d'élection, cloche et glaive. Plus de duché de Milan ; les villes de l'ancienne Ligue lombarde redevenaient autant de républiques. Plus d'État de Venise. Vérone, Vicence, Padoue, Brescia, renvoyaient leurs provéditeurs. En Toscane, dissolution complète ; ce n'était pas Pise seulement qu'il fallait soustraire à Florence ; mais les vénérables cités étrusques, Volterra et Cortone, Pistoïa la guerrière, enfin « les roquets d'Arezzo, » comme parle Dante. Tous réclamaient, tous s'isolaient. Un immense passé, plein de rivalité, de gloire, de haine et de vengeance, surgissait de la terre. Maintenant l'arbitrage de la France aurait-il la vertu d'harmoniser cette discorde, de transformer les tyrannies brisées en fédérations volontaires ? C'était chose douteuse et dans l'avenir. Mais la chose présente et certaine, c'était la dissolution de l'Italie.

Le Roi n'avait pas quitté Pise qu'au milieu de la joie du peuple, qui brisait les lions de Florence, arrivent les envoyés florentins, Savonarole en tête.

« Enfin tu es venu, ministre de la justice, ministre de Dieu ; c'est toi que, depuis quatre ans, le serviteur inutile qui te parle prédisait sans te nommer. Nous te recevons avec un cœur satisfait, avec un visage joyeux. Ta venue a exalté les âmes de tous ceux qui aiment la justice. Ils espèrent que par toi Dieu abaissera les superbes, exaltera les humbles et renouvellera le monde. Viens donc joyeux, tranquille et triomphant, puisqu'il t'envoie, Celui qui triompha pour nous sur le bois de la croix. Néanmoins, ô Roi très-chrétien ! écoute mes paroles et grave-les dans ton cœur... Ne sois point l'occasion de multiplier les péchés ; protége l'innocence, les veuves, les épouses du Christ qui sont aux monastères. D'autre part, sois clément, à l'exemple de ton Sauveur. S'il y a des pécheurs dans Florence, il y a des serviteurs de Dieu. Pardonne ! Christ a bien pardonné ! »

Le sublime visionnaire, très-positif ici pourtant et d'une politique magnanime, demandait, avec plus de précision qu'on ne l'eût attendu, deux points qui semblaient en effet essentiels : que les Français ne se fissent point haïr de l'Italie par leurs outrages aux femmes, et, d'autre part, qu'ils épargnassent les ennemis de la France, les ennemis de Savonarole, les partisans des Médicis.

L'idée ne venait à personne que Charles VIII fût assez fou pour adopter précisément le parti contraire à la France, pour ne pas profiter du grand mouvement populaire qui se faisait en sa faveur.

Le Roi ne répondit que des paroles vagues, et, sur la route encore, il refusa de dire comment il venait à Florence. La nouvelle république, qui se recommandait de lui, qui venait de mettre ses lis sur le drapeau national, fut obligée à tout hasard de se mettre en défense à l'approche d'un si étrange ami. Chaque propriétaire fit venir ses paysans, les arma, se pourvut de vivres, de munitions, enfin se tint prêt pour un siége.

Cependant le petit peuple, sans défiance, va au-devant du Roi avec de joyeuses acclamations ; le clergé chante des hymnes. Lui, si bien accueilli, il entre en appareil de guerre, les armes hautes, la lance à la cuisse. Établi au palais des Médicis, il répond aux hommages des magistrats qu'il a conquis Florence, qu'il est chez lui. Gouvernerait-il par lui-même ou par les Médicis ? C'était la seule question. Les Florentins protestèrent, et, des deux côtés, l'attitude devint très-menaçante.

Cependant les conseillers de Charles VIII, regardant bien Florence, cette grande population, ces hautes et massives maisons de pierre, ces rues étroites où une armée peut, sans combattre, être écrasée des toits, commencèrent à songer. Le valet de chambre de Vesc, l'évêque Briçonnet, n'étaient pas gens à affronter une telle entreprise. Et d'ailleurs que voulait le Roi? Hâter sa marche vers Naples. Ils s'en souvinrent alors. Aplatis tout à coup, ils tombèrent honteusement à demander une somme d'argent, se contentant de rançonner la ville amie et alliée qu'ils désespéraient de prendre.

Mais cette somme, ils la voulaient énorme. Les Italiens, qui reprenaient courage, refusèrent net. L'un d'eux, arrachant le papier, dit : « Sonnez vos trompettes; nous sonnerons nos cloches. » Enfin, pour cent vingt mille florins, le Roi les tint quittes et partit. Pour cette somme, il faisait une triste concession : il abandonnait Pise, ne stipulant pour elle que le *pardon de ses offenses.*

Il tuait Pise; mais n'avait pas moins tué Florence. Son passage devait y porter des fruits de mort. La république et le parti français devaient bientôt périr. On put savoir alors combien Savonarole était un vrai prophète, voyant profondément le vieux péché du peuple et sa fatalité. Il avait toujours dit que le roi de France viendrait à Pise, et que ce jour-là mourrait l'État de Florence.

CHAPITRE III.

La découverte de Rome. Fornoue. 1495.

Quand Charles VIII entra dans Rome, le 31 décembre 1494, le pape Roderic Borgia, le fameux Alexandre VI, monté récemment au pontificat, n'était pas encore le personnage illustre qui a laissé une telle trace dans l'histoire. C'était un homme de soixante ans, fort riche, qui maniait depuis quarante ans les finances de l'Église et percevait les droits du sceau. Il était à son avénement le plus grand capitaliste du sacré collége. C'est pour cela qu'il fut nommé. Il ne marchanda pas sa place, paya généreusement chaque vote et sans mystère, envoyant en plein jour à l'un quatre mules chargées d'argent, à l'autre cinq mille couronnes d'or, pratiquant à la lettre le mot de l'Évangile : « Donne ton bien aux pauvres. »

Il avait quatre enfants de sa maîtresse Vanozza, qu'il avait élevés publiquement et reconnus. Ses mœurs n'étaient pas plus mauvaises que celles des autres cardinaux, et il était beaucoup plus laborieux, plus appliqué aux affaires. On lui reprochait une chose, d'être toujours gouverné par une femme. Il l'avait été longtemps par deux Romaines, la Vanozza et la mère de Vanozza; depuis il l'était par sa fille, la belle Lucrezia, qui a été chantée par les poëtes de l'époque ; il était très-faible pour elle et l'aimait trop pour son honneur.

Ce qui étonnait fort aussi dans cette cour du pape, c'est que Borgia, né au pays des Maures, à Valence en Espagne, avait attiré à Rome nombre de trafiquants de ce pays, des Maures, des juifs. Il était en correspondance intime avec le Turc, et recevait pension de lui pour garder prisonnier son frère, le sultan Gem.

Cette étrange amitié alla si loin, dit-on, qu'il fit évêques et cardinaux des protégés de Bajazet.

Ce pontificat mémorable arrivait pour couronner une étonnante série de mauvais papes. Un seul, en soixante ans, Pie II, avait fait exception. Le caractère des autres fut d'allier trois choses, d'être d'impudents débauchés, et en même temps si bons pères de famille, tellement avides, avares, ambitieux pour les leurs, qu'ils auraient mis le monde en cendres pour faire de leurs bâtards des princes. Avec cela, prêtres féroces. Paul II tortura lui-même les académiciens de Rome, suspects d'être platoniciens ; l'un d'eux lui mourut dans les mains. Ce Paul eut tellement soif du sang des Bohémiens, que, pour les exterminer, il poussa Mathias Corvin, l'unique défenseur de l'Europe, à laisser là les Turcs pour se faire le bourreau de la Bohême. Il avait trouvé un moyen nouveau et singulier d'amasser un trésor ; c'était de ne plus nommer à aucun évêché, de laisser tout vacant, et de percevoir seul les fruits. S'il eût vécu, il aurait été le dernier évêque de la chrétienté.

Sixte IV fut bien pire. Son pontificat colérique, impudent, effréné, passe tous les récits de Suétone. Rome, du temps des papes comme du temps des empereurs, a fait souvent des fous. L'infaillibilité leur montait à la tête, et tel homme sensé devenait un maniaque furieux. Sixte, devenu pape, donne un nouvel exemple : il chasse les femmes, vit à la turque, ne veut plus que des pages. Ces mignons, grandissant, deviennent les pasteurs des âmes, évêques ou cardinaux. Avec ces mœurs dénaturées, il n'en suit pas moins la nature, ruine l'Église pour ses bâtards, pour deux surtout qu'il avait de sa sœur, brouille toute l'Italie ; le fer et le feu à la main, il leur cherche des principautés. Il crée un nouveau droit des gens, mettant, chose inouïe! des prisonniers de guerre à la torture, et menaçant les évêques qui ne se joindraient pas à lui de les vendre comme esclaves aux Turcs.

Ce pape épouvantable mourut; on rendit grâce à Dieu. Qui aurait cru que le pontificat suivant pût être pire encore? Cela se vit. Innocent VIII, non moins avide pour les siens et non moins corrompu, eut cela, par-dessus ses crimes, qu'il tolérait tous ceux des autres. Il n'y eut plus de sûreté. Vol et viol, tout devint permis dans Rome. Des dames nobles étaient enlevées le soir, rendues le matin : le pape riait. Quand on le vit si bon, on commença à tuer : il ne s'émut pas davantage. Un homme avait tué deux filles. A ceux qui dénonçaient le fait, le camérier du pape dit gaiement : « Dieu ne veut pas la mort du pécheur, mais qu'il paye et qu'il vive. »

A la mort d'Innocent, il y avait à Rome deux cents assassinats par quinzaine. Alexandre VI eut le mérite de remettre un peu d'ordre.

Les cardinaux comptaient avoir nommé en lui un administrateur. Il était originairement avocat à Valence. On le croyait avare, mais point ambitieux. Neveu de Calixte III, au lieu d'un établissement de prince, il n'avait voulu qu'un bon poste pour faire de l'argent. Un des Rovère, neveu de Sixte IV, eut trois archevêchés. Borgia, visant au solide, eut seulement les revenus de trois archevêchés. Homme d'affaires avant tout, parleur facile, aimable, donneur prodigue de promesses, intarissable de mensonges, ce Figaro ecclésiastique réussissait singulièrement dans les missions; c'est ce qui l'avait maintenu si longtemps au poste de *factotum* des papes, qui ne pouvaient se passer de lui ni pour l'intrigue politique, ni pour le grand négoce spirituel, le comptoir des grâces et justices, la banque des bénéfices, des péchés, des procès.

Dans cette banque d'échange entre l'or de ce monde et les biens du monde à venir, deux choses montrent que Borgia n'était pas un financier vulgaire, mais inventif, un esprit créateur.

Le premier des papes, il déclara officiellement qu'il pouvait d'un mot laver les péchés des morts mêmes, délivrer les âmes souffrantes en purgatoire. C'était bien comprendre son temps. Il devinait parfaitement que, si la foi diminuait, la nature prenait force, que, si l'on était moins chrétien, on devenait plus homme, plus tendre, plus sensible. Quel fils eût eu le cœur de laisser sa mère dans les flammes dévorantes? Quelle mère n'eût payé pour son fils?

Mais si les feux spirituels du purgatoire étaient d'un bon rapport, combien les flammes visibles et temporelles étaient plus sûres encore de faire impression et de tirer l'argent des poches ! Qui peut dire ce que rapporta au Saint-Siége la terreur de l'Inquisition ? En Allemagne, deux moines envoyés par Innocent VIII dans un petit pays, le diocèse de Trèves, brûlèrent six mille hommes comme sorciers. Nous avons parlé de l'Espagne. Quiconque se sentait en péril courait à Rome, mettait ses biens aux pieds du pape. Que faisait celui-ci ? L'avide Sixte IV, si sanguinaire en Italie, se fit doux et bon en Espagne, rappelant à l'Inquisition l'histoire du bon pasteur. Alexandre VI, au contraire, bien plus intelligent, comprit que plus elle brûlerait d'hommes, plus on aurait besoin du pape. Il loua les inquisiteurs, fut cruel en Espagne, clément en Italie; les juifs et Maures, contre lesquels il jetait feu et flammes, le trouvaient chez lui le meilleur des hommes, s'établissaient sous sa protection et apportaient leurs capitaux.

Un pape si bien avec les juifs, ami de Bajazet, avait beaucoup à craindre devant l'armée de la croisade. Il y voyait son mortel ennemi, le cardinal Saint-Pierre, Rovère, neveu de Sixte IV, et qui devint Jules II. Rovère ne l'appelait pas autrement que le *Marane* (le Maure, le mécréant). Il était pendu à l'oreille du Roi, et ne perdait pas un moment pour lui dire et redire qu'il fallait en purger l'Église et déposer ce misérable.

Sous cette terreur, Alexandre VI donna un spectacle étonnant, changeant de volonté de quart d'heure en quart d'heure, ne pouvant s'arrêter à rien. Il appelait Bajazet, qui était trop loin pour venir à temps. Il réparait les murs de Rome, recevait les troupes de Naples. Puis il voulait négocier ; il envoyait à Charles VIII. Puis il voulait partir, et il faisait promettre aux cardinaux de le suivre. Ils promettaient, et, sous main, faisaient leurs traités, s'arrangeaient un à un. Personne n'était pour le payer, ni la ville, ni la campagne, qui toute se levait contre lui. L'événement le surprit dans ces fluctuations. Il ne put ni partir, ni traiter, ni combattre. Il se blottit tremblant dans le château Saint-Ange.

Selon un récit populaire, le pape aurait fait dire au Roi qu'il ne lui conseillait pas de venir à Rome, parce qu'il y avait peste et famine ; que, de plus, son arrivée mettrait le Turc en Italie. A quoi le Roi aurait répondu en riant qu'il ne craignait pas la peste ; que la mort serait le repos de son pèlerinage ; qu'il ne craignait pas la faim ; qu'il venait pourvu de vivres pour rétablir l'abondance ; et que, pour le Turc, ne demandant qu'à le combattre, il lui saurait gré de venir, de lui épargner moitié du chemin.

Les Français trouvaient le pape jugé par sa peur même. Caché dans le tombeau d'Adrien, il avait l'attitude d'un coupable qui se connaît et se rend justice. Ils ne demandaient qu'à tirer dessus, et tournaient leurs canons vers le vieux nid pour déloger l'oiseau. Mais le Roi avait deux oreilles : à l'une criait l'accusateur, le cardinal Rovère; à l'autre, un peu plus bas, parlait le favori, le marchand Briçonnet, qui s'était fait évêque et voulait être cardinal. Cette bassesse de cœur que nous avons vue à Florence, elle éclata ici dans tout son lustre : l'homme vendit pour un chapeau l'honneur de la France et l'Église.

Le pape, ainsi sauvé et averti, reprit courage et langage de pape; il fit dire au Roi dignement qu'il était prêt à recevoir son serment d'obédience. Le Roi, qui, en faisant cette lâcheté, s'en voulait cependant et restait de mauvaise humeur, répondit : « D'abord, je veux ouïr la messe à Saint-Pierre; je dînerai ensuite; après quoi, je le recevrai. »

Le président du parlement de Paris régla les conditions : 1° continuation du privilége secret qu'avaient le Roi, la Reine et le Dauphin (celui de pouvoir entendre la messe, même étant excommunié); 2° l'investiture du royaume de Naples; 3° la reddition du frère du sultan.

Le premier article accordé. Les deux autres, le pape comptait les éluder. Au lieu de l'investiture expresse, il donna la *rose d'or*, signe de distinction que les papes donnaient aux rois défenseurs de l'Église. Pour Gem, il affecta de le consulter, lui demanda devant le Roi s'il voulait rester à Rome ou suivre le Roi de France. Le prisonnier, homme supérieur par l'intelligence et sentant à merveille le péril de sa situation, refusa d'avoir un avis. « Je ne suis pas traité comme sultan, dit-il ; qu'importe à un prisonnier d'aller ou de rester ? » Le pape, embarrassé, dit qu'il n'était pas prisonnier, que tous deux ils étaient rois, qu'il n'était que leur interprète. Charles VIII n'insista pas en présence de Gem, mais trois jours après se le fit livrer.

Borgia, malgré la protection de Briçonnet, n'était pas rassuré. Comme il se rendait au banquet royal, on tira le canon pour lui faire honneur. Il crut que c'était un signal pour s'emparer de sa personne, se sauva et ne dîna point.

La familiarité des Français n'était pas rassurante. Aux moindres occasions, ils entraient chez le pape, s'asseyaient pêle-mêle avec les cardinaux. Ils lui avaient pris les clefs de Rome, avaient dressé leurs potences au champ de Flore, et jugeaient au nom du Roi.

Leurs respects mêmes épouvantaient. Au baisement des pieds, il y eut une telle presse, une telle furie d'empressement (chez ces gens qui deux jours avant voulaient tirer sur lui), qu'ils faillirent le jeter par terre.

Le Roi, qui ne se fiait guère à lui, emmena de Rome, outre le sultan Gem, le fils du pape, César, cardinal de Valence, sous titre de légat, en réalité comme otage.

Fils d'une femme de Servie, Gem avait l'air d'un chevalier chrétien, une très-noble figure, triste et pâle, un nez de faucon, les yeux d'un poëte et d'un mystique. Nos gentilshommes lui trouvaient des manières vraiment royales, avec un mélange de fierté et de grâce flatteuse qui n'appartient qu'à l'Orient. Le malheureux n'alla pas loin. Prisonnier depuis treize années, l'air, le jour, le ciel italien, l'affluence aussi de l'armée qui l'admirait et le fêtait, purent lui être fatales. On a cru généralement qu'Alexandre VI, par vengeance ou pour gagner l'argent de Bajazet, l'avait livré au Roi empoisonné. Ce qui est sûr, c'est que le jour où il parut frappé, le fils du pape se sauva déguisé et revint à Rome. Porté jusqu'à Capoue, Gem y était si faible, qu'il ne put lire une lettre de sa mère qu'on lui apportait d'Égypte. On le mena jusqu'à Naples, où il expira, dit-on, dans un élan religieux, remerciant Dieu de ne pas permettre que l'ennemi de sa foi se servît de lui pour combattre l'islamisme. Charles VIII, qui le plaignait fort, le fit embaumer, et envoya à sa mère tout ce qui restait de lui.

Le pape avait jeté le masque, et l'Espagne le jeta aussi. L'ambassadeur de Ferdinand le Catholique, qui suivait le Roi, et qui n'avait rien dit à Rome, imagina, entre Rome et Naples, de faire une grande scène de protestation qui pût relever le courage du parti espagnol de Naples.

Cet éclat ne servit à rien. Tout échappa aux Aragonais, l'armée et les places et le peuple. Le vieux Roi meurt. Son fils Alfonse se sauve. Son fils, le jeune Ferdinand, perd terre, passe dans Ischia. Les seuls forts qui résistèrent furent emportés et tout tué. La terreur gagne le royaume, elle passe l'Adriatique. Les Turcs voient le drapeau français en face, prennent la panique, se sauvent, abandonnent les forts d'Albanie. Les Grecs achètent des armes, prêts, disent-ils, à tuer tous les Turcs au débarquement des Français.

Un capitaine fut envoyé en Calabre sans soldats pour recevoir la province. Partout les gendarmes français, sans armure, en habit léger, les pieds dans les pantoufles, allaient marquer les logements.

Charles VIII débuta à Naples par une mesure qui eût gagné le peuple s'il y avait eu un peuple : il réduisit l'impôt à ce qu'il était du temps de la maison d'Anjou. La réduction n'allait pas à moins de deux cent mille ducats. Le pays était féodal, et les seigneurs ne tenaient compte d'une diminution qui soulageait leurs vassaux sans augmenter leurs revenus. Chacun d'eux comptait plutôt sur quelque faveur personnelle. Ceux d'Anjou parlaient haut, exigeaient au nom d'une si vieille fidélité ; et ceux d'Aragon voulaient être payés comptant de leur trahison récente. Il n'était pas de fief pour lequel il ne se présentât deux propriétaires en litige. Charles VIII les accorda en fermant l'oreille à tous, refusant de se faire juge et maintenant le *statu quo*. Ils furent d'accord, mais contre lui. La conduite des Français était contradictoire. Ils voulaient tout, arrachaient tout, emplois et fiefs, et, d'autre part, ils ne voulaient pas rester ; ils n'aspiraient qu'à retourner chez eux ; ils redemandaient la pluie, la boue du Nord sous le ciel de Naples. Quand ils apprirent la ligue de l'Italie avec l'Empereur et l'Espagne, cette effrayante nouvelle les mit dans la plus grande joie. Ils espérèrent perdre l'Italie et pouvoir retourner chez eux. Ils en firent deux *sotties,* où le pape empoisonneur, Maximilien, l'Espagnol et la Ligue parurent tous en figures de Gilles. Le Roi y assista et en rit de tout son cœur.

Le 12 mai, autre pièce où l'acteur fut le Roi. En manteau impérial, la couronne d'Orient en tête, il fit une entrée solennelle dans Naples. Ne faisant la croisade, il fit tout du moins le triomphe.

C'était pourtant une question de savoir si ce triomphateur pourrait rentrer chez lui. La jeunesse qui l'entourait, outrecuidante et méprisante, n'avait pas là-dessus la moindre inquiétude. Venise cependant et Ludovic avaient en un moment fait une grosse armée de quarante mille hommes. Le Roi, s'affaiblissant encore au retour par des dét... ...ts, n'en avait que neuf mille (en comptant ...ts) quand il trouva l'ennemi sur les bords du Taro, à Fornoue, dans les Apennins. On parlementa fort ; les Italiens étaient fort refroidis par la mollesse de leurs gouvernements, qui ne demandaient qu'à traiter avec cet ennemi si faible. Pour les Français, qui avaient tout contre eux, la position, le défaut de vivres, un orage de nuit, le torrent qui grossit, ils montrèrent une étonnante confiance.

« Le 6 juillet, l'an 1495, environ sept heures du matin, le Roi monta à cheval et me fit appeler, dit Comines. Je le trouvai armé de toutes pièces et sur le plus beau cheval que j'aye vu de mon temps, appelé *Savoie*; c'étoit un cheval de Bresse qui étoit noir et n'avoit qu'un œil ; moyen cheval, mais de bonne grandeur pour celui qui étoit dessus. Et sembloit que ce jeune homme fût tout autre que sa nature ne portoit, ni sa taille, ni sa complexion; car il étoit fort craintif à parler (ayant été nourri en grande crainte et avec petites gens). Et ce cheval le montroit grand; il avoit le visage bon et de bonne couleur, et la parole audacieuse et sage. Il sembloit bien que frère Hieronyme (Savonarole) m'avoit dit vray, que Dieu le conduiroit par la main, et qu'il auroit bien à faire au chemin, mais que l'honneur lui en demeureroit. »

Cette bataille fut la dérision de la prudence humaine. Tout ce qu'on pouvait faire de fautes, les Français le firent, et ils vainquirent. D'abord, leur excellente et redoutable artillerie, ils ne s'en servirent pas, la laissèrent de côté. Ils ne voulaient, disaient-ils, que passer leur chemin ; mais ils passaient plus ou moins vite, de sorte que l'avant-garde, le corps de bataille et l'arrière-garde se trouvèrent séparés par de grandes distances. Le marquis de Mantoue, Gonzague, très-bon général italien, qui les voyait si mal en ordre de l'autre côté d'un torrent presque à sec qui les séparait, avait beau jeu pour se jeter entre eux, les couper et les écraser. Les Stradiotes, très-bons soldats grecs de Venise, chevau-légers, armés de cimeterres orientaux, devaient pénétrer dans les files de la lourde gendarmerie française, et, de côté, faucher, poignarder les chevaux.

Cette manœuvre eût été terrible; heureusement, le Milanais Trivulce, qui la connaissait bien et la prévit, trouva une diversion. Il laissa sans défense, à leur discrétion, le camp du roi, ses brillants pavillons, les coffres et malles, les mulets richement chargés. Il était sûr que ces pillards se jetteraient sur cette proie et laisseraient là la bataille. C'est ce qui eut lieu en effet.

Des deux côtés, les hommes d'armes donnèrent des lances avec une extrême vigueur; toutefois, il y avait cette différence que les chevaux des italiens étaient plus faibles, leurs lances légères et souvent creuses. Après le premier choc, ils n'avaient plus rien que l'épée.

Le Roi était au premier rang; nul ne le précédait que le bâtard de Bourbon, qui fut pris. Les choses étaient si mal prévues, que par trois fois il resta seul, attaqué par des groupes de cavaliers, et ne s'en démêla que par la force et la furie de cet excellent cheval noir.

La perte des Italiens fut énorme, trois mille cinq cents morts en une heure. Cela tint à ce que les valets français, armés de haches, taillèrent et mirent en pièces tout ce qui était à terre. Il n'y eut pas de prisonniers. Nombre de vaillants Italiens restèrent sur le carreau, entre autres les Gonzague, parents du général, qui étaient cinq ou six, et se firent tous tuer.

Le sénat de Venise fit faire des feux de joie, prétendant avoir gagné la bataille, puisqu'on avait pris le camp du Roi. Cependant cet affreux carnage, fait si vite, sans artillerie, par cette poignée d'hommes, laissa une extrême terreur dans l'Italie, le plus grand découragement. « Une bataille perdue, dit le maréchal de Saxe, c'est une bataille qu'on croit perdue. » Les Italiens, fort imaginatifs, se jugèrent vaincus et le furent, déclarant qu'il était impossible de soutenir la *furie des Français*.

CHAPITRE IV.

Résultats généraux. — La France se caractérise. — L'armée adopte et défend Pise, malgré le roi.

Un événement immense s'était accompli. Le monde était changé. Pas un État européen, même des plus immobiles, qui ne se trouvât lancé dans un mouvement tout nouveau.

Quoi donc! qu'avons-nous vu? Une jeune armée, un jeune roi, qui, dans leur parfaite ignorance et d'eux-mêmes et de l'ennemi, ont traversé l'Italie au galop, touché barre au détroit, puis non moins vite et sans avoir rien fait (sauf le coup de Fornoue), sont revenus conter l'histoire aux dames.

Rien que cela, c'est vrai. Mais l'événement n'en est pas moins immense et décisif. La découverte de l'Italie eut infiniment plus d'effet sur le seizième siècle que celle de l'Amérique. Toutes les nations viennent derrière la France; elles s'initient à leur tour, elles voient clair à ce soleil nouveau.

« N'avait-on pas cent fois passé les Alpes? » Cent fois, mille fois. Mais ni les voyageurs, ni les marchands, ni les bandes militaires n'avaient rapporté l'impression révélatrice. Ici, ce fut la France entière, une petite France complète (de toute province et de toute classe), qui fut portée dans l'Italie, qui la vit et qui la sentit et se l'assimila, par ce singulier magnétisme que n'a jamais l'individu. Cette impression fut si rapide, que cette armée, comme on va voir, se faisant italienne et prenant parti dans les vieilles luttes intérieures du pays, y agit pour son compte, même malgré le roi, et d'un élan tout populaire.

Rare et singulier phénomène! la France arriérée en tout (sauf un point, le matériel de la guerre), la France était moins avancée pour les arts de la paix qu'au quatorzième siècle. L'Italie, au contraire, profondément mûrie, par ses souffrances mêmes, ses factions, ses révolutions, était déjà en plein seizième siècle, même au delà, par ses prophètes (Vinci et Michel-Ange). Cette barbarie étourdiment heurte un matin cette haute civilisation; c'est le choc de deux mondes, mais bien plus, de deux âges qui semblaient si loin l'un de l'autre; le choc et l'étincelle; et de cette étincelle, la colonne de feu qu'on appela la Renaissance.

Que deux mondes se heurtent, cela se voit et se comprend; mais que deux âges, deux siècles différents, séparés ainsi par le temps, se trouvent brusquement contemporains; que la chronologie soit démentie et le temps supprimé, cela paraît absurde, contre toute logique. Il ne fallait pas moins que cette absurdité, ce violent miracle contre la nature et la vraisemblance, pour enlever l'esprit humain hors du vieux sillon scolastique, hors des voies raisonneuses, stériles et plates, et le lancer sur des ailes nouvelles dans la haute sphère de la raison.

Quand Dieu enjambe ainsi les siècles et procède par secousse, c'est un cas rare. Nous ne l'avons revu qu'en 89.

N'oublions pas ce qui a été établi dans l'Introduction. Ce qui retardait la Renaissance et la rendait presque impossible, du treizième au seizième siècle, ce n'était pas qu'on eût par le fer et le feu détruit tout jet puissant qui se manifestait; d'autres auraient surgi du même fonds. Mais on avait créé, par-dessus ce fonds productif, un monde artificiel, de médiocrité pesante, monde de plomb, qui tenait submergés toute noblesse de vie et de pensée, toute grandeur et tout *ingegno*. Le vieux principe, dans sa caducité, avait engendré malheureusement, engendré des fils de vieillesse, maladifs, rachitiques et pâles. Quels fils? nous l'avons dit, la stérilité scolastique. Quels fils? Toutes les fausses sciences, la vraie étant proscrite. Quels fils? la médiocrité bourgeoise et la petite prudence.

Pour résumer l'obstacle, ce n'était pas qu'il n'y eût rien, qu'on n'eût rien fait pendant deux siècles. C'était qu'on eût fait quelque chose, créé, fondé la platitude, la sottise, la faiblesse en tout.

La France de Charles V tristement aplatie dans la *sagesse* et dans la prose, la France de Louis XI et de l'avocat Patelin, radicalement bourgeoise, rieuse et méprisante de toute grandeur, sont si parfaitement médiocres, qu'elles ne savent même plus ce que c'est que la médiocrité.

Il n'est pas facile de deviner, quand cela eût fini, si elle n'eût pourtant, dans un vif mouvement de jeunesse et d'instinct, sauté le mur des Alpes, et ne se fût jetée dans un monde de beauté, tout au moins de lumière, où rien n'était médiocre. Elle retrouva, à ce contact, quelque chose de sa nature originaire; elle y reprit la faculté du grand.

Rien n'était plat en Italie, rien prosaïque, rien bourgeois. Le laid même et le monstrueux (il y en avait beaucoup au quinzième siècle) étaient élevés à la hauteur de l'art. Machiavel, Léonard de Vinci, ont pris plaisir à dessiner des crocodiles et des serpents.

Milan n'était pas médiocre sous Vinci et Sforza, dans son bassin sublime, cerné des Alpes, Alpe elle-même par sa cathédrale de neige, éblouissante de statues; Milan sur le trône des eaux lombardes, dans sa centralisation royale des arts, des fleuves et des cultures.

Rome n'était pas médiocre sous Borgia. L'ennuyeuse Rome moderne, bâtie des pierres du Colysée par les neveux des papes, n'existait pas encore, ni la petite hypocrisie, le vice masqué de décence. Rome était une ruine païenne, où l'on cherchait le christianisme sans le trouver. Rome était une chose barbare et sauvage, mêlée de guerres, d'assassinats, de bouviers brigands des marais Pontins et des fêtes de Sodome. Au milieu, un banquier, entouré de Maures et de juifs : c'était le pape, et sa Lucrezia tenant les sceaux de l'Église.

Cela n'était pas médiocre. Quand notre armée rentra, elle rapporta de Rome une histoire peu commune, propre à faire oublier tout ce que la France gauloise trouvait piquant, tous les enfantillages des Cent-Nouvelles et des vieux fabliaux.

Ils essayèrent à Naples de jouer cette histoire

sur les tréteaux. Mais il y avait là un grandiose dans le mal, qu'on ne pouvait jouer et que l'innocence des nôtres n'était pas faite pour atteindre.

On attendit trente ans pour trouver le vrai nom d'un tel monde. Ni Luther ni Calvin n'y atteignirent. Rabelais seul, le bouffon colossal, y réussit. *Antiphysis*, c'est le mot propre, qu'il a seul deviné (l'envers de la nature).

Par le beau, par le laid, le monde fut illuminé; et il rentra dans le sens poétique, dans le sens de la vérité, des réalités hautes et de la grande invention.

Cette vision de Rome, effrayante, apocalyptique, du pape siégeant avec le Turc, la scène la plus forte que l'on eût vue depuis mille ans, jeta le monde dans un océan de rêveries et de pensées.

En ce mensonge des mensonges, en ce vice des vices, les raisonneurs trouvèrent l'*Antiphysis*, l'envers de la nature, l'envers de l'idéal, que la raison n'eût pas donné, monstruosité instructive qui les éclaira par contraste, et sans autre recherche indiqua la voie du bon sens et le retour à la nature.

D'autre part, les mystiques, ivres d'étonnement, dans ce monstre à deux têtes crurent voir le signe de la Bête et la face de l'Antechrist. Ils fuirent à reculons contre le cours des siècles et jusqu'au berceau des âges chrétiens.

Dès ce jour, deux grands courants électriques commencent dans le monde : Renaissance et Réformation.

L'un, par Rabelais, Voltaire, par la révolution du droit, la révolution politique, va s'éloignant du christianisme.

L'autre, par Luther et Calvin, les puritains, les méthodistes, s'efforce de s'en rapprocher.

Mouvements mêlés en apparence, le plus souvent contraires. Le jeu de leur action, leurs alliances et leurs disputes, sont l'intime mystère de l'histoire, dont leur lutte commune contre le moyen âge occupe le premier plan, le côté extérieur.

Tel est le résultat général. Mais notons aussi le spécial, qui n'en a pas moins une importance profonde.

Une nation, l'organe principal de la Renaissance, se caractérise pour la première fois. Le monde apprend ici, par le bien, par le mal, ce que c'est que la France.

Organe dominant et principal acteur dans le drame humain au seizième siècle, elle ne se révèle qu'en révélant l'homme du temps, de sorte que ce fait spécial redevient général encore. Le Français de Charles VIII et de Louis XII, c'est l'homme vrai de l'Europe d'alors, plus en dehors et mieux connu que celui d'aucune nation.

Et d'abord, le vice français, c'est le vice général du seizième siècle, celui qui devait éclater après la longue hypocrisie et l'abstinence forcée. C'est le violent élan des jouissances, une aveugle furie d'amour physique qui ne respecte rien, outrage ce qu'il aime et désire. La femme a sa revanche. Par une réaction naturelle, par la douceur et son adresse, elle s'empare de cette force brutale et la gouverne. Ce siècle est le règne des femmes, spécialement en France. Par les Anne et les Marguerite, les Diane, les Catherine de Médicis, les Marie Stuart, elles le troublent, le corrompent et le civilisent.

Non-seulement l'art, la littérature, les modes et toutes les choses de forme changent par elles, mais le fonds de la vie. La constitution physiologique est atteinte dans son essence. La maladie du moyen âge, la lèpre, fut un mal solitaire, un mal de moine, né de la négligence et de l'abandon du corps. La maladie du seizième siècle au contraire a sa source dans le mélange confus, violent, impur des sexes et des populations. Elle éclata au moment de la grande migration des juifs et des Maures, au passage des armées de

Charles VIII, de Louis XII et de Maximilien, de Gonzalve de Cordoue.

La femme, à ce moment, prend possession de l'homme ; elle paraît son jouet, sa captive, et devient sa fatalité.

On a vu avec quelle facilité les Italiennes s'emparèrent de Charles VIII et le firent agir contre sa politique et son intérêt. L'histoire du roi fut celle de l'armée, partout où elle s'arrêta. Nos Français, insolents, violents le premier jour, dès le lendemain changeaient et voulaient plaire. Ils aidaient à raccommoder ce qu'ils avaient cassé la veille. Ils jasaient sans savoir la langue ; les enfants s'en emparaient, et la femme finissait par les faire travailler, porter l'eau et fendre le bois.

Il en était tout autrement avec les Allemands, qui séjournaient dix ans sans savoir un mot d'italien, étaient toujours sujets à s'enivrer et à battre leur hôte. Encore moins était-on en sûreté avec l'Espagnol, méprisant, taciturne, horriblement avare, qui, sur la moindre idée de quelque argent caché, liait l'homme avec qui il venait de manger, lui mettait l'épée à la gorge, le torturait à mort.

Le caractère français, aimable au fond et généreux, éclata d'une manière bien frappante dans l'affaire de Pise, et par une résistance singulière, unique, aux ordres du roi. Cette religion d'idolâtrie et d'obéissance, absolue dans le reste, faiblit ici. Les nôtres, qui n'eussent jamais résisté dans une affaire française, résistèrent, par honneur, par pitié, par amour, dans une cause tout italienne.

Reprenons d'un peu haut. Quand le roi alla de Florence à Rome, son homme, Briçonnet, pour tirer l'argent des Florentins, s'était fait fort de leur faire rendre Pise. Il y alla, mais revint à Florence, jurant qu'il avait fait ce qu'il pouvait, mais que les Pisans *ne voulaient pas* se rendre, qu'il eût fallu une bataille, et qu'en sa qualité d'homme d'Église il ne pouvait verser le sang. Cette bataille, il n'eût pu la livrer : la garnison française, en deux mois de séjour, était devenue tout italienne, liée de cœur avec la ville et décidée à ne rien faire contre elle.

Il y avait près du roi deux partis, pour et contre Pise. Son irrésolution était telle, que, de Naples, il donna six cents hommes aux Pisans pour les défendre contre les Florentins.

La difficulté fut plus grande encore au retour. L'armée passant à Pise fut enveloppée et gagnée par la garnison française, qui lui communiqua sa vive sympathie pour la ville. Cette garnison y avait des liens d'amour ou d'amitié; mais l'armée, qui venait de Naples et qui ne connaissait de Pise que son malheur, montra une générosité désintéressée, admirable. Cette armée monarchique s'éleva par le cœur jusqu'à comprendre une idée, bien nouvelle pour elle à coup sûr, le deuil du citoyen qui perd son âme et meurt en perdant la patrie. Il y eut autour du roi comme une émeute de prières et de larmes, autour de Briçonnet des cris, des menaces de mort. Les gentilshommes de la garde entrèrent en foule au logement du roi, où il jouait aux tables, et l'un d'eux, Sallezard, lui dit impétueusement : « Sire, si c'est de l'argent qu'il faut, ne vous souciez, car en voici. » Et ils arrachaient de leur cou leurs chaînes et leurs colliers d'argent. « Nous vous laisserons par-dessus, dit-il encore, notre solde arriérée. »

Le roi ne voulut rien répondre, de peur d'être sans doute grondé de Briçonnet. Seulement, il donna les commandements de la ville et des forteresses aux chefs les plus amis de Pise.

Après Fornoue, dans la détresse de toutes choses où il était pour revenir, il se trouva heureux de puiser dans la bourse des Florentins, à toute condition; il leur donnait en gage ses pierreries, et, de plus, un ordre pour livrer Pise. Le commandant, d'Entragues, n'obéit pas. Il prétendit qu'il avait ses ordres secrets et déclara qu'il n'en suivrait pas d'autres. En réalité, il suivait ceux d'une demoiselle de Pise, dont il était amoureux. Cet amour le mena loin. Il se laissa enfermer par une circonvallation que les Pisans élevèrent pour empêcher la jonction de l'armée florentine. Bien plus, les Florentins ayant pénétré dans la ville, d'Entragues tira le canon sur eux, sur les alliés de son maître. Il ne partit qu'après avoir vu les Pisans sous la protection de Venise et de Ludovic ; il alla jusqu'à les armer en leur laissant les canons du roi.

L'amour fit tout cela, dira-t-on ; mais nous trouvons la même partialité dans l'armée toute nouvelle que Louis XII vendit aux Florentins et qu'ils menèrent à Pise. Nos soldats, traînés à l'assaut, refusèrent de se battre. Et, de leur côté, les Pisans ne fermèrent point leurs portes. Les nôtres laissaient passer les renforts qui entraient dans la ville. Ils se pillaient eux-mêmes, arrêtaient leurs propres convois de vivres pour faire manquer le siége. Le général français avait envoyé deux gentilshommes pour sommer les Pisans. Ils trouvèrent partout exposé le portrait de Charles VIII parmi les images des saints. « Ne détruisez pas son ouvrage, leur dit-on ; faites-nous Français, ou emmenez-nous en France. » Cinq cents jeunes demoiselles, en blanc, entourèrent les deux gentilshommes et les prièrent, en larmes, de se montrer leurs chevaliers. « Si vous ne pouvez, dirent-elles, nous aider de vos épées, vous nous aiderez de vos prières. » Et elles les emmenèrent devant une image de la Vierge, avec un chant si pathétique, que les Français fondirent en larmes.

Le roi avait beau vendre Pise, et faire toujours payer Florence, le même obstacle se présentait toujours. On ne trouvait pas de Français pour la livrer.

Qu'on juge de la reconnaissance et de l'émotion de tant de villes, asservies comme Pise par les grandes cités, qui voyaient toutes leur cause dans la sienne, se sentaient défendues en elle par le bon cœur de nos soldats. Ceux-ci créaient, sans s'en douter, un trésor de sympathie pour la France, que toutes les infamies de la politique épuisèrent difficilement.

Ce ne fut que dix ans après que Florence réussit enfin, et en donnant à Pise les conditions les plus honorables, l'égalité de droits et même des indemnités. Mais, quelque favorable que fût l'arrangement, les Pisans n'en profitèrent pas. Presque tous émigrèrent et n'eurent plus de patrie que le camp français. Tant que nos armées restèrent en Italie, les Pisans erraient avec elles et partout se sentaient chez eux. Quand nous fûmes enfin forcés de repasser les Alpes, ils ne voulurent plus être Italians, ils se fixèrent chez nous dans nos provinces du Midi ; ils défendirent leur patrie adoptive contre les Français mêmes, repoussant de Marseille le connétable de Bourbon. Nous leur devons plusieurs excellents citoyens, un surtout dont nous sommes fiers, homme d'un caractère antique, le chaleureux historien des républiques italiennes, le ferme et consciencieux annaliste de la France, mon maître, l'illustre Sismondi.

CHAPITRE V.

Abandon du parti français à Florence. — Mort de Savonarole. 1498.

On est saisi de douleur et de honte en voyant avec quelle légèreté barbare une politique inepte gaspilla, détruisit le plus précieux bien de la France, l'amour qu'elle inspirait. Le dévouement enthousiaste de Pise pour cette généreuse armée, la fanatique religion de Florence pour l'alliance des lis qu'elle avait mis dans son drapeau, c'étaient là des trésors qu'il fallait garder à tout prix. L'arrangement était facile au passage de Charles VIII, quand il tenait son Borgia tremblant dans Rome; il pouvait assurer la liberté de Pise, en indemnisant Florence sur les États du pape. Il devait, à tout prix, étendre et fortifier la république florentine, la rendre dominante au centre de l'Italie. Dieu avait fait un miracle pour nous. Dans une grande ville de commerce, de banque, de vieille civilisation, dans cette ville de Florence qui savait tout, doutait de tout, il avait suscité au profit de la France le fait le plus inattendu, un mouvement populaire d'enthousiasme religieux. Pour elle, tout exprès, il avait fait un saint, un vrai prophète, dont les paroles s'accomplirent à la lettre, créature innocente du reste, et sans orgueil, qui n'embarrassait pas d'un grand esprit de nouveauté, se tenant, il le dit lui-même, dans les limites de Gerson. Comment expliquer l'étrange délaissement où Charles VIII avait laissé cette Florence mystique qui se donnait à lui, qui le sanctifiait malgré lui, qui s'obstinait à lui reconnaître un divin caractère? Étrange bassesse de cœur! de reculer devant ce miracle, de répudier cet enthousiasme, une telle force qui, partout où elle se montre, met un poids infini dans la balance des choses humaines!

La fidélité de Florence fut une chose inouïe. Nous lui enlevons Pise; elle persiste, reçoit le roi avec des hymnes. Toute son influence se dissout en Toscane; Lucques, Sienne, Arezzo, de petites bourgades, tout se rit de Florence. Et elle n'en est pas moins pour nous. La ligue générale de l'Italie contre le roi ne parvient pas à l'entraîner. Loin de là; c'est à ce moment que le parti français est porté par le peuple au gouvernement.

Il y avait trois partis dans Florence : « celui de la réforme et de la liberté, parti austère, populaire et mystique, qui, pour toute politique, suivait son amour de la France et les prophéties de Savonarole ; celui des libertins, des sceptiques, des aristocrates, gens de plaisirs, qui s'appelaient eux-mêmes les *compagnacci*, les mauvais compagnons, le troisième, celui des Médicis, restait dans l'ombre et attendait le moment de profiter de la division des deux autres ; parti ténébreux, équivoque, prêt à passer du blanc au noir ; on l'appela celui des *gris* (bigi).

L'honneur éternel de Savonarole et de son parti, c'est de n'avoir péri que par sa générosité. Les aristocrates, d'accord avec lui pour chasser les Médicis, voulaient de plus commencer contre eux et leurs nombreux amis une carrière de proscriptions, de confiscations, de vengeances lucratives. Le parti des saints refusa ; Savonarole exigea l'amnistie. Dès ce jour, il signa sa mort. Il avait ôté le frein de terreur qui contenait ses ennemis. Rassurés, tous s'unirent. Les *bigi*, les *compagnacci*, se réconcilièrent contre lui ; la ligue universelle des princes, des prêtres et des sceptiques, des athées et des moines, se forma contre le prophète et le mena au bûcher.

Le peuple et la clémence, Florence se gouvernant elle-même et graciant ses tyrans, tel était le simple principe du gouvernement de Savonarole. L'esprit de Dieu plane ici sur un peuple, l'illumine; l'inspiration n'est plus, comme autrefois, le monopole de tel individu. Tous sont dignes de se gouverner. Mais alors tous naissent bons. Et que devient le péché originel? Que devient le christianisme? Rien n'indique que Savonarole ait senti cette opposition radicale du christianisme et de la démocratie.

Cette république d'inspiration et de sainteté, fondée sur la clémence, était désarmée d'avance et périssait, si elle n'avait un appui extérieur. Son épine, sa fatalité était l'affaire de Pise. La France devait l'en soulager par un arrangement honorable aux deux républiques. Elle devait le garder contre les Médicis, intimider, décourager ceux-ci. Elle fit justement le contraire, et mit la jeune république innocente dans la nécessité cruelle de périr ou de frapper ses ennemis. Il y a, comme l'a dit si bien Quinet (*Marnix, Provinces-Unies*), il y a pour chaque république un moment où ses ennemis la somment de périr au nom de son principe même, l'invitent à se tuer, pour être conséquente.

La république de Hollande n'y consentit pas. La France de 93 n'y consentit pas. Elles ne se prêtèrent point au pharisaïsme perfide qui tue la liberté pour l'honneur de la liberté.

La république florentine était appelée, en 1497, à vider cette question de vie et de mort. Envahie par les Médicis, elle eut à juger leurs amis. Mais sa situation était pire que la nôtre, son gouvernement étant celui du pardon, de l'amnistie divine. Amnistie du passé ; mais pourquoi pas de l'avenir? La patience de Dieu doit être infinie, disaient les pharisiens, son indulgence inépuisable. En vous faisant gouvernement de Dieu, vous avez gracié d'avance vos meurtriers, vous avez brisé l'épée de justice.

Le peuple se montra faible, hésitant. Les citoyens, nés dans un âge de servitude déjà ancienne, marchands pour la plupart, gens timides et qui se voyaient tout seuls en Italie, sans alliés, n'avaient nulle envie de se compromettre, eux et les leurs, par une sentence de mort contre les traîtres. Ils voyaient au contraire les Médicis soutenus non-seulement par la ligue italienne, le pape, Milan, Venise, et tous les ennemis de la France, mais en réalité par la France même. Il ne fallait que gagner du temps. Si la sentence était seulement différée, on allait voir des envoyés du roi intercéder, prier et menacer, exiger qu'on épargnât les ennemis du parti français.

C'était un jugement bien grave, non sur des individus seulement, mais sur la république, sur la base du gouvernement et sur la légitimité de son principe. La république était proclamée légitime par la condamnation des traîtres; et par l'absolution des traîtres, la république était condamnée.

Les amis de Savonarole prirent leur parti. Ils violèrent, pour le salut de la liberté, une loi de liberté qu'ils avaient faite eux-mêmes et qui n'avait que trop encouragé l'ennemi. Cette loi donnait au condamné la ressource de l'appel au peuple, constituait juge en dernier ressort une masse mobile, où cent motifs de sentiment, de peur ou d'intérêt, agissent si aisément dans une affaire judiciaire. Ils firent juger la Seigneurie, arrachèrent la juste sentence, que tous avouaient juste, et que nul n'osait rendre.

Et alors, il arriva ce qui arrive toujours. L'absolution aurait fait rire ; on eût méprisé le gouvernement, il eût péri sous les sifflets. La condamnation fit pleurer et crier ; il y eut une comédie de soupirs et de larmes ; on colporta de cour en cour cette grande douleur ; on pleura chez le pape, on pleura chez le roi, on pleura à Milan. Chose énorme ! en vérité, la république avait refusé de se tuer elle-même.

Une touchante harmonie se trouva établie d'elle-même entre tous les ennemis de la justice et de la morale. Où est cette sainteté? disaient les hypocrites. Où est cette prospérité tant promise, cet appui de la France? disaient les politiques. Où est la liberté? disaient les libertins. Les moines qui voulaient être propriétaires, malgré leur vœu, étaient ravis de voir attaquer l'apôtre de la pauvreté. Les augustins spécialement le haïssaient, comme dominicain. Les dominicains mêmes n'étaient pas tous pour lui; ceux qui n'étaient pas réformés et d'étroite observance voulaient supprimer la réforme, supprimer les réformateurs. Dans cette ville de banque, il n'avait pas toujours parlé avec respect de la royauté de l'usure; la banque, le gros commerce qui languissait, par suite des événements, en renvoyait la faute au seul Savonarole. N'était-ce pas une chose inquiétante, faite pour effrayer les propriétaires, les gens tranquilles, les honnêtes gens, de le voir traîner après lui d'église en église la foule du petit peuple, prêcher l'égalité, donner l'espoir aux pauvres? Ses invectives contre le luxe, dans une ville de commerce, n'était-ce pas un crime? Les riches n'osaient plus acheter, les ouvriers ne gagnaient plus leur vie.

Ceci touchait précisément l'écueil réel de Savonarole, la cause de son impuissance et de sa chute. Sa réforme contemplative n'arrivait à nul résultat. Il censurait l'usure, mais épargnait les usuriers. Il revenait toujours à demander la conversion volontaire des riches, qui se moquaient de lui, et la patience indéfinie du peuple, le renvoyant pour l'adoucissement de ses misères à la Jérusalem céleste. Et cependant les riches, se serrant, ne commerçant plus, organisaient tout doucement l'asphyxie, d'où ce peuple affamé et désespéré pouvait un matin se tourner contre son faible défenseur et son malencontreux prophète.

Une violente épidémie vint s'ajouter à tant de maux. Beaucoup d'hommes s'enfuirent de Florence. Savonarole restait avec les pauvres, dans cette ville demi-déserte ; sa parole, toujours ardente, tombait en vain sur un auditoire endurci par la souffrance et peu à peu hostile.

Chaque soir il rentrait, triste de n'agir plus, dans son couvent de Saint-Marc, et le diable l'y attendait avec d'étranges tentations. Le diable devenait hardi, guettant le moment où le saint allait faiblir par l'abandon du peuple. Il venait le troubler sous la figure d'un vieil ermite, qui lui disait avec douceur d'un ton grave et sensé : « Tes révélations, mon ami, sont-elles sérieuses? Conviens donc, entre nous, que ce sont rêveries, purs effets d'imagination. »

Était-il vraiment inspiré? N'était-il qu'un coupable fou? Doute cruel pour l'homme retombé sur lui-même, abandonné et solitaire. Il pouvait toutefois se soutenir par cette pensée, que toutes ses prédictions s'étaient réalisées et se vérifiaient chaque jour.

Et c'était justement ce qui épouvantait et faisait souhaiter sa mort. Il avait averti quatre hommes, Laurent de Médecis, Charles VIII, le pape et Sforza. Et Laurent était mort ; et le pape, le roi, étaient frappés dans leurs enfants. A Sforza il avait prédit (à ce prince jusque-là si brillant, si heureux, à son orgueilleuse Béatrix d'Este) que la chute était proche et qu'il mourrait dans un cachot. Cet Hérode, son Hérodiade, blessés au cœur, s'acharnèrent à sa mort, et le poursuivirent près du pape.

Mais celui-ci de même avait peur de Savonarole. Il avait dit à ceux qui l'accusaient : « Je le canoniserais plutôt. » Et il lui avait offert le chapeau de cardinal. « J'aime mieux, dit le saint, la couronne du martyre. » Le pape, d'autant plus effrayé, dit : « Il faut que ce soit un grand serviteur de Dieu... Qu'on ne m'en parle plus. »

Bien décidé à ne pas s'amender, il eût voulu ne rien entendre, et se calfeutrait les oreilles. Entre Lucrezia, sa fille, et Julia Bella, sa concubine en titre, qui trônait dans Saint-Pierre aux fêtes de l'Église, son immonde famille l'amusait de fêtes obscènes, renouvelées d'Héliogabale. Tout cela était public. Il y manquait seulement que le pape lui-même criât et proclamât ses crimes dans une confession solennelle. C'est ce qui arriva quand son second fils, César Borgia, cardinal de Valence, poignarda son aîné. Le père, suffoquant de sanglots, assemble le consistoire, et là, vaincu par la douleur, il déplore ses débordements, ses mœurs infâmes; avoue, raconte, il dit tout haut ce qu'on disait avec horreur tout bas. Il crée une commission pour réformer l'Église. Lui-même, le lendemain, ressaisi par ses femmes et par ses mignons, il retourne à sa fange, mais cette fois plus farouche, plus cruel. Il commença alors à avoir soif du sang de Savonarole, espérant que, cette voix étouffée, il ferait taire Dieu.

Celui-ci savait parfaitement qu'il lui restait bien peu à vivre, et il se hâtait d'autant plus de verser sur ce monde les dernières effusions de l'esprit qui était en lui. Il s'éleva alors aux plus sublimes hauteurs. Il faudrait citer dans sa langue. J'emprunte la traduction inspirée de l'auteur de la *Foi nouvelle :*

« Vous demandez pourquoi les choses vont si lentement... Ah! le Seigneur est sage. Il va piano, piano... La vengeance céleste n'a point hâte, et vient à son jour...

« Les prophètes vous ont annoncé, il y a cent ans, la flagellation de l'Église. Depuis cinq ans, on vous l'annonce... Eh bien, je vous le dis encore, oui, Dieu est irrité... *Là, apparaît dans son discours un tableau d'une épouvantable grandeur, dont le jugement dernier de Michel-Ange est une faible esquisse. Tous les saints et tous les prophètes viennent, chacun à son tour, prier Dieu d'envoyer la peine et le remède.* Les anges, à genoux, lui disent : Frappe! frappe! Les bons sanglotent et crient : Nous n'en pouvons plus! Les orphelins, les veuves disent : Nous sommes dévorés, nous ne pouvons plus vivre... Toute l'Église triomphante dit à Christ : Tu es mort en vain!

« C'est le ciel qui combat; les saints de l'Italie, les anges, sont avec les barbares. Ce sont eux qui les ont appelés, qui ont mis la selle aux chevaux. L'Italie est toute brouillée, dit le Seigneur, elle sera vôtre cette fois. Et le Seigneur vient au-dessus des saints, des bienheureux qui se rangent en bataille, et tous sont dans les escadrons... Où vont-ils? Saint Pierre marche en criant : A Rome! à Rome! Et saint Paul, saint Grégoire s'en vont criant : A Rome! Et derrière eux marchent le glaive, la peste, la famine. Saint Jean, saint Antonin, disent : Sus, sus à Florence! Et la peste les suit. Saint Antoine : Sus en Lombardie! Saint Marc : Allons vers cette ville qui s'élève au-dessus des eaux! Les saints patrons de l'Italie vont chacun dans leur ville pour la châtier, saint Benoît dans ses monastères, saint Dominique dans les siens, et saint François contre les Frères. Et tous les anges du ciel, l'épée à la main, et toute la cour céleste marche à cette guerre.

« ... Temps cruel! temps mortel!... Gare à qui vivra dans ce temps!... Temps obscur où pleuvront la tempête, le feu et la flamme !... Il y aura de tels hurlements que je ne veux pas te les dire... Tu verras tout troublé, le ciel troublé, Dieu troublé !... »

Ces prophéties terribles respirent en même temps une magnifique indifférence sur son propre sort :

« Vous me demandez quelle sera la fin de notre guerre ? Si vous me le demandez en général, je dirai : *La victoire*. Si vous le demandez en particulier, je répondrai : *Mourir ou être mis en morceaux*. Ceci est notre foi, ceci est notre gain, ceci est notre récompense. Nous ne cherchons pas autre chose. Mais quand vous me verrez mort, ne vous troublez point. Tous ceux qui ont prophétisé ont souffert et sont morts. Pour que ma parole devienne une vérité pour le monde, il faut le sang d'un grand nombre. Au premier sang il n'y aura qu'un cri, et pour un qui sera mort, Dieu en suscitera dix-sept. Et cette persécution sera bien autrement grande que celle des martyrs... Voici le trésor que j'ai à gagner avec ce peuple, voici ce qu'il a à me donner. » (*Trad. d'A. Dumesnil, Collége de France*, 1850.)

Est-ce à dire que la nature avait disparu dans la sainteté, que l'homme avait fini en lui. Oh ! non. Si les disciples redoublaient de ferveur, il voyait la masse s'éloigner de lui, et son cœur était déchiré. On sent dans les derniers discours cette mortelle douleur, ce désespoir de ne plus être aimé. Il n'essaye nullement de le dissimuler. Nulle vanité, nulle dignité hypocrite; il y a là une naïveté tout italienne :

« O Dieu ! tu m'as trompé pour me faire entrer dans tes voies. Je me suis fait anathème pour toi, et tu as fait de moi comme la cible pour la flèche. — Je ne te demandais rien que de n'avoir jamais à gouverner les hommes, et tu as fait tout le contraire. — Je ne me réjouissais que de la paix, et tu m'as attiré ici, sans que j'en aie eu conscience. Tu m'as fait entrer dans cette grande mer. Mais quel moyen d'arriver au rivage?

« O ingrate Florence! J'ai fait pour toi ce que je n'ai pas voulu faire pour mes frères selon la chair. Je n'ai parlé pour eux à aucun prince, quoique les princes m'en priassent (j'en ai leurs lettres). Et pour toi, cependant, j'allai au roi de France... Que t'ai-je fait, mon peuple?... Eh bien, crucifie-moi, lapide-moi... Je souffrirai tout pour l'amour de toi. (*Prediche soprà li salmi*, éd. 1539, p. 24.)

Né Lombard, Savonarole s'était fait Florentin; il avait, non sans raison, élu le peuple de Florence; il voyait, et très-justement, que ce peuple, avec tous ses vices, était l'intelligence au plus haut degré, la tête et le cerveau du monde.

Perdre l'amour de Florence, c'était pour lui mourir. Il avoue sa tendresse et sa douleur avec une extrême faiblesse qui arrache les larmes : « O Florence! pour toi, je suis devenu fou... Hélas! Seigneur! je suis fou de ce peuple. Je vous prie de me pardonner! »

Cela donné à la faiblesse humaine, il allait magnanimement au-devant de la mort, prononçant son jugement définitif sur le pape. Il avait eu la vision d'une croix noire plantée sur Rome. Il dit son mot hardi où il s'est transfiguré : « L'Église ne me paraît plus l'Église. *Il viendra un autre héritier à Rome!* »

« Les anges sont partis, et le palais du peuple est rempli de démons. Écoutez bien cette parole. Vous dites : La paix! la paix! Je vous réponds qu'il n'y aura point de paix. Apprenez à mourir. Il n'y a pas de remède. C'est le dernier combat, le moment de combattre *et de tuer par la prière.* »

Au mois de mai 1497, le pape le déclara hérétique, condamnant comme tels ceux qui approcheraient de lui. Cela ne fit pas grand effet. Savonarole, qui s'était soumis d'abord, fut reporté à sa chaire par ses disciples, qui soutenaient, d'après Gerson et le concile de Constance, qu'une excommunication injuste ne peut être obéie.

Mais le pape, plus habile, toucha ensuite une corde sensible. Il fit savoir aux Florentins que, s'ils méprisaient l'excommunication, il autoriserait la confiscation de leurs marchandises dans tous les pays étrangers. La boutique frémit. Il ne fallait plus qu'un prétexte pour livrer à la mort un homme qui compromettait Florence dans ses intérêts les plus chers.

Le prétexte fut celui-ci : Savonarole, dans un mouvement éloquent, parlant comme Isaïe, avait défié les prêtres de Bélial de faire descendre le feu sur l'autel. On avisa qu'il fallait le sommer de faire un miracle, comme si ce n'en était pas un que l'accomplissement de ses prophéties. On alla chercher dans la Pouille un de ces prédicateurs de carrefour qui ont le feu du pays dans le sang, un de ces cordeliers effrontés, éhontés, qui, dans les foires d'Italie, par la force de la poitrine et la vertu d'une gueule retentissante, font taire la concurrence du bateleur et de l'histrion. On lança l'homme, soutenu d'aboyeurs franciscains, augustins. « S'il est saint, dit l'homme du pape, qu'il ose donc entrer avec moi dans un bûcher ardent; j'y brûlerai, mais lui aussi ; la charité m'enseigne à purger à ce prix l'Église d'un si terrible hérésiarque. »

Savonarole avait un ardent disciple, Domenico Bonvicini, d'une foi, d'un courage sans bornes, et qui l'aimait profondément. Il ne lui manqua pas plus que Jérôme de Prague à Jean Huss. Modèle attendrissant, mémorable, de l'amitié en Dieu!

« Trois choses me sont chères en ce monde, disait Domenico, le Sacrement de l'autel, l'Ancien et le Nouveau Testament et Jérôme Savonarole. »

Il s'écria qu'il n'était pas besoin que Savonarole entrât dans les flammes, que le moindre de ses disciples suffisait à faire ce miracle, que Dieu le sauverait tout aussi bien, et dit : « Ce sera moi. »

Le pape se hâta d'écrire pour approuver la chose. Chose horrible! Cette Rome sceptique, dans cette Italie raisonneuse, permettait, ordonnait une de ces épreuves barbares où la folie antique bravait la nature, tentait Dieu! Féroce comédie! Un athée affectant d'attendre un miracle pour brûler un saint!

Les politiques, au moins, devaient-ils le permettre? Le parti de la France pouvait-il laisser accomplir l'acte machiavélique qui allait le frapper au cœur, en tuant son chef ou le couvrant de risée?

Ce parti, il faut le dire, s'évanouissait, il baissait de nombre et de cœur, tarissait d'espérance. Il avait cru un moment que Charles VIII allait rentrer en Italie. Toute la France le croyait. Des préparatifs immenses avaient été faits à Lyon, avec une dépense énorme. L'armée était réunie, elle attendait. Et, en effet, le roi y vient enfin. Il a quitté ses châteaux de la Loire, fait ses adieux à la reine. On croit partir. Le roi se rappelle alors qu'il a oublié de prier saint Martin de Tours; qu'on l'attende, il va revenir. En vain on le retient; ses capitaines pleurent, s'accrochent à ses vêtements. Il était évident que ce retard allait perdre tout ce que nous avions laissé en Italie, nos troupes, nos amis. Cela pesait peu au jeune homme; une amourette le rappelait. Tout fut fini. L'Italie abandonnée, perdue, l'honneur aussi. Que la destinée s'accomplisse!

On put juger, au moment décisif, combien d'âmes vivaient de la vie de Savonarole, en apparence abandonné. Ce fut pour lui une grande consolation de voir qu'une foule d'hommes, moines, prêtres, laïcs, des femmes même et des enfants supplièrent la Seigneurie de les préférer, de leur permettre d'entrer avec lui dans les flammes. La Seigneurie n'en prit que deux, Domenico et un autre.

Le 7 avril 1498, sur la place du palais, au matin, on vit l'échafaud. De toute l'Italie on était venu, et les toits même étaient chargés de monde. L'échafaud, de cinq pieds de haut, de dix de large et de quatre-vingts de longueur, portait deux piles de bois mêlé de fagots, de bruyères, chacun de quatre pieds d'épaisseur; entre, se trouvait ménagé un étroit passage de deux pieds, inondé de flammes intenses, âpre foyer de ce grand incendie. Par cette horrible voie de feu devaient marcher les concurrents, et la traverser tout entière.

Le lugubre cortége entra dans une loge séparée en deux, d'où l'on devait partir, tous les moines en psalmodiant, et derrière, force gens portant des torches, non pas pour éclairer, car il restait six heures de jour.

Les difficultés commencèrent, comme on pouvait prévoir, surtout du côté franciscain. Ils dirent d'abord qu'ils ne voulaient nul autre que Savonarole. Mais Domenico insista, réclama le bûcher pour lui. Ils dirent ensuite que ce Domenico était peut-être un enchanteur et portait quelque sortilége. Ils exigèrent qu'il quittât ses habits, et, qu'entièrement dépouillé, il en prît d'autres à leur choix. Cérémonie humiliante, sur laquelle on disputa fort. Domenico finit par s'y soumettre. Alors Savonarole lui mit en main le tabernacle qui contenait le Saint-Sacrement et qui devait le préserver. « Quoi! s'écrièrent les franciscains, vous exposez l'hostie à brûler... Quel scandale! quelle pierre d'achoppement pour les faibles! » Savonarole ne céda point. Il répondit que son ami n'attendait son salut que du Dieu qu'il portait.

Pendant ces longues discussions qui prirent

des heures, la masse du peuple qui était sur les toits depuis l'aube et se morfondait sans manger ni boire, frémissait d'impatience et tâchait en vain de comprendre les motifs d'un si long retard. Elle ne s'en prenait pas aux franciscains qui faisaient les difficultés. Elle s'irritait plutôt contre les autres, qui, sûrs de leur miracle et d'être sauvés de toute façon, n'avaient que faire de chicaner. Elle regardait la place d'un œil sauvage, farouche d'attente et de désir. Cet horrible bûcher lui portait à la tête, lui donnait des vertiges, une soif bestiale de meurtre et de mort. Quoi qu'il advînt, il lui fallait un mort. Et elle ne pardonnait pas que l'on frustrât sa rage.

Tout au milieu de ces transports, un orage éclate, une pluie à torrents qui noie les spectateurs... La nuit d'ailleurs était venue. La Seigneurie congédia l'assemblée.

Savonarole était perdu. Il fut assailli d'outrages en retournant à son couvent. Il n'en fut pas moins intrépide, monta en chaire, raconta ce qui venait de se passer, du reste sans vouloir échapper à son sort. Le lendemain, dimanche des Rameaux, il fit ses adieux au peuple et dit qu'il était prêt à mourir. Tous ses ennemis étaient à la cathédrale et ameutaient la foule; le parti des *compagnacci*, l'armée des libertins, des riches, les amis des tyrans, criant tous à la liberté, disaient qu'il était temps de se débarrasser de ce fourbe, de cet hypocrite, qui avait fait un cloître de la joyeuse Florence, de ce prêcheur de pauvreté qui faisait mourir le commerce, tuait le travail, affamait l'industrie. Eh! sans les riches contre lesquels il parle, qui fera travailler les pauvres?... Ce raisonnement, tant de fois répété, entraîna tout le *peuple maigre*. On prit des barres de fer, des haches et des marteaux, des torches enflammées. On courut à Saint-Marc, où les partisans de Savonarole entendaient les vêpres. Ils fermèrent en hâte les portes, mais elles furent brûlées; il leur fallut livrer leur maître, avec Domenico et un troisième; la foule les traîna en prison avec des cris de fureur et de joie; la république était sauvée...

La Seigneurie ne parut nulle part en tout ceci. De neuf membres, six étaient les secrets ennemis de Savonarole. Ils laissèrent faire. La nuit avait calmé le peuple. Les *compagnacci*, au matin, n'en frappèrent pas moins un coup de terreur. Ils prirent Francesco Valori, l'austère républicain qui avait fait voter la mort des traîtres; un parent de ceux-ci le tua en pleine rue, et on tua encore sa femme et la femme d'un de leurs amis. Les partisans de Savonarole n'osèrent plus se montrer. C'est ce qu'on voulait. On convoqua le peuple et on lui fit nommer de nouveaux juges, de nouveaux décemvirs de la guerre. Tout cela vivement et gaiement. La ville reprit l'ancien aspect. Les nouveaux magistrats, aimables et bons vivants, encourageaient les jeux et les amusements publics. On dansa dans les places bien nettoyées de sang; les brelans reparurent, et les femmes perdues.

Cependant Alexandre VI faisait instruire à Rome le procès de Savonarole. Il eût voulu tirer une sentence de la justice romaine, du tribunal de Rote. Mais, chose inattendue, qui honore les jurisconsultes italiens, ils soutinrent qu'il n'y avait rien à dire contre l'accusé. Le pape ne trouva que le général des dominicains qui osât entamer ce procès. Ainsi l'ordre de Savonarole le répudia à la mort; il fut jugé, condamné par les siens.

Les moines nous ont donné ce moine, nous l'acceptons; il compte parmi les martyrs de la liberté.

Les crimes de Savonarole étaient trop faciles à prouver; qu'était-ce? des paroles que tout le monde avait entendues, des révélations prophétiques que l'événement avait justifiées. On ne l'en mit pas moins à la torture, et cruellement, et plusieurs fois, dans l'espoir d'en tirer, par l'excès de la douleur, quelques mots indignes de lui. Que répondit-il? Qui le sait? Dans les ténèbres d'une chambre de tortures, au milieu de ses ennemis, quels étaient les témoins pour instruire la postérité? On sait l'usage invariable des jugements ecclésiastiques : c'est d'affirmer que le coupable a tout avoué, tout rétracté, qu'il s'est démenti à la mort. Depuis que l'Église n'a plus le chevalet ni l'estrapade, elle a toujours le confesseur qui suit le patient bon gré mal gré, et qui ne manque pas de dire du plus ferme des nôtres : « Il s'est reconnu heureusement, il a abjuré ses folies. C'était un grand misérable! Mais, grâce à Dieu, il a fait une très-bonne fin. »

Il en fut ainsi de Savonarole. Ses ennemis assurèrent qu'il avait avoué dans la torture, puis désavoué ses aveux, puis confessé encore dans une nouvelle épreuve, sa nature très-nerveuse et physiquement faible ne lui permettant pas de lutter contre la douleur.

Du reste, quoi qu'il ait avoué, ou quoi qu'on ait écrit de faux dans sa prétendue confession, on ne hasarda pas de la lui faire connaître ni de le mettre à même de réclamer. On ne la lui lut point sur l'échafaud, comme la loi le voulait. Il mourut sans savoir ce qu'on lui faisait dire, laissant sa mémoire aux faussaires qui purent à volonté ajouter ou retrancher.

Le procès ne fut pas long; on craignait un retour du peuple. Savonarole, en son cachot, écrivait son commentaire du *Miserere*, travail qu'il avait réservé pour ce dernier moment. Il put s'y affermir et assurer son cœur par l'accomplissement littéral de sa grande prédiction. Au retour de Charles VIII, il l'avait vu et lui avait prédit qu'il serait frappé en sa famille, et cela s'était vérifié; il perdit ses enfants. Depuis, il avait annoncé la mort du roi. Le 7 avril, au jour même de l'épreuve du bûcher, au jour où le prophète périt moralement, sa parole se vérifiait : Charles VIII périssait aussi, frappé d'apoplexie. Il avait vingt-huit ans, et depuis quelques mois il semblait s'amender; il se repentait amèrement, dit-on, d'avoir fait tant de fautes dans l'expédition d'Italie ; il aurait voulu soulager son peuple. Il essayait de juger lui-même, s'efforçait de rendre attentive sa faible tête, siégeait jusqu'à deux heures de suite à écouter les pauvres. Tout cela trop tard. Son jugement était prononcé, la punition de son abandon de l'Italie, de tant d'ingratitude pour ceux qui l'avaient salué l'envoyé de Dieu.

Le 23 mai, un bûcher fut dressé sur la place, un pieu et une potence; le bûcher, soigneusement arrosé d'huile et de poudre, pour brûler rapidement. On amena Savonarole, l'intrépide et fidèle Domenico, et un autre, Silvestre Maruffi, qui avait persévéré et voulu mourir pour sa foi. On les lia autour du pieu pour le premier supplice, la risée, la malédiction. Du reste, point de formalités; on ne lut pas même la sentence. Le jugement, comme la question et les aveux, resta dans les ténèbres. Le bourreau les dégrada en leur arrachant la robe ecclésiastique. Savonarole pleura, dit-on, sur cette robe dans laquelle il avait vécu tant d'années digne et pur avec la bénédiction d'une telle intimité de Dieu. Il demandait l'hostie et ne l'espérait pas. Mais le pape, consulté d'avance, et qui savait parfaitement qu'on allait faire mourir un saint, avait répondu qu'on pouvait la lui donner tant qu'il voudrait.

L'évêque de Florence ayant dit qu'il les retranchait de l'Église, Savonarole répliqua : « De l'Église militante, oui ; mais non pas de la triomphante ; cela n'est pas en ton pouvoir. »

On lui donna d'abord la douleur de voir exécuter ceux qui mouraient par lui. Ainsi il resta longtemps seul. Quand le bourreau lui mit la corde et le hissa à la potence, un de ses ennemis craignit qu'il ne mourût trop vite et n'évitât le bûcher, il accourut et mit le feu ; l'huile anima la flamme qui monta vive et claire. Cependant une foule de mauvais garçons, d'apprentis, jetaient des pierres au mort balancé dans les airs, poussant des cris de joie s'ils touchaient le cœur ou la face, cette face sacrée sur laquelle tant de fois Florence vit avec tremblement passer la lueur de l'Esprit.

Sauf ces furieux en petit nombre, la masse regardait avec tristesse et doute; dans plus d'une âme s'éveillait le repentir. Beaucoup eurent des visions, et des femmes, au retour, tombèrent en extases prophétiques. Leur plus sûre prophétie, conforme à celle du maître, c'était la mort de Florence. Nul parti ne reprit force; les amis, les ennemis de Savonarole étaient frappés également. Ceux-ci firent horreur et dégoût, et les autres pitié. On les vit sur les places, dans des accès de dévotion monacale, faire des rondes en chantant des hymnes ridicules et criant : « Vive Jésus ! » A cela se réduisit le viril effort des amis de la liberté.

Florence avait péri, lui seul était sauvé. Beaucoup le virent vivant dans une triple couronne de gloire. Et il l'eut, en effet, cette couronne dans la pensée de Michel-Ange, où il vécut toujours, dans celle de tous les grands réformateurs qui ont succédé.

Il influa d'autant plus, que, n'ayant point leur audace d'esprit, il ne formula rien de spécial, rien d'exclusif. Il ne donna qu'une âme, un souffle, mais qui passa dans tous.

Le génie des prophètes qui fut en lui, il s'est envolé de son bûcher, fixé aux voûtes de la chapelle Sixtine, triomphe de l'Ancien Testament. Il a lancé les études Hébraïques, les Pics et les Reuchlin, précurseurs de Luther.

Le cœur d'un simple et la brûlante parole qui en jaillit ont rallumé le siècle.

On avait tout prévu pour que Savonarole ne laissât aucune trace ; des ordres sévères étaient donnés pour que ses cendres recueillies fussent jetées à l'Arno. Mais les soldats qui gardaient le bûcher en pillèrent les reliques eux-mêmes. Ils ne purent empêcher que d'autres n'approchassent, et le cœur, ce cœur pur, plein de Dieu et de la patrie, se retrouva entier dans la main d'un enfant.

CHAPITRE VI.

Avénement de César Borgia. — Son alliance avec Georges d'Amboise.
1498-1504.

« Le 14 juillet, le seigneur cardinal de Valence (*César Borgia*) et l'illustre seigneur Jean Borgia, duc de Gandie, fils (*aîné*) du pape, soupèrent à la vigne de madame Vanozza, leur mère, près de l'église de Saint-Pierre-aux-Liens. Ayant soupé, le duc et le cardinal remontèrent sur leurs mules ; mais le duc, arrivé près du palais du vice-chancelier, dit qu'avant de rentrer il voulait aller à quelque amusement ; il prit congé de son frère et s'éloigna, n'ayant avec lui qu'un estafier et un homme qui était venu masqué au souper, et qui, depuis un mois, le visitait tous les jours au palais. Arrivé à la place des Juifs, le duc renvoya l'estafier, lui disant de l'attendre une heure sur cette place, puis de retourner au palais s'il ne le voyait revenir. Cela dit, il s'éloigna avec l'homme masqué, et je ne sais où il alla, mais il fut tué et jeté dans le Tibre, près de l'hôpital Saint-Jérôme. L'estafier, demeuré sur la place des Juifs, y fut blessé à mort et recueilli charitablement dans une maison ; il ne put faire savoir ce qu'était devenu son maître.

« Au matin, le duc ne revenant pas, ses serviteurs intimes l'annoncèrent au pape, qui, fort troublé, tâchait pourtant de se persuader qu'il s'amusait chez quelque fille, et qu'il reviendrait le soir. Cela n'étant pas arrivé, le pape, profondément affligé, ému jusqu'aux entrailles, ordonna qu'on fît des recherches. Un certain Georges, qui avait du bois au bord du Tibre, et le gardait la nuit, interrogé s'il avait vu, la nuit du mercredi, jeter quelqu'un à l'eau, répondit qu'en effet il avait vu deux hommes à pied venir par la ruelle à gauche de l'hôpital, vers la cinquième heure de la nuit (*onze heures*), et que, ces gens ayant regardé de côté et d'autre si on les apercevait et n'ayant vu personne, deux autres étaient bientôt sortis de la ruelle, avaient regardé aussi et fait signe à un cavalier qui avait un cheval blanc et qui portait en croupe un cadavre, dont la tête et les bras pendaient d'un côté et les pieds de l'autre; qu'ils avaient approché de l'endroit où l'on jette les ordures à la rivière, et y avaient lancé ce corps de toutes leurs forces. On lui demanda pourquoi il n'avait pas révélé le fait au préfet de la ville. Il répondit que dans sa vie il avait vu se répéter cent fois la même chose, et ne s'en était jamais occupé. On appela alors trois cents pêcheurs, qui cherchèrent, et à l'heure des vêpres trouvèrent le duc tout vêtu, ayant son manteau, son habit, ses chausses et ses bottes, avec trente ducats dans ses gants, blessé de neuf blessures, dont une à la gorge et les huit autres à la tête, au corps et aux jambes. Le corps, mis dans une barque, fut conduit au château Saint-Ange, où on le dépouilla, le lava et le revêtit d'un costume militaire, le tout sous l'inspection de mon collègue Bernardino Guttorii, clerc des cérémonies. Le soir il fut porté par les nobles de sa maison à l'église Sainte-Marie-du-Peuple. Devant marchaient deux cent vingt torches et tous les prélats du palais; les camériers et écuyers du pape suivaient sans ordre avec beaucoup de larmes. Le corps était porté honorablement sur un catafalque, et semblait moins d'un mort que d'un homme endormi. Le pape, voyant que son fils avait été tué et jeté à l'eau comme un fumier, fut très-troublé, et de douleur s'enferma dans sa chambre, où il pleura amèrement. Un cardinal et plusieurs autres, à force d'exhortations et de prières, le décidèrent à ouvrir enfin et à les faire entrer. Il ne but ni mangea depuis le soir du mercredi jusqu'au samedi suivant, et ne se coucha point. Enfin, à leur persuasion, il commença à réprimer sa douleur, considérant qu'un mal plus grand encore en pourrait advenir. »

Tel est le simple et froid récit du maître des cérémonies, Burchard, digne Allemand de Strasbourg, dont le flegme ne se dément jamais, qui voit tout sans étonnement, meurtre et viol, empoisonnements, banquets de filles nues, massacres pour égayer des noces, prisonniers mis à mort pour l'amusement de la cour et de la main du fils du pape, etc., etc. Rien ne le fait sortir de son assiette. Je me trompe ; il s'échauffe fort quand nos Français, sans s'informer de l'ordre ni de l'étiquette papale, envahissent le palais en impertinents curieux, et s'asseyent pêle-mêle avec les cardinaux.

J'ai fait jadis injure à ce brave homme, et je lui dois réparation. Considérant que, sous Jules II, l'ennemi des Borgia, Burchard obtint un évêché, j'avais pensé que son journal pouvait être suspecté d'exagération. Quand je vois, cependant, sur les mêmes faits, l'unanimité des historiens, de ceux même qui écrivent pour les amis des Borgia, je reviens sur mes doutes. Les récits de Burchard, d'ailleurs, ont ce caractère de candeur, de simplicité véridique, qui rassure tout à fait. J'ai vu et lu bien des menteurs. On ne ment pas ainsi.

Pour revenir, les magistrats de Rome étaient trop bien appris pour scruter indiscrètement la chose. Simples hommes, ils se turent, ne se mêlèrent pas des affaires des dieux. L'affaire n'était pas judiciaire, mais politique, et des plus hautes ; elle eut tous les effets d'un changement de règne.

Ce fut, en réalité, l'avénement de César Borgia.

Avec quatre pouces d'acier, le cardinal de Valence avait fait plusieurs choses.

D'abord, il s'était lui-même déprêtrisé, s'était fait l'aîné, l'héritier. Son père, qui voulait fonder sa maison, était bien obligé de délier César, de le refaire laïc, pour l'établir et lui faire faire un mariage royal.

Ensuite, il s'était fait maître de Rome, maître du pape et du coffre du pape, achetant à volonté des *bravi* par toute l'Italie, tenant les cardinaux sous la terreur, en tuant un chaque fois qu'il avait besoin d'argent. Cette terreur s'étendait sur son père. Il lui tua son favori Peroso dans ses bras et sous son manteau, où il s'était réfugié ; le sang jaillit au visage du pape.

Enfin, en tuant son frère, il restait maître du bijou disputé par toute la famille : de la Lucrezia. Andalouse-Italienne, adorée de son père, celui qu'elle préférait de ses frères, c'était le plus doux, l'aîné, ce duc de Gandie ; et ce fut, dit-on, la principale cause de sa mort. César se délivra aussi du mari de Lucrèce, du troisième mari. Toute jeune encore, elle en avait eu trois. Un noble de Naples, d'abord ; son père, devenu pape, trouva l'alliance au-dessous de lui, prononça le divorce, la maria à un bâtard des Sforza. Puis, l'ambition croissant, il la divorça encore, pour la donner à un bâtard du roi de Naples. Ce mari avait suivi Charles VIII, et ne voulait pas revenir à Rome, craignant cette terrible famille et la jalousie de César. Mais Lucrezia lui jura qu'elle le défendrait contre tous, et elle le fit revenir. En plein jour, sur les marches du palais, César le fit poignarder. Il n'était que blessé. Lucrezia le soigna, et la sœur du blessé préparait ses aliments elle-même, de crainte du poison. Le pape avait mis des gardes à la porte pour défendre son gendre contre son fils. César ne fit qu'en rire : « Ce qu'on n'a pas fait à midi, disait-il, se fera le soir. » Il tint parole. Le blessé étant convalescent, il pénétra lui-même dans sa chambre, en chassa les deux femmes, et le fit étrangler devant lui.

César avait de grandes vues sur sa sœur, et, s'il lui fallait un mari, il ne voulait pas moins qu'un prince souverain. Il la mit en effet sur le trône de Ferrare, où elle fut l'idole des gens de lettres et l'inspiration des poëtes, spécialement du cardinal Bembo.

Pour lui-même, il voulait une fille de roi. Il fit demander par le pape celle de Frédéric II, roi de Naples. Espagnol par son père, César eût préféré se marier ainsi dans la maison d'Aragon. Mais Frédéric eut peur d'un tel gendre ; il croyait d'ailleurs, comme les Vénitiens, que cette fortune de fils de pape était viagère, et que, quelque haut qu'elle montât, elle n'aurait rien de solide, « et ne serait qu'un feu de paille. »

César, cherchant sa dupe, avait besoin d'un homme qui lui-même eût besoin de la cour papale, et qui eût toute son ambition à Rome. Cet homme fut Georges d'Amboise, qui venait de monter sur le trône avec Louis XII. Ce favori était d'Église ; César le fit faire cardinal, et lui promit de le faire pape à la mort d'Alexandre VI, à condition qu'il l'aiderait à reprendre le patrimoine de saint Pierre pour s'en faire une royauté. Des deux côtés, rien que de facile. César, maître du pape, pouvait à volonté défaire et faire des cardinaux pour préparer l'élection. D'autre part, capitaine et gonfalonier des armées de l'Église, il n'avait pas besoin de grandes forces ; il suffisait qu'on vît qu'il était l'homme de la France ; la terreur, le fer, le poison, travailleraient assez pour lui.

Amboise passait pour un homme honnête et désintéressé. Il trouva ce plan admirable, ne voulant pas prévoir, sans doute, ni trop approfondir ce qui en adviendrait.

On avait déjà fait, par Briçonnet, la première expérience d'un cardinal-ministre. La seconde fut celle de Georges d'Amboise. Elles parurent si heureuses, qu'on continua pendant cent cinquante ans. La grande raison politique pour mettre un prêtre à la tête des affaires, c'était qu'un homme sans famille, sans femme ni enfants, serait moins ambitieux, moins avide et les mains plus nettes; tout au roi, tout à Dieu, *ne demandant et ne voulant que sa petite vie en ce monde*, comme disaient ces bons religieux Mendiants.

Le nouveau roi, le cardinal d'Amboise, fut tellement désintéressé, qu'il ne voulut jamais qu'un bénéfice, l'archevêché de Rouen. Ce pauvre homme, à sa mort, laissa vingt-cinq millions. Toute sa vie il eut secrètement une grosse pension de Florence, de quoi il fit l'aveu au roi à son lit de mort.

Les étranges histoires de César n'étaient nullement secrètes. On savait que l'ex-cardinal était un homme d'exécution, dont il ne faisait pas bon d'être l'ennemi. Et il ne semble pas que cette réputation lui ait nui beaucoup près du roi ou de l'honnête ministre. On le regarda d'autant plus à la cour de France quand il fit son entrée.

Sa mine haute et sa beauté tragique brillaient fort dans un somptueux costume de velours cramoisi brodé de perles sur toutes les coutures. Et toute sa suite était de même, chevaliers, pages, et jusqu'aux mules, tout aux mêmes couleurs, dans le même velours et la même magnificence. Un bruit qui courut imposa aussi, et fit croire d'autant plus qu'il fallait compter avec lui. Un évêque indiscret, qui avait parlé chez le roi d'une chose que César voulait cacher, mourut subitement.

Il ne pouvait être mal reçu. Gracieux messager de l'Église, il apportait la bulle de divorce dont Louis XII avait besoin pour quitter la fille de Louis XI et épouser Anne de Bretagne. On le combla. Comme il avait été cardinal de Valence en Espagne, pour le nom et la rime, on lui donna Valence en Dauphiné. Le voilà duc de Valentinois, avec trente mille ducats d'or, payés comptant, et vingt mille livres de rente (qui en feraient deux cent mille); de plus, chose inappréciable, une compagnie de cent lances françaises, c'est-à-dire le drapeau de la France, la terreur de nos lis, affichés à côté des clefs pontificales. C'était lui livrer l'Italie.

Regardons bien en face, contemplons la dupe qui, dans un pareil temps, put croire à la parole d'un pareil homme, qui ne devina pas d'ailleurs qu'un pouvoir si haï, tenant à la vie d'un vieux pape, n'aurait le temps de rien fonder, rien que l'exécration du monde et le mépris de la France.

J'ai vu, revu dix fois, sur son tombeau, à Rouen, la statue du cardinal et de son neveu, bons, excellents portraits, impitoyablement fidèles. Vous diriez la forte encolure d'un paysan normand; sur cette large face et ces gros sourcils baissés, vous jureriez que ce sont de ces parvenus qui, par une épaisse finesse, un grand travail, une conscience peu difficile, ont monté à quatre pattes. Et vous vous tromperiez. Ce sont des nobles de la Loire. Phénomène curieux ! Pendant que le bourgeois tâchait de se faire noble, ceux-ci, nés nobles, pour faire fortune, changèrent de peau, se firent bourgeois. Les rois se défiaient trop des nobles ; la première condition pour les rassurer et leur plaire, était de se faire simples, grossiers de forme et de manière, *pauvres gens, bonnes gens*. Et la seconde condition pour réussir était de se faire d'église, de mettre cette affiche, de n'avoir pas d'enfants, de ne pas fonder de maison, de ne vouloir en ce monde *que sa pauvre petite vie*.

Celui-ci, par instinct d'avarice et de convoitise, s'associa à merveille au grand mouvement du temps, qui, depuis Louis XI, était une étonnante ascension de la bourgeoisie, des deux bourgeoisies, celle des juges et juges de finance, et celle des commerçants, fabricants, boutiquiers. C'est là ce qui crevait les yeux; on bâtissait partout, partout on ouvrait des boutiques. Amboise eut le mérite de voir cela, et de voir parfaitement ce qui était dessous : un profond égoïsme et une indifférence extraordinaire pour les intérêts extérieurs et la réputation de la France. Que voulaient ces gens-là? Une seule chose, être bien jugés, dans les nombreux procès que ce croisement infini d'intérêts nouveaux suscitait de toutes parts. Amboise leur fit donner cela par le vieux chancelier de Louis XI, Rochefort, habile homme qui réforma les parlements, fit écrire les Coutumes, fonda surtout (bienfait réel) la magistrature de finances pour juger les comptes du fisc d'une part, d'autre part, les litiges entre le fisc et les contribuables. Pour tout le reste, le cardinal sut bien que la boutique n'avait nulle idée haute, qu'elle se contenterait de tout, avalerait les hontes, les crimes même, s'il y avait lieu. Par lui s'inaugurent en Europe le gouvernement bourgeois et la politique marchande.

On ne s'y attendait pas. Son maître, le duc d'Orléans, sous madame de Beaujeu, déjà gouverné par Amboise, avait été le drapeau de la noblesse, le mannequin des grands, comme son pauvre père le poëte, Charles d'Orléans, l'avait été sous Louis XI.

Charles était-il son père? on en doutait. Né en 1462 d'un septuagénaire infirme, usé et par le temps et par les passions, par une énervante captivité en Angleterre, cet enfant était tombé inattendu dans un mariage stérile depuis vingt-deux années. Charles d'Orléans, resté en 1415 sous les morts d'Azincourt, n'était pas bien vivant quarante-six ans après, à la naissance de ce fils. Il mourut décidément en 1465, et sa veuve, Anne de Clèves, épousa son maître d'hôtel Rabodanges, à qui on attribuait l'enfant. Celui-ci, de figure vulgaire, comme on peut voir dans ses portraits, n'eut guère la grâce des Valois; faible et bon, à l'allemande, comme sa mère, mais colère par moment, il rappelait pourtant le vieux prince, par sa débilité précoce, son tempérament maladif. Amboise, un gros homme, fort et actif, tenace et lourd, n'en pesa que davantage sur cette faible créature, incapable d'application.

Il est curieux de voir comment les panégyristes, Saint-Gelais, Seyssel (récemment Rœderer), s'y prennent pour attribuer à ce bonhomme tout ce qui se fit sous son règne. Ils copient maladroitement un excellent original, Joinville, la poétique légende du saint roi jugeant sous un chêne. Ceux-ci n'osent pas dire que Louis XII jugea, mais ils le font venir souvent au parlement, s'intéresser à la justice. Le greffier du Tillet, bien autrement instruit et qui avait les pièces sous les yeux, dit qu'il y vint deux fois, dans des affaires de politique et de cour, les ministres voulant probablement forcer la main à la justice par la présence du Roi.

Machiavel a dit que le Prince est à la fois bête et homme. Il y parut. Ce règne à son commencement est un monstre de discordances. Au dedans, la justice, l'ordre, l'économie, la continuation des bonnes réformes. Au dehors, l'injustice, la perfidie, la honte, l'accouplement cynique de la France avec Borgia.

La justice dans l'intérieur. — Grande ordonnance de Blois; plus de ventes d'offices judiciaires; l'honneur du parlement assuré et sa pureté; plus d'épices, plus de jugement de famille pour les parents des juges. La justice juste pour elle-même, se punissant si elle punit mal, s'emprisonnant si elle arrête à tort. Les sénéchaux seront docteurs ou payeront des docteurs. Les seigneurs n'imposeront plus leurs sujets, sauf leurs droits constatés. Les gradués des universités auront le tiers au moins des bénéfices. Ajoutez des choses humaines et qui étonnent : la question n'est pas abolie, mais elle ne sera jamais donnée deux fois. Miracle enfin! une classe d'hommes où la loi n'avait jamais vu que l'affaire du bourreau, une chose acquise à la potence, les vagabonds et mendiants, commencent à passer pour des hommes ; on leur donne quelques garanties. Les baillifs et les sénéchaux ne les jugeront pas sans appeler quelques juges, au moins les praticiens du lieu.

A ces belles réformes répondait celle de la cour elle-même, de la maison royale. Après le scandaleux désordre de celle de Charles VIII, on voyait l'ordre même dans Louis XII et Anne de Bretagne. Celle-ci, tout entourée de dames graves, de demoiselles austères, filant ou brodant tout le jour, tenait école de sagesse. Toujours mal mariée, et par la raison politique qui unissait son duché à la France, elle vivait d'orgueil et de domination. Maximilien, son fiancé, qu'elle ne vit jamais, mais qu'elle aima, eut son cœur, et depuis nul autre. Louis XII, que les romanciers lui donnent pour amant du vivant de Charles VIII, fut au contraire persécuté par elle pour avoir montré de la joie à la mort du Dauphin. Quand il fallut, aux termes du traité qui réunissait la Bretagne, qu'Anne épousât le successeur quelconque du roi de France, Louis XII prit grande peine pour apaiser la reine et se la réconcilier. Elle fut dure et haute ; elle exigea que son duché désormais ne dépendît que d'elle, qu'elle le gouvernât, y nommât à tous les emplois. Elle tint en personne les États de Bretagne. Mais elle ne se mêlait pas moins des affaires de France. Tout le monde le savait. Les ambassadeurs étrangers songeaient à s'assurer d'abord des deux vrais rois, du roi femelle et du roi cardinal. Sûrs de la reine et de Georges d'Amboise, ils n'avaient guère à craindre l'opposition de Louis XII.

Le gouvernement de famille commence ici, et la régularité des mœurs du prince, son asservissement à une seule femme, vont influer sur les affaires. L'idée de patrimoine et de propriété, jusque-là étrangère aux rois, devient aussi très-forte. La reine a son duché, son trésor et sa cour bretonne. Le roi a sa ville d'Asti et veut avoir son duché de Milan, l'héritage de sa grand'mère. Amboise y pousse. Sa conquête, à lui aussi, c'est l'Italie, l'influence sur l'Italie. Si le roi a Milan et Naples, si Borgia a la Romagne, combien Georges d'Amboise aura meilleur marché de Rome, meilleure chance pour s'assurer la survivance d'Alexandre VI !

Il n'y avait pas grand obstacle à l'affaire de Milan. Maximilien était occupé en Suisse; son fils, Philippe le Beau, traita sans lui et contre lui. Ferdinand le Catholique avait des vues profondes sur l'Italie; il laissa faire la France. L'Italie se livrait. Les Vénitiens en voulaient à

Sforza ; ils écoutèrent Amboise, qui leur offrait un morceau du Milanais. La partie se lia entre la France, Venise et le pape.

Ludovic Sforza, dit le More, qu'il s'agissait de dépouiller, était, au total, le plus capable et le meilleur prince de l'Italie. Il en avait été jadis l'arbitre et le défenseur, se constituant le portier des Alpes, dont il fortifia les passages. S'il appela Charles VIII, c'est lorsque la ligue insensée de toute l'Italie contre lui le mit sérieusement en péril. Il était au plus haut degré actif, intelligent, accessible, de douce parole, jamais colère. Il avait habilement paré à la famine dans les mauvaises années. Sa police excellente avait supprimé les brigands. Le Milanais lui devait le complément de son admirable réseau d'irrigation, un canal gigantesque, qui mariait ses fleuves. De la vieille Milan obscure et tortueuse, il avait fait la ville incomparable que l'on voit aujourd'hui. Pour tout dire, le grand esprit de l'époque, Vinci, l'homme de tout art et de toute science, cherchant en Italie un gouvernement de progrès, un génie qui comprît le sien, avait quitté Florence pour Milan, et choisi pour maître Ludovic Sforza.

Sauf la mort, fort douteuse, de Jean Galéas, et sa fatale insistance à poursuivre Savonarole, on ne lui reprochait aucune cruauté. Dans cet âge des Borgia, Ludovic n'avait jamais versé le sang, jamais ordonné de supplices.

Il ne trouva secours ni dans Naples épuisée, ni dans son beau-père, le duc de Ferrare, immobilisé par la peur. Bajazet fit pour lui une diversion contre Venise, mais tardive et lointaine. Il fut abandonné de tous, trahi, vendu. La terreur marcha devant les Français. Une seule ville résista, tout y fut massacré. Le peuple, chargé d'impôts, fut ravi de voir finir la guerre ; il reçut Louis XII avec une joie folle. Sous un si grand roi, et si riche, on n'aurait plus rien à payer. La foule se précipite au-devant de lui jusqu'à une lieue de Milan ; quarante beaux enfants en drap d'or chantaient des hymnes au libérateur de l'Italie.

La noblesse eut à se louer de Louis XII ; il lui rendit ses droits de chasse. Pour le peuple, il allégea peu son fardeau. Son général Trivulce, exilé milanais, haï de tous, était insultant et féroce. Sur la place même de Milan, il tua des hommes de sa main.

La guerre devant nourrir la guerre, Ferrare fut durement rançonnée ; puis Bologne, Florence enfin. Elle paya pour ravoir Pise. Grande honte ! Et ce n'était pas la plus grande. L'alliance du roi avec les Borgia se révéla dans son horreur. En décembre, deux mois après l'entrée du roi à Milan, César Borgia *de France* (il prit ce titre) eut à son tour son entrée triomphale dans Imola, peu après dans Forli. Trois cents lances françaises, sous les ordres du brave et honnête Yves d'Allègre, durent l'assister, lui ouvrir la Romagne. Il avait anssi quatre mille Suisses, payés de l'argent de l'Église, mais sous un commandant français. Misérable instrument, condamné à servir un Néron, Yves dut assiéger, forcer et ruiner la régente de Forli, la vaillante Catherine Sforza. Elle avait éloigné son fils, et dès lors, ne craignant plus rien, elle lutta, comme une lionne, dans la ville, dans le fort, puis de tour en tour. Yves emporta la dernière, prit Catherine, la remit à César. Celui-ci voulait en tirer la lâche vengeance de l'envoyer au sérail de son père. Cela était trop fort; la docilité d'Yves cessa ici; il menaça, et la tira de leurs horribles mains.

L'Italie, pénétrée d'horreur, eut un rayon d'espoir, quand elle vit Ludovic reparaître à l'entrée des Alpes, et regagner le Milanais aussi vite qu'il l'avait perdu. Il avait été droit en Suisse, et le grand marché d'hommes lui avait vendu huit mille soldats. Troupe peu sûre. Les armées en présence, les Suisses de Ludovic voyant des Suisses dans notre camp et avec eux les bannières des cantons, calculant bien d'ailleurs qu'un roi de France était plus riche qu'un duc de Milan ruiné, commencent à avoir des scrupules ; d'ailleurs, ils ne sont pas payés. Ils crient, menacent ; Ludovic leur donne ce qu'il a, ses bijoux, son argenterie, leur jure que l'argent est en route, qu'il arrive de Milan. Rien ne sert. Il prie alors pour sa vie. Qu'ils le sauvent, l'emmènent. Ces soldats de louage ne voulurent rien entendre. Ils laissèrent seulement le prince se cacher parmi eux en habit de moine mendiant ; ses frères se mirent en soldats suisses. Mais on les désigna. Menés en France, ils furent montrés sur toute la route, à Lyon surtout où on fit voir Ludovic comme une bête sauvage. Cet homme du Midi, prisonnier dans le Nord, on l'enferma dans l'humide et obscure prison de Loches. Les autres dans la tour de Bourges. Et les fils même de Galéas, innocents à coup sûr, enfants dont Ludovic était accusé de détenir l'héritage, le roi les mit dans un cachot. Ludovic, enfermé dix ans, jusqu'à sa mort, conserva une âme indomptable ; dans le froid, la misère, l'absence de soleil, si dure à l'Italien ! il garda en lui l'âme de l'Italie, écrivant ses droits sur le mur, en ces fortes paroles ; au rebours du proverbe : *Service n'est héritage*, il écrivit : « *Les services qu'on m'aura rendus compteront comme héritage.* » Et cela se vérifia, par la reconnaissance de la patrie italienne qui garda souvenir au dernier de ses princes, Ludovic, fils du grand Sforza.

La France était à bonne école, entre les Borgia et Ferdinand le Catholique. Ce vénérable doyen des rois de l'Europe, l'homme qui avait le plus fait et violé de traités, ne voulait pas mourir sans laisser de lui un chef-d'œuvre en ce genre, qu'on ne surpassât plus. Et, en effet, le traité de Grenade entre lui et la France est la grande perfidie du siècle, que nul siècle n'a surpassé.

La France devait marcher sur Naples. Le roi aragonais de Naples, Frédéric, allait naturellement se rassurer par l'alliance de son cousin d'Espagne Ferdinand, se faire garder par lui. Il ouvrait ses ports et ses places aux troupes espagnoles, se livrait et se trahissait. Coup simple et sûr. Le royaume était conquis et partagé.

Le préambule du traité est un pieux manifeste sur le devoir royal de maintenir la paix, d'empêcher les blasphèmes, de protéger la pudeur des vierges, de défendre surtout l'Église contre les Turcs, *contre l'ami des Turcs*, dom Frédéric de Naples. C'était une affaire de religion, de dévotion, si bien que la reine Anne, voulant aussi être pour quelque chose dans l'œuvre pie, donna de son argent particulier pour l'armement de la flotte.

César était dans la croisade comme capitaine français. Il s'était fait payer d'avance en tirant du roi carte blanche pour ses petites affaires de Romagne. Amboise, décoré du titre de légat, lui avait rendu en retour le vaillant Yves, signifiant aux États italiens que quiconque voudrait s'opposer au duc de Valentinois était l'ennemi du roi. Venise, Ferrare, Florence, en prirent une telle peur, qu'elles déclarèrent retirer leur protection aux seigneurs de Romagne. Ils s'enfuirent, sauf un, celui de Faenza, qui essaya de résister. C'était un très-jeune homme et presque enfant, Astorre Manfredi. Il se fiait dans la vaillance de ses Romagnols qui l'aimaient et dans l'appui de son grand-père, le puissant seigneur de Bologne, Bentivoglio. Mais celui-ci, qui, à grand'peine, s'était arrangé avec la France pour quarante mille ducats, fit dire au malheureux jeune homme, fils de sa fille, qu'il ne ferait rien pour lui. L'imperceptible peuple de Faenza, contre le roi, contre l'Église, contre César, résista heureusement. Trois guerres n'y suffirent pas. Les premiers assauts furent repoussés, et le siége levé ; plus tard, nouvelle expédition, escalade, surprise ; inutile. Alors un grand effort, batteries formidables, brèche ouverte, assauts, et toujours impuissants. Un traité y réussit mieux. Borgia admira cette vaillance, jura de respecter la liberté du jeune prince, et de lui conserver ses revenus. Il l'accueillit dans son camp en père, en frère, dit qu'il le gardait près de lui, qu'il se ferait un plaisir de former une nature si heureuse. Un matin, ce fils adoptif disparaît, et avec lui son frère, plus jeune encore. Qu'étaient-ils devenus? Envoyés à l'égout de Rome, au sérail du pontife. Tel est l'unanime récit de tous les historiens de l'époque. Les deux enfants, avilis et souillés, furent le jouet des Borgia, puis étranglés et jetés dans le Tibre.

CHAPITRE VII.

La chute de César Borgia. — La déconfiture d'Amboise et de Louis XII. 1501-1503.

Une force quelconque qui se produit encore chez un peuple expirant lui reste chère, quoi qu'il arrive, et conserve chez lui la faveur qu'on accorde au dernier souvenir. Pour la Provence et pour l'Anjou, le roi René est resté le bon roi. Anne, pour la Bretagne, est toujours la grande duchesse. Les Flandres, si hostiles à Charles le Téméraire en son vivant et qui ne contribuèrent pas peu à sa chute, n'en gardèrent pas moins sa légende, aimèrent sa fille, et jusqu'à ses petites-filles, les Marguerite, qui leur conservaient, sous l'Espagne, une ombre de vie à part. Cette partialité pour le dernier représentant d'une nationalité se retrouve partout.

Voilà tout le secret de la faveur avec laquelle Machiavel a traité César Borgia.

Il y a, du reste, tout un monde entre les admirables *Légations*, où ce grand et pénétrant observateur note son Borgia jour par jour, et le paradoxe du *Prince*, écrit longtemps après pour les Médicis dans une vue très-systématique et qu'on peut appeler la politique du désespoir. La politique du *Prince* est celle du scélérat puissant, habile, heureux, en qui tout crime est juste; comment? en considération de son but, le salut du peuple et l'unité de la patrie, la vengeance de l'Italie violée et le châtiment des *barbares*.

De quel exemple appuiera-t-il cette théorie? Du dernier qui fut fort, de César Borgia.

Malheureusement Machiavel se contredit ici lui-même. Dans ses *Légations*, écrites au moment même, en présence des événements, il montre son héros, brillant d'abord, ingénieux, rusé, tant que lui sourit la fortune; puis tombant au premier revers, *ayant perdu l'esprit* et frappé de *stupeur*, s'emportant contre le destin en vaines plaintes, accusant tout le monde et croyant tout le monde, se figurant *que la parole des autres vaudra mieux que la sienne;* enfin se portant le dernier coup par ses bravades et ses sottes menaces, qui forcèrent un ennemi généreux qui voulait l'épargner à consommer sa ruine.

Non, César Borgia n'est nullement l'idéal légitime du système de Machiavel.

Je sais bien que César fut regretté des Romagnols. Il leur avait rendu l'essentiel service de tuer leurs princes; il donnait de l'emploi aux deux classes principales du pays, une solde aux brigands, et des bénéfices aux savants, qui commençaient à influer. Sa sœur Lucrèce fit de même à Ferrare, choyant les poëtes et les pédants, comme plus tard Charles-Quint faisait sa cour à l'Arétin.

Cela, sans doute, était habile. César montra en plusieurs choses du bon sens, de l'adresse, surtout beaucoup d'activité. Qu'on le compare pourtant aux vrais héros de Machiavel, aux Castracani, aux Sforza, ces héros de la patience et de la ruse, qui se créèrent de rien, on fera peu de cas de cet enfant gâté de la fortune, à qui elle donna de naître d'abord fils d'un pape, de puiser à volonté dans le coffre de saint Pierre, enfin d'user et d'abuser de la duperie du cardinal d'Amboise et de la royale stupidité de Louis XII.

Machiavel le dit lui-même, il apparut à l'Italie « comme ayant la France pour arme, » *armato de' Francesi*, la montrant toujours derrière lui comme un épouvantail, traînant nos drapeaux près du sien. Il déploya, il est vrai, un grand talent de mise en scène dans ce trop facile terrorisme. Peut-on appeler ce talent l'habileté d'un vrai grand homme? Non, un grand homme fait beaucoup avec peu, et celui-ci fit peu avec beaucoup, étant toujours énormément trop fort pour les petites choses qu'il fit.

Rapportons-nous-en sur ceci à quelqu'un qui fut bien plus machiavéliste que Machiavel, à la république de Venise. Elle craignit Borgia sans doute, c'est-à-dire l'argent de Rome et l'épée de la France; quant à l'homme personnellement, elle resta convaincue qu'il n'y avait qu'à attendre un peu, qu'avec ses prodigieux moyens il ne fonderait rien du tout *et passerait comme un feu de paille.*

Ce conquérant, au printemps de 1501, entre en triomphe dans Rome, sous les drapeaux mêlés de la France et du pape. Il fait nommer douze cardinaux exprès pour se faire déclarer duc de Romagne et gonfalonier de l'Église. Sur qui va tomber ce César? Quelle conquête nouvelle va-t-il tenter? Venise est un trop gros morceau. Il n'a le choix qu'entre Bologne et les villes toscanes; des deux côtés, alliés de la France, gens qui payent des tributs au roi ou des pensions à d'Amboise. Que dira celui-ci? Rien ou peu; il grondera peut-être, mais, comme l'homme qui se donne au diable, il appartient à Borgia; il se résignera, respectera les *faits accomplis.*

Le comble de l'effronterie, c'est que César entreprit de soumettre les alliés du roi avec les troupes du roi, employant à son profit l'expédition de Naples, usant de notre armée à son passage pour faire des conquêtes sur nous. Capitaine français à notre solde, il envahit en effet la Toscane, menant les Médicis, les montrant sur la route, comme un appât à leur parti. Il réussit à Pise, à Sienne, à Piombino. Florence est en défense ; il en tire du moins de l'argent, se déclarant l'homme des Florentins, leur soldat, et comme tel exigeant pension. Il n'en pille pas moins le pays. Et que dit le roi ? rien du tout.

La croisade du roi catholique et du roi très-chrétien contre *l'ami des Turcs*, Frédéric II de Naples, ne pouvait pas manquer de réussir. Frédéric lui-même appelait les armées de son bon cousin Ferdinand. Elles étaient toutes prêtes, déjà dans l'Adriatique, sous prétexte de la guerre des Turcs. Gonzalve, le grand capitaine, joua très-bien son petit rôle. Frédéric, ayant quelques doutes, il jura, protesta et parvint à le rassurer, occupa toutes ses places. Mais les Français arrivent, le tour est fait ; Gonzalve s'en tire avec un *distinguo* : celui qui a juré, c'était l'homme du roi d'Espagne, et non Gonzalve ; et le roi n'est pas engagé non plus par un serment fait sans son aveu. Le fils de Frédéric gardait encore une place ; Gonzalve s'en empara en jurant sur l'hostie la liberté du prince, qu'il fit arrêter aussitôt.

Cette conquête si facile, nous la souillâmes par un grand massacre à Capoue; toutes les femmes furent violées, moins quarante, que notre ami César se réserva et envoya à Rome, pour amuser la cour dans la fête qui se préparait. Fête splendide pour un honneur inespéré que recevaient les Borgia. Cette Lucrèce, à qui il avait tué son amant préféré (son frère), et dont il étrangla le mari, il la dédommageait en la mariant à l'héritier de Ferrare. La maison d'Este, si fière, qui ne s'alliait guère qu'aux rois, avait ambitionné l'alliance des bâtards d'Alexandre VI, l'ex-avocat de Valence. Elle voyait César venir à elle, et elle était instruite, par l'atroce tragédie du jeune Astorre (et de tant d'autres), de ce qu'elle avait à attendre.

Le 4 septembre 1501, Lucrèce, veuve de trois mois d'un homme assassiné, quitta le deuil, et cavalcada par la ville avec Alfonse de Ferrare jusqu'à Saint-Jean de Latran. Le coup d'œil était magnifique. Deux cents dames de Rome, superbement montées, chacune escortée à sa gauche d'un brillant chevalier, ayant l'aspect d'autant de reines, chevauchaient gravement derrière l'idole, que son père et ses frères, sur un balcon, couvaient des yeux. D'étranges fêtes suivirent, et qui purent quelque peu étonner le prince étranger. Une fois, César Borgia, pour faire preuve d'adresse et de force, faisait venir après souper six pauvres diables qui devaient périr (*gladiandi*). Comment? pourquoi? on ne le sait. Amenés dans la cour, sous le balcon du pape, devant le père de la chrétienté et la belle Lucrèce, devant les seigneurs étrangers, César, élégamment vêtu, vous les perçait de flèches. Leur peur, leurs cris, leur triste mine et leurs contorsions amusaient la noble assemblée.

Généralement le pape aimait mieux des combats d'amour, des pastorales obscènes copiées des priapées antiques, qui réveillaient un peu ses sens. Le banquet de noces, on l'assure, servi par des femmes nues, finit par des luttes effrénées, où l'impudeur recevait ses couronnes des mains mêmes de la fiancée.

Le côté sérieux de la chose, c'est que, désormais sûr du côté de Ferrare, César fut plus libre d'agir. Il prit Urbin, et il ne lui en coûta qu'une lettre. Il écrit au duc, en ami, de lui prêter son artillerie; le duc la prête, et Borgia entre chez lui, conquérant sans combat. Pendant ce temps, ses capitaines soulevaient Arezzo. C'était le faubourg de Florence, pour ainsi dire. Elle pousse des cris, elle envoie se plaindre à Asti, où était Louis XII. Mais César lui-même y arrive, masqué et déguisé; il avait traversé moitié de l'Italie.

Complète fut sa justification. Comment l'accusait-on, et que pouvait-il faire si Arezzo s'était proclamé libre? il s'en lavait les mains. Amboise fit semblant de le croire, et le fit croire à Louis XII.

Une ligue se formait cependant contre Borgia, celle de ses propres capitaines, qui voulaient être indépendants. Venise saisit ce moment, l'accuse auprès du roi; Venise, chose nouvelle, invoque la morale, l'humanité. Le roi répond brutalement que si Venise bouge, il la traitera en ennemie. Grande terreur pour la république. Borgia, autorisé à ce point, ne tentera-t-il pas un coup de main? Chaque nuit, les recteurs de la ville vont eux-mêmes, en gondoles, faire des rondes et visiter les postes des lagunes.

Pour Florence, non moins effrayée, mais n'osant même se mettre en garde, elle se contenta d'observer Borgia, plaçant auprès de lui un agent agréable, d'esprit très-vif, qui pouvait l'amuser, le faire parler, le deviner; homme sans conséquence, du reste, agent tout inférieur, à dix écus par mois. César sentit l'importance réelle de l'homme; il fut charmant pour lui, confiant, familier. Il affecta de lui tout dire, d'exposer ses projets, de le prendre à témoin de sa fine politique, de l'en faire juge. Entre Italiens, c'est-à-dire entre artistes, le succès est moins précieux encore que l'art même du succès, le mérite de l'imbroglio, l'ingénieuse conduite de l'intrigue. Venu pour observer et surprendre l'intime pensée de Borgia, l'homme fut pris lui-même, et devint partial pour un seigneur si confiant. Il lui arriva, comme il arrive aux grands esprits (l'agent était Machiavel), de prêter sa grandeur, sa poésie, sa subtilité, aux révélations, fausses ou vraies, dont le fourbe l'amusait, sans le satisfaire jamais entièrement. Il lui levait un coin du voile, Machiavel complétait le tableau. Plus tard, de ces souvenirs, complétés par sa forte imagination, il a fait un tout grandiose, le poëme imposant et complet du grand scélérat politique.

Heureuse et rare fortune, d'avoir pu s'acquérir ainsi ce pauvre subalterne, qui devait à son gré distribuer l'immortalité.

L'avantage que l'homme d'esprit eut sur l'homme de génie, l'illusion qu'il lui fit d'abord, tinrent en grande partie à certains effets de surprise, à ces coups de partie qui font crier au spectateur : *Bien joué !* Mais, si les dés étaient pipés ? et ils l'étaient. César jouait une partie sûre, ayant le coffre de l'Église et la France derrière lui, même le peuple, en lui sacrifiant quelques hommes haïs.

« Ramiro d'Orco, qui était l'un des plus accrédités dans cette cour, est arrivé hier de Pesaro et a été enfermé sur-le-champ au fond d'une tour, par ordre du duc, qui pourrait bien le sacrifier aux gens de ce pays, qui désirent ardemment sa perte... Je vous conjure de m'envoyer des secours pour vivre. Si le duc se remettait en route, je ne saurais où aller, n'ayant point d'argent..... On a trouvé ce matin sur la place le corps de Ramiro divisé en deux parties. Il y est encore, et le peuple entier a pu le voir. On ne sait pas la cause de sa mort. Votre courrier m'a remis vingt-cinq ducats d'or et seize aunes de damas noir. »

Ce Ramiro était l'instrument détesté des cruautés de Borgia; sa mort mit dans la joie toute la Romagne. Ses capitaines révoltés se rallièrent à lui, se fièrent à sa parole jusqu'à venir le trouver. Ils conservaient pourtant de l'inquiétude, et ils n'en vinrent pas moins, comme fascinés par le serpent. Borgia les fit étrangler, de quoi toute la contrée lui sut un gré infini. Machiavel conte la chose avec une admiration contenue, mais réelle et sentie.

Un de ces étranglés, Orsini, avait pour frère un cardinal. Le pape l'eut de même, et il n'en coûta qu'un serment. Le cardinal et ses parents signèrent sous la menace l'abandon de leurs forteresses. Mais le cardinal était riche. Le vieux pape voulait cette proie. Il avait saisi sa maison, fait apporter ses meubles. En étudiant les livres de comptes du cardinal, il trouva qu'il avait une créance anonyme de deux mille ducats, et vit qu'il avait acheté une grosse perle qui ne se retrouvait point. Il ordonna qu'on fermât la porte à sa mère, qui lui apportait à manger; et déclara qu'il ne mangerait plus. La mère paya aussitôt les deux mille ducats, et la maîtresse du prélat, prenant des habits d'homme, vint apporter la perle. Le pape laissa passer alors la nourriture, mais auparavant il lui avait fait donner à boire pour toute l'éternité. Il disait le même jour aux cardinaux : « Je l'ai bien recommandé aux médecins. » Le maître des cérémonies, notre Burchard, s'abstint discrètement de se mêler de l'enterrement. « Jamais, dit ce bon Allemand, je n'ai voulu en savoir plus que je ne dois. »

Ces Orsini étaient des protégés de la France. Les Borgia commençaient à nous ménager peu. Nos affaires allaient mal dans le royaume de Naples. Nous fûmes battus à la Cérignola. César, sans perdre de temps, négociait avec l'Espagne. Si pourtant nous voulions son amitié, nous la pouvions avoir encore en lui sacrifiant la Toscane. Louis XII ouvrait enfin les yeux sur cet ami, mais tard. Il essayait ce qu'il eût dû faire tout d'abord, une fédération de villes; l'obstacle était la jalousie de Sienne et de Florence, l'acharnement de celle-ci sur Pise. La Toscane eût péri certainement par Borgia, sans la mort subite d'Alexandre VI (18 août 1503).

Le père et le fils avaient coutume, quand ils avaient besoin d'argent, d'expédier un cardinal; cette fois, l'échanson fut gagné; on se trompa : la drogue fut divisée en trois. Le pape but et fut foudroyé; le fils et le cardinal tombèrent aussi, mais ne furent que malades.

Alexandre VI, horrible et tout noir, fut porté à Saint-Pierre, où le peuple, avec une indicible joie, courut voir cette charogne. César, sans connaissance, est porté au Vatican. Voilà le cas qu'il n'avait pas prévu, lui, jeune et bien portant, celui où il serait frappé en même temps que son père. Ses ennemis rentrent à grand bruit dans Rome, battent et dispersent ses troupes. Fabio Orsini, ayant eu le bonheur de trouver et tuer un Borgia, se délecta à laver ses mains dans son sang et s'en rinça la bouche.

Borgia, en s'éveillant, s'informe de ses cardinaux espagnols. Ils avaient trop d'esprit pour se lier à la fortune d'un homme si haï. Comment voteraient-ils? L'armée d'Espagne était loin, et celle de France près. Cela semblait porter à la tiare le cardinal d'Amboise. Celui-ci touche enfin à ce but désiré, auquel il a tant sacrifié. Il retient notre armée déjà fort en retard. Louis XII s'était laissé amuser par un traité qui eût donné Naples à sa fille, en la mariant au petit-fils de Ferdinand. Gonzalve se moqua du traité. L'armée partit en plein été, au risque d'arriver dans les pluies de l'automne. Et la voilà encore à attendre sous les murs de Rome. Tard, bien tard, les cardinaux persuadent Amboise que sa nomination est sûre, et que, pour son honneur, il doit la laisser libre, laisser partir l'armée.

Cette armée, noyée dans les pluies, succombe au Garigliano; nous perdons tout. Amboise échoue comme son maître. Tous les cardinaux l'abandonnent; ils nommeront cependant un ami du parti français, le vieux Julien de la Rovère. Amboise se résigne, lui donne ses voix; autant en fait César pour celles qui lui restent fidèles; il a promesse de rester général de l'Église. Une élection unanime porte au pontificat, sur la recommandation des Français et des Espagnols, Jules II, un vrai pape italien, bien décidé à chasser les uns et les autres.

Ce pape, caractère âpre, violent, colérique, n'était pas sans élévation. Il se montra fidèle, reconnaissant. Les Français fugitifs, après leur malheureuse défaite, trouvèrent chez lui des secours. Son ennemi, l'ancien ennemi de sa famille, César Borgia, qui avait aidé à son élection, fut ménagé par lui. Il le protégea même contre les vengeances, lui donna un logement sûr au Vatican, mais il ne commit pas l'imprudence de le faire général de l'Église. Il savait qu'il avait gardé un parti en Romagne et n'en était pas fâché, craignant par-dessus tout l'invasion des Vénitiens qu'un autre parti appelait. Borgia se perdit lui-même en disant fort imprudemment que, si on le poussait, il pourrait bien ouvrir lui-même ses forteresses aux Vénitiens. Le pape, qui l'avait engagé à passer en Romagne, réfléchit qu'après tout on ne pouvait se fier à un tel homme. Il lui fit dire au port d'Ostie, où il était déjà embarqué, de signer l'ordre aux commandants d'ouvrir les forteresses aux troupes de l'Église. Il refusa. On l'arrêta et on le ramena au Vatican. Il obéit alors, donna l'ordre, en avertissant sous main qu'on n'en tînt compte. Le pape se fâcha, et le jeta dans un cachot. Cela lui arracha un ordre sérieux et qui fut efficace. Cependant il s'était ménagé sous main un sauf-conduit de Gonzalve. Libre, il alla à Naples, où le grand capitaine le reçut avec toute sorte de respect et de baise-main. Mais, s'étant assuré des intentions de son maître, après une entrevue pleine d'effusion et d'amitié, Gonzalve fit lier son grand ami et le dépêcha en Espagne, où il trouva pour résidence l'*in pace* d'une forteresse. Échappé peu après et guerroyant pour Jean d'Albret, l'aventurier périt au coin d'un bois.

CHAPITRE VIII.

La France porte le dernier coup à l'Italie. 1.04-1509. — Ligue de Cambrai.

Le lecteur demandera pourquoi, abrégeant tant de faits importants, nous avons fait en grand détail l'histoire d'un Borgia. C'est que malheureusement cette histoire donne celle de la réputation de la France et de l'opinion qu'on prit de nous en Italie.

Les Italiens subirent les Espagnols, les Suisses, les Allemands; ils portèrent, tête basse et sans plainte, leur brutalité, comme chose fatale. Mais ils haïrent la France. Et l'on vit en 1509 les paysans des États vénitiens se faire pendre en grand nombre plutôt que de crier Vive le roi!

Pourquoi? Pour trois raisons, justes et légitimes :

D'abord, nous vînmes prédits, proclamés par un saint, par la voix même du peuple, comme les libérateurs de l'Italie, les exécuteurs irréprochables de la justice de Dieu. On nous promit aux bons comme amis et consolateurs, et comme punition aux méchants. Qu'arriva-t-il, dès la Toscane, au passage de Charles VIII? Les nôtres vinrent à Florence l'épée nue et la bourse vide, rançonnant ce peuple d'enthousiastes qui nous chantaient des hymnes; ils escomptèrent, pour trente deniers, l'amour et la religion.

L'affaire de Pise cependant, l'intervention chaleureuse de notre armée dans les vieilles infortunes de l'Italie, le bon cœur et l'honnêteté des d'Aubigny, des Yves, des Bayard et des la Palice, réclamaient fort pour nous. Qu'advint-il quand on vit nos meilleurs capitaines attachés en Romagne à César Borgia? quand les peuples qui regardaient si le drapeau sauveur leur revenait des Alpes le virent, porté par Borgia, briser les dernières résistances qui arrêtaient la bête de proie, lui préparer des meurtres et garnir son charnier de morts?

Borgia ne pouvait durer; on espérait encore. Mais la France ne s'en tint pas là: elle fonda solidement l'étranger en Italie, mettant l'Espagnol à Naples par le traité de Grenade, le Suisse au pied du Saint-Gothard, et elle voulait mettre l'Allemagne dans l'État de Venise, donner à la maison d'Autriche la grande porte des Alpes (Trente et Vérone, la ligne de l'Adige), réaliser déjà contre elle-même l'erreur de Campo Formio.

Nous ne prîmes pas seuls ; nous appelâmes le monde à prendre. Nous livrâmes toutes les entrées de l'Italie, nous rasâmes ses murs et ses barrières. Une force y restait, Venise ; nous liguâmes l'Europe pour l'anéantir.

Imprévoyance singulière! Les politiques d'alors craignent Venise, s'épouvantent pour deux ou trois places qu'elle vient de prendre. Ils s'inquiètent des Suisses, croyant les voir déjà renouveler les migrations barbares. Et ils ne voient pas un bien autre péril, un fait énorme et gigantesque qui se prépare, non pas secrètement, mais réglé et fixé, écrit dans les traités, accompli d'avance par la force des actes ; à savoir : la grandeur de la maison d'Autriche, la moitié de l'Europe centralisée déjà dans le berceau de Charles-Quint.

Le monde, sans s'en apercevoir, par une suite de mariages et d'actes pacifiques, a conçu, porte en lui, un monstre de puissance qui voudra l'empire de la terre! un monstre d'interminables guerres, guerroyant deux cents ans pour se faire et pour se défaire, cent ans pour l'un, cent ans pour l'autre. Monstre de guerre civile, qui, soixante ans durant au seizième siècle, trente ans au dix-septième, secouera au sein de la France, de l'Écosse, de l'Allemagne, la flamme des haines religieuses, des incendies et des bûchers.

Ce fatal et funeste enfant, où vont converger tous ces fruits de l'incarnation monarchique, est né en 1500.

Fils de Philippe le Beau, c'est-à-dire arrière-petit-fils de Charles le Téméraire, il va reprendre dans une proportion gigantesque le rêve de l'empire du Rhin, de Bourgogne et des Pays-Bas.

Petit-fils de Maximilien, il hérite des terres d'Autriche, de l'attraction fatale qui mettra dans son tourbillon la Hongrie et la Bohême, des vieilles prétentions sur l'empire germanique, de la succession légendaire des faux Césars du moyen âge.

Du côté maternel, Ferdinand et Isabelle lui gardent les Espagnes, Naples et la Sicile, les ports d'Afrique et le nouveau monde. Bien plus, à ce roi diplomate ils transmettent l'arme effroyable d'une révolution fanatique dont son fils usera, le vrai fils de l'inquisition.

Voilà le monde immense de guerre et de malheur qui couve en ce berceau, où l'enfant est gardé par sa bonne tante Marguerite la Flamande, qui lui chante ses propres rimes en cousant les chemises de l'empereur Maximilien.

Exemples touchants pour le monde! Margueguerite cousait; notre Anne de Bretagne filait, comme la reine Berthe. Louise de Savoie, mère de François Ier, que nous verrons bientôt, lisait des livres graves. Je vois encore sa chambre dans une maison d'Angoulême, et la modeste inscription : *Libris et liberis,* « Mes livres et mes enfants. »

Cousant, filant, lisant, ces trois fatales Parques ont tissu les maux de l'Europe.

Romanesques, machiavéliques, leur doux amour de la famille, leur mépris pour les nations, les rendent propres aux grands crimes de la diplomatie. Créer l'empire universel sur une tête, unir les peuples sous un joug, pacifier la terre soumise par le mariage de deux enfants, voilà le roman de ces bonnes mères. Qu'importe l'horreur des peuples accouplés malgré eux, qu'importent deux cents ans de guerre ! Règnent ces deux enfants, et périsse le monde !

Telle fut la tentative d'Anne de Bretagne en 1504, qu'elle tenta d'accomplir pendant une maladie de son mari. S'il fût mort, elle eût fait ce crime, donné la France à Charles-Quint. Conquérant au maillot, il recevait de sa future belle-mère l'épée même des résistances européennes, notre épée de chevet volée sous l'oreiller de Louis XII, l'épée que François Ier eut à Marignan, à Pavie, et qui, malgré tant de malheurs, sauva pourtant l'Europe, avec l'aide de Soliman.

Cette femme âpre, hautaine, solitaire au milieu

du monde, qui passait son temps à filer, était tout orgueil, n'aimait rien. Mariée malgré elle, elle avait eu des fils de Charles VIII et de Louis XII, et les avait perdus. Elle n'avait au cœur que sa Bretagne, le souvenir de Max, son premier fiancé, et une ambition furieuse pour cette fille au maillot. Elle la voulait impératrice du monde, femme du petit-fils de Max. Cet enfant redoutable, qui allait absorber les trois couronnes de l'Espagne, de l'Autriche et des Pays-Bas, épouvantait l'Europe de sa future grandeur ; elle le voulait encore plus grand.

Tout cela enfermé en elle-même, ou dans sa petite cour bretonne, malcontente, envieuse et serrée, qui ne se mêlait nullement à celle du roi. Les gardes bretons de la reine restaient sournoisement en groupe sur un coin isolé de la terrasse de Blois, comme un nuage noir, ou comme un bataillon de sauvages oiseaux de mer.

Louis XII voyait tout cela, et en riait. « Il faut, disait-il, en passer beaucoup à une femme chaste. » Il ne savait pas à quel point sa dévote Bretonne appartenait à ses ennemis, au pape et à Maximilien.

Louis XII, nuisible à la France par ses vices d'emprunt, par sa fatale imitation de la politique italienne, faillit l'être bien plus encore par ses vertus réelles. Mari fidèle et bon père de famille, il associait la reine, autant qu'il pouvait, à la royauté. Les ambassadeurs qui venaient, il les envoyait à la reine, qui ne manquait guère de leur faire des réponses graves et bien préparées, mêlées de mots de leur langue qu'elle apprenait exprès. Le pis, c'est qu'en représentant comme reine de France, elle restait souveraine étrangère, correspondant directement avec le pape, et lui restant fidèle dans la guerre que lui fit le roi.

Celui-ci, toujours maladif, tombe malade, s'alite. Elle le soigne seule, l'enveloppe, en tire un pouvoir *pour le mariage de sa fille;* et, avec ce pouvoir, elle signe d'un coup la mort de l'Italie et de la France, rayant Venise de la carte, et démembrant la monarchie.

Les États vénitiens, divisés entre l'empereur, le roi et le pape, donneront au premier la grande entrée de l'Italie.

Charles le Téméraire est refait ; elle lui rend ses provinces, et de plus la Bretagne. Par Blois, par Arras, par Auxerre, le nouveau Charles sera de toutes parts aux portes de Paris.

Est-ce tout? Non ; à une nouvelle maladie du roi, en 1505, elle veut enlever sa fille en Bretagne, saisir l'héritier du royaume, le jeune François Ier. Elle eût biffé la loi salique, abaissé la barrière qui ferme le trône à l'étranger. Cette fois, il n'était besoin de lui désigner des provinces ; il eût raflé la monarchie.

La Bretonne eut heureusement pour obstacle un Breton, le maréchal de Gié, gouverneur du jeune prince, qui s'empara des passages de la Loire, et se tint prêt à la prendre elle-même, si elle tentait cette trahison de la France.

Le roi, revenu à lui, comprit le danger, convoqua les États, et se fit demander de rompre le traité fatal qui nous livrait à la maison d'Autriche.

Que disait le bon sens? Qu'il fallait préserver l'Italie autant que la France ; qu'en l'Italie confédérée étaient le grand espoir et la grande ressource contre cette monstrueuse puissance qui grossissait à l'horizon ; que, protégée, surtout contre elle-même, par un voisin puissant, qui ne prendrait pour lui que la présidence armée de la fédération, elle deviendrait en Europe l'utile contre-poids qui ferait équilibre du côté de la liberté. La France ne pouvait la laisser aux influences mobiles et viagères, le plus souvent funestes, de la politique des papes. Elle devait y créer elle-même une amphyctionie perpétuelle où elle eût pris la première place. Que l'Italie dût marcher seule un jour, nous le croyons, nous l'espérons, malgré le désolant *fédéralisme* qu'elle eut, qu'elle a au fond des os. Combien plus l'avait-elle alors! On le voit par la peine que nous avions en 1505 à unir contre Borgia quelques villes de Toscane. N'importe ! quelque difficile que fût la chose, il fallait insister, peser du double poids de la puissance et de l'amitié, contraindre l'Italie d'être une et forte et de se sauver elle-même.

Le crime de l'Italie, la triste affaire de Pise, ne contribua pas peu au crime de la France. Florence, le cœur, la tête pensante de l'Italie, était inexcusable. Son très-faible gouvernement s'usait à marchander la ruine de Pise auprès du roi de France, et celle de Venise, protectrice des Pisans. Il en résulta encore celle de Gênes, dont le peuple voulut aider Pise malgré la noblesse génoise, et se fit écraser par les armes françaises.

Le singulier, c'est que l'agent employé par les Florentins pour négocier contre Pise et ses amies, Venise et Gênes, c'est-à-dire pour obtenir la ruine de l'Italie, était Machiavel, pauvre homme de génie, asservi à transmettre et traduire les pensées des sots, intermédiaire obligé entre l'ineptie du gonfalonier Soderini et celle du cardinal d'Amboise. On le voit, dans ses lettres, faisant le pied de grue à la porte du cardinal, traité négligemment par lui, menacé des valets de nos gens d'armes, qui serrent de près sa bourse. Bourse vide, s'il en fut ! Une bonne partie de ses dépêches est employée à dire qu'il meurt de faim et à obtenir une culotte. Il s'est vengé de tout cela par une violente épigramme contre Soderini. Soderini mourant a peur de tomber en enfer. « A toi l'enfer ! dit Pluton. Non, les limbes des petits enfants ! »

Machiavel voyait parfaitement ce qu'il y avait à faire : grandir Florence et annuler le pape. Il hausse les épaules en voyant la guerre à genoux que le pauvre homme Louis XII essaye de faire à Rome, demandant grâce chaque fois qu'il hasarde de porter un coup : « Pour mettre un pape à la raison, il n'est besoin de tant de formes, ni d'appeler l'Empereur. Les rois de France, comme Philippe le Bel, qui ont battu le pape, l'ont fait mettre par ses propres barons au château Saint-Ange. Ces barons ne sont pas si morts qu'on ne puisse les réveiller. » (*Lég.*, 9 août 1510.)

Ce qu'on ôtait au pape, il fallait l'ajouter à la Toscane, aux Florentins. Telle quelle, Florence était encore le cœur de l'Italie, les bras Gênes et Venise. On devait les fortifier.

Gênes, cette ville singulière, qui seule a reproduit l'activité du Grec antique, combattant seule, ramant seule sur ses flottes, s'était naturellement usée. Rien d'étonnant si une ville de la force de Nantes, qui remplit d'elle la Méditerranée, qui fonda un empire dans la mer Noire, finit par défaillir d'épuisement. Cependant, il y avait là un riche fonds, une vitalité étonnante dans la race ligurienne. La ville n'avait plus de marine militaire ; mais son personnel admirable de marine marchande couvrait toujours la côte, comme aujourd'hui. Cela est indestructible. Les Génois furent, sont et seront les plus hardis marins du monde. Les Anglais, les Américains, frémissent en les voyant traverser l'Océan sur une barque de trois ou quatre hommes. Héroïques par économie, ces vrais fils de la mer font tous les jours des choses plus hardies que Christophe Colomb.

Économes entre tous les hommes, les Génois avaient eu un merveilleux moment de générosité ; ils avaient accueilli l'appel de Pise, leur vieille rivale. On avait eu ce spectacle admirable des galères de Gênes apportant des vivres aux Pisans et nourrissant leurs anciens ennemis. Ceci, malgré la France, malgré la noblesse génoise dévouée au roi. Là fut l'étincelle de la guerre civile. Un homme du peuple est frappé par un noble ; le peuple se fait un doge, le teinturier Paul de Novi, grand cœur, qui accepta le pouvoir dans une lutte sans espérance. Le roi, pris pour arbitre, n'accepte la révolution qu'à une condition impossible, que les nobles reprendront les fiefs qui du haut des montagnes dominent Gênes et peuvent l'affamer. Refus. Le roi se met en marche avec une armée telle qu'il l'eût fallu pour reprendre le royaume de Naples ; il lève la massue de la France pour écraser une mouche. Ces pauvres marins, chancelant sur terre, ne pouvaient guère tenir devant de vieux soldats comme Bayard. Le roi entra vêtu d'abeilles d'or, et la devise « Le roi des abeilles n'a pas d'aiguillon. » Il y eut peu de pendus, il est vrai, mais beaucoup d'outrages, une nouvelle plaie au cœur de l'Italie. L'ingénieux monarque rendit la force aux nobles, amortissant le peuple, ce héros de la mer, qui, sur cet élément, aurait amorti Charles-Quint.

La sottise était forte, mais on pouvait en faire une plus grande, magnifique et splendide, celle de ruiner Venise. Et l'on n'y manqua pas.

Un conseiller du roi osa pourtant lui dire que Venise était justement la gardienne du Milanais, la sentinelle de l'Italie contre l'Allemagne, et demander s'il s'était bien trouvé d'appeler l'étranger au royaume de Naples.

Tout était résolu d'avance, en famille plutôt qu'en conseil. Il est incroyable combien cette royauté bourgeoise en trois personnes, Anne, le cardinal et Louis XII, restait, au point de vue du moyen âge, dans la vénération du saint-siége et du saint-empire, hostile aux États libres. Le roi, comme la reine, avait l'âme d'un propriétaire, et sa propriété patrimoniale et personnelle était Milan, fief de l'empire ; de cœur, il se sentait le vassal de Maximilien, prêt à servir sous sa bannière dans une croisade contre les Vénitiens, ces usurpateurs des droits impériaux et des biens de l'Église.

Le roi, bavard et imprudent, déclamait à tout venant contre Venise. Celle-ci le savait, et voyait venir l'orage ; mais elle se sentait aussi tellement nécessaire à la France, qu'elle ne put jamais se persuader que le roi eût la pensée sérieuse de la détruire, encore moins qu'il réussît à former une ligue de l'Europe contre elle, contre un État inoffensif qui couvrait la chrétienté à l'Orient et seul luttait sur mer avec les Turcs. Donc elle repoussa obstinément les offres de Maximilien, et resta alliée fidèle de la France, qui ameutait le monde contre elle.

Comment expliquer la persévérance étonnante avec laquelle le roi, de traité en traité, pendant plusieurs années, allait animant tout le monde contre Venise, c'est-à-dire pour l'Autriche, à qui Venise fermait l'Italie? Louis XII n'était point de nature à haïr longtemps. Sa conduite en ceci ne s'explique que par la ténacité bretonne de la reine, fixée au mariage autrichien et zélée pour son futur gendre. Les rois tendaient à devenir une famille, et l'esprit de famille, très-fort dans la maison d'Autriche, lui gagnait le cœur d'Anne autant que le souvenir romanesque de Maximilien.

Un mot sur celui-ci et sur sa fille, la bonne couscuse de chemises, Margot, comme elle s'appelait elle-même, la forte tête de cette maison, la Flamande rusée qui contribua tant à sa fortune.

Le profond Albert Durer, dans son portrait de Maximilien, l'a buriné pour l'avenir au complet, et l'histoire n'ajoute pas deux mots au portrait du maître. Cette grande figure osseuse, fort militaire, d'un nez monumental, est un don Quichotte sans naïveté. Le front est pauvre comme l'âpre rocher du Tyrol que l'on voit dans le fond ; aux corniches des précipices errent les chamois, que Max mettait toute sa gloire à atteindre. Il était chasseur avant tout, et secondairement empereur; il eut la jambe du cerf et la cervelle aussi. Toute sa vie fut une course, un *hallali* perpétuel. On le voyait, mystérieux, courir d'un bout de l'Europe à l'autre, gardant d'autant mieux son secret qu'il ne le savait pas lui-même. Du reste, les coudes percés, toujours nécessiteux autant que prodigue, jetant le peu qui lui venait, puis mendiant sans honte au nom de l'Empire. On le vit, à la fin, gagnant sa vie comme condottiere, dans le camp des Anglais, empereur à cent écus par jour.

Qui le poussait ainsi de tous côtés? le démon de vertige qui pousse le chasseur tyrolien? l'affront continuel d'un César demandant des millions pour recevoir des liards? ou, mieux encore, l'agitation fébrile que sa monstrueuse origine lui mettait dans le sang? Autrichien-Anglo-Portugais, il était croisé de toutes les races de l'Europe. Ces mariages de rois, tellement discordants, étaient très-propres à faire des fous.

Il fit en toute sa vie une chose de bon sens, ce fut de quitter définitivement les Pays-Bas, où sa nature était antipathique, et de les confier à sa fille Marguerite.

Celle-ci est le vrai grand homme de la famille, et, selon moi, le fondateur de la maison d'Autriche, la racine et l'exemple de cette médiocrité forte, rusée, patiente, qui a caractérisé cette maison avec un équilibre de qualités extraordinaire, qui l'a rendue si propre à réussir, à concilier l'inconciliable, à exploiter surtout l'entr'acte du seizième siècle à la Révolution française. Cette maison de génie moyen a dû primer, avec la non moins médiocre maison de Bourbon, dans la période diplomatique, long jour crépusculaire entre ces deux éclairs : Renaissance et Révolution. Nos pères avaient des noms très-significatifs pour les mauvais mystères d'alors, pour cette politique de famille et d'alcôve; cela s'appelait les *intérêts des princes* et l'*intrigue des cabinets*.

De bonne heure Marguerite jeta sa poésie, et se fit Margot la Flamande, la simple et bonne femme.

Enfant, elle avait été élevée chez nous comme petite femme de Charles VIII enfant. Renvoyée, à sa grande douleur, elle en resta la mortelle ennemie de la France. Elle épousa l'infant d'Espagne, qui mourut; puis le beau Philibert de Savoie, qu'elle aima éperdument, et qui mourut; elle a bâti une église de trente millions sur son tombeau. Elle fut dès ce jour un homme, et telle elle est restée. Avare pour son église, joujou prodigieux de sculpture, où travaillèrent longues années les grands sculpteurs de l'Europe. Sauf cette part, faite au roman du cœur, et cette avarice pour l'art, qui lui fit faire en Flandre d'étonnantes collections, elle fut toute aux affaires de famille, au ménage, faisant à la fois des confitures pour son père et la ligue de Cambrai.

Cette bonne femme a tramé trois choses qui restent attachées à son nom :

Elle berça, endormit, énerva le lion belge, entre l'époque des guerres de communes et des guerres religieuses ;

Elle acheta l'Empire pour Charles-Quint, trafiqua des âmes et des voix, trempa sans hésiter ses blanches mains dans cette cuisine ;

Elle avilit la France par les deux traités de Cambrai (1508, 1530), obtenant d'elle sa honte et sa ruine, l'Italie livrée par la France à l'Autriche. Tout cela bonnement, en devisant amicalement et comme entre parents. Le fil filé par elle fut à deux fins, un lien pour les rois, un lacet pour les peuples, dont l'Italie fut étranglée ; la France et l'Allemagne, liées d'un bras, ne se battirent plus que de l'autre.

Elle est, nous le répétons, le vénérable fondateur et de la maison d'Autriche et de la diplomatie ; — elle est la tante, la nourrice de Charles-Quint, élevé sous sa jupe, à Bruxelles, et par elle devenu l'homme complet, équilibré de toute instruction et de toute langue, de flegme et d'ardeur, de dévotion politique, qui devait exploiter la vieille religion contre la Renaissance.

Le traité de Cambrai fut manipulé à huis clos de cette main fine et de la grosse main d'Amboise. On était sûr de tous les rois ; on savait bien qu'une fois la chasse ouverte sur cette proie de Venise, ils courraient tous à la curée. Grands et petits, voisins ou éloignés, tous coururent en effet. L'Angleterre, la Hongrie, se déclarèrent aussi bien que l'Espagne ; les dogues aussi bien que les lions, les principicules de Savoie, de Ferrare, de Mantoue.

Il y avait en effet de grands pardons à gagner, la guerre étant sacrée, *pour préparer celle des infidèles*, et contre *les infidèles eux-mêmes, les Vénitiens*, voleurs de biens d'église. La chose étant posée ainsi par cette déliée Marguerite, l'Autriche-Espagne était à même de s'en tirer le lendemain, dès qu'elle aurait les mains garnies, et de tourner contre la France. Il était facile à prévoir, dans cette guerre *pour le pape*, que le pape serait bientôt satisfait, que les Vénitiens se hâteraient de lui rendre ses deux ou trois places. Pape, Autriche et Espagne, tous allaient retomber sur Louis XII. La ligue de Cambrai contre Venise contenait en puissance *la sainte ligue* contre la France. Savant tissu, en vérité, ingénieuse tapisserie flamande, plus belle encore à l'envers qu'à l'endroit.

Qu'était en réalité cette Venise, dernière force de l'Italie? Une ville, un empire, une création d'art unique, qui se maintenait par un grand art, gouvernement oriental qu'il faut juger par les difficultés infinies qu'il avait, étant si petit et si grand, et obligé de faire marcher d'ensemble le bizarre attelage de vingt races diverses. Ce prodige ne s'opérait que par une direction infiniment forte autant que sage, d'une action discrète et rapide, qui ne répugnait pas aux moyens turcs. Toutefois, quand on a pénétré le mystère de terreur, on a vu que les ténèbres dont s'enveloppait ce gouvernement et qui faisaient sa force l'avaient calomnié. L'ombre avait effrayé, mais on a trouvé peu de sang. Les prisons d'État de Venise étaient si peu de chose qu'il faut bien juger à les voir qu'elles n'ont guère eu de prisonniers. Qu'est-ce, grand Dieu! que les *plombs* et les *puits* dont on parle toujours, en comparaison des Bastille, des Spielberg, des Cronstadt, dont les rois ont couvert l'Europe?

Il y a, au reste, une chose qui répond à tout : c'est que ce gouvernement, infiniment meilleur que ceux qu'il avait remplacés, fut partout regretté et défendu du peuple qui se fit tuer pour le drapeau de Saint-Marc et parvint à le relever.

Tous les penseurs du siècle, les Comines, les Machiavel, que dis-je? l'ami de Montaigne, le jeune La Boétie, plein de l'antiquité républicaine, disent tous que Venise était le meilleur des gouvernements du seizième siècle.

Il y avait trois choses grandes à Venise et uniques : un gouvernement d'abord, sérieux, économe; ni cour, ni volerie, ni favoris; — gouvernement qui nourrissait son peuple, ouvrant à son commerce, à sa libre industrie, d'immenses débouchés; — gouvernement enfin très-ferme contre Rome et libéral pour les choses de la pensée, abritant les libres penseurs, presque autant que fit la Hollande. Où était l'imprimerie libre, la vraie presse? D'où pouvait-on élever une voix d'homme dans la publicité européenne? De deux villes, de Venise et de Bâle. Le Voltaire de l'époque, Érasme, se partagea entre elles. Les saintes imprimeries des Alde et des Froben ont été la lumière du monde. Cette révolution, lancée par Guttenberg par le massif in-folio, n'eut son complément qu'à Venise, vers 1500, lorsque Alde quitta le format des savants et répandit l'in-8°, père des petits formats, des livres et des pamphlets rapides, légions innombrables des esprits invisibles qui filèrent dans la nuit, créant, sous les yeux même des tyrans, la circulation de la liberté.

Sombres rues de Venise, passages étroits de ses canaux, noires gondoles qui les parcourent, voilà le saint nid d'alcyons qui, au milieu des mers, couva la pensée libre. Et qui ne verrait avec attendrissement cette place de Saint-Marc où les innombrables pigeons, mêlés aux promeneurs, témoignent de la douceur italienne? Elle fut, cette place, le premier salon de la terre, salon du genre humain où tous les peuples ont causé, où l'Asie parla à l'Europe par la voix de Marco Polo, où, dans ces âges difficiles, antérieurs à la presse, l'humanité put tranquillement communiquer avec elle-même, où le globe eut alors son cerveau, son *sensorium*, la première conscience de soi.

Le plus sacré devoir d'un roi de France, d'un duc de Milan, était non-seulement de garder, de défendre Venise, mais, par sa constante amitié, d'influer heureusement sur elle, de la seconder en Orient, et de la détourner des fausses directions où sa politique s'égarait alors. Découragée par les succès des Turcs qui venaient de lui prendre Lépante, Leucade et autres places, elle se retournait vers l'Italie, y devenait conquérante, y faisant de petites acquisitions qui mettaient tout le monde contre elle. Elle était menacée de la plus redoutable révolution commerciale. Les Portugais avaient trouvé la route des Indes et en rapportaient les produits. L'Espagne allait lui fermer tous ses ports par des droits excessifs, et ceux de l'Afrique, autant qu'elle pouvait. Au premier mal il y avait un remède, une étroite union avec les maîtres de l'Égypte, quels qu'ils fussent. L'alliance des Turcs qu'eut bientôt la France, l'intimité de nos ambassadeurs avec les renégats qui gouvernaient Constantinople, devaient conserver à Venise la voie courte, naturelle, de l'Orient, celle de l'isthme de Suez. Par là Venise aurait vécu ; l'Italie eût gardé sa défense contre l'Allemagne.

C'était un tel crime de toucher à Venise, qu'au moment de porter le coup, Jules II, qui avait le cœur italien, en sentit un remords, hésita et dit tout aux envoyés de Venise ; mais ils ne crurent pas le danger réel.

Louis XII, cependant, a passé les Alpes en personne. L'orage se déclare de tous côtés. Venise ne s'étonne pas. Elle avait rassemblé une très-bonne armée, de Grecs et d'Italiens, la fleur des Romagnols. Elle choisit deux bons généraux, à tort; il n'en eût fallu qu'un; c'étaient deux Orsini, célèbres condottieri de la campagne de Rome : l'un brave et vieux et refroidi par l'âge, l'illustre Pitigliano; l'autre, bâtard de la même maison, le vaillant Alviano, qui venait par une campagne heureuse de fermer le passage aux Allemands et de faire reculer le drapeau de l'Empire. Ce succès avait consolé le cœur ému des Italiens; il prouvait, contre l'injure ordinaire des barbares, que l'antique vertu se retrouvait toujours chez les fils des conquérants du monde. Les moindres succès en ce genre étaient avidement saisis et relevés; de grands duels, de douze contre douze, avaient eu lieu dans le royaume de Naples, d'Italiens contre Français ou contre Espagnols, toujours à la gloire des premiers. Mais, ici, c'était tout un peuple, la Romagne, qui, pour Venise, portait le drapeau italien; les brisighella romagnols, aux casaques rouges et blanches, juraient de relever la nation. Ils l'auraient fait, si cette armée de lions n'eût été mise en laisse par le vieux sénat de Venise; il eut peur de sa propre armée, de son esprit aventureux, du bouillant Alviano, et le subordonna au septuagénaire. En les envoyant au-devant de l'ennemi, on leur recommandait de ne pas compromettre l'unique armée de la république, de sorte que, par une manœuvre bizarre, cette armée n'avançait que pour reculer sans se battre.

Alviano avait trouvé des positions admirables le long de l'Adda ; il espérait combattre, malgré Venise, et laissait les Français construire des ponts. La difficulté était d'entraîner le vieux collègue qui avait le mot du sénat. Ce mot était *retraite*. Donc Pitigliano se retirait toujours, laissant traîner Alviano derrière ; finalement, les Français passent ; Alviano avertit son collègue qui n'y veut croire et continue sa route. Alviano est écrasé avec ses Romagnols qui se font tous tuer ; il aurait voulu l'être ; mais, blessé au visage, il eut le malheur d'être pris.

La victoire adoucit les cœurs communément. Le contraire arriva. Le roi était maladif et aigri ; il en voulait aux Vénitiens, de quoi ? d'être une république ? ou indociles au pape ? Il ne le savait pas bien, et les haïssait d'autant plus. Ses deux maîtres, sa femme et son ministre, en voulaient à Venise, elle par dévotion au pape, l'autre par mauvaise humeur depuis son grand échec de Rome. Quoi qu'il en soit, la route du roi fut marquée par les supplices ; toute garnison qui l'arrêta une heure fut mise à mort, les soldats passés à l'épée, les commandants pendus. Sa Majesté sacrée ne devait trouver nul obstacle.

Il est triste de lire dans la chronique de Bayard

et ailleurs les gorges chaudes qu'on faisait de ces exécutions, de voir « ces rustres essayer d'emporter les créneaux au cou. » Le roi faisait le fort et affectait d'en rire. Deux ans encore après, apprenant que son général, Chaumont, avait massacré une ville, il disait en riant devant Machiavel : « On m'a dit méchant homme ; maintenant c'est au tour de Chaumont ! »

La guerre devenait laide, sauvage, furieuse sans cause de fureur. A Vicence, la population épouvantée avait pris asile dans une grotte immense qui est près de la ville. Il y avait six mille âmes, gens de toutes classes, beaucoup même de gentilshommes et de dames avec leurs enfants, qui craignaient les derniers outrages et n'avaient osé attendre l'ennemi. Les bandes d'aventuriers y vinrent, et, n'y pouvant entrer, ils apportèrent du bois, de la paille, et y mirent le feu. Là, il y eut une scène effroyable entre les enfermés. Les gentilshommes et les dames voulaient sortir, espérant se racheter, mais les autres leur mirent l'épée à la gorge et dirent : « Vous mourrez avec nous ! » Une fumée horrible remplissait tout, on ne respirait plus ; tous se tordaient dans d'horribles convulsions. Tout fut fini bientôt, et l'on entra. Les victimes n'avaient pas brûlé, elles étaient entières, sauf quelques femmes grosses, à qui on voyait des enfants morts qui pendaient des entrailles. Les capitaines furent indignés, et Bayard, tout le jour, chercha les scélérats qui avaient fait le coup; au hasard on en saisit deux, gens déjà repris de justice; l'un n'avait pas d'oreilles, l'autre n'en avait qu'une. Le prévôt du camp les mena à la grotte; Bayard, qui ne lâcha pas prise, pour en être plus sûr, les fit pendre par son bourreau. Pendant l'exécution, on vit avec horreur sortir encore un mort de cette cave, mort du moins de visage; c'était un garçon de quinze ans, tout jaune de fumée; il avait trouvé une fente et un peu d'air pour respirer. Ce fut lui qui raconta tout.

Chose curieuse! ce crime est revendiqué par deux nations. Nous avons suivi le récit français. Mais les Allemands assurent que la chose fut ordonnée par le prince d'Anhalt, général de l'empereur.

Quels qu'aient été les coupables, on comprend l'horreur qu'une telle invasion inspira et le mouvement populaire qui se manifesta pour Venise. Elle avait tout perdu; elle était revenue à son âge primitif, à son étroit berceau; son empire, c'était la lagune, et les boulets français y arrivaient déjà. Elle prit ce moment pour proclamer cette résolution romaine, hardie et généreuse : Qu'elle voulait épargner aux villes les calamités de la guerre, les déliait de leurs serments, les laissait libres. L'usage qu'elles firent de cette liberté, ce fut de relever le drapeau de Saint-Marc. A Trévise, un cordonnier, nommé Caligaro, sort le drapeau de sa maison, et fait rentrer les Vénitiens à Padoue ; les nombreux paysans réfugiés dans la ville s'unirent avec le peuple, et les nobles seuls furent pour l'empereur. A la faveur des foins, qui entraient par longues files de charrettes, ils mirent dedans les troupes de Venise ; et il en fut de même, un peu plus tard, à Brescia.

Au siége de Padoue, l'empereur eut la plus forte armée qu'on eût vue depuis des siècles : cent mille hommes, Allemands, Français, Italiens, l'armée du roi, du pape et de l'Espagne. La ville eut un accord sublime, et les assiégeants, neutralisés par leurs divisions, finirent par s'éloigner. Ce qu'on avait pu prévoir arriva ; Ferdinand, reprenant ses villes, Jules II les siennes, ils rentrèrent dans leur rôle naturel, celui d'ennemis de la France.

Qu'avait fait celle-ci ? une seule chose : elle avait transféré la primatie de l'Italie des Vénitiens au pape, de ses amis à son ennemi.

Ceux-ci sortaient ruinés de cette lutte, mais admirables et grands. Les populations italiennes avaient montré pour eux tous les genres d'héroïsme, les Brisighella celui des batailles, et de même Brescia, Padoue. Les Vénitiens avaient été tels qu'en 1849, héroïques de patience. Que comparer au dernier siége, où le dernier écu, la dernière balle, le dernier pain, finirent le même jour! Tout cela enduré sans murmure! « Et encore, nous disait Manin, si nous eussions appris une victoire de Hongrie, ce peuple eût mangé, sans mot dire, les briques de nos quais et les pierres de Saint-Marc. »

CHAPITRE IX.

La punition de la France. — Ligue sainte contre elle. 1510-1512.

La perfidie tant reprochée aux Italiens par leurs vainqueurs avait été égalée par l'Espagnol dans la surprise du royaume de Naples. Celle de l'Espagnol fut égalée, surpassée par l'Autriche, par l'empereur Maximilien et son Égérie, Marguerite.

Je dis surpassée en ce sens que tout le monde connaissait, prévoyait dans Ferdinand la perfidie mauresque. L'Allemand, au contraire, outre la candeur allemande, la débonnaireté, le *gemüth*, rassurait par l'étourderie d'un chasseur, d'un soldat. L'Europe voyait dans ce bon Max un enfant héroïque, courant le monde au son du cor, et tout aussi content d'orner sa salle d'un nouveau bois de cerf, d'une peau d'ours, abattu par lui, que d'acquérir une province. L'âge avait beau venir, toujours même homme, brillant dans les tournois, vainqueur superbe au jeu d'enfant où l'Europe s'entêtait toujours; toujours les femmes palpitaient à ces combats menteurs, où de splendides cavaliers sur leurs armures impénétrables brisaient à grand bruit des lances creuses, des perches de bois blanc.

Max était brave aussi, il faut le dire, dans les guerres sérieuses, battant, battu, mais guerroyant toujours. A tous ces titres, il paraissait le roi chevalier de l'Europe, comme plus tard le fut François Ier. C'est par là sans nul doute qu'il garda si longtemps le cœur d'Anne de Bretagne, qui comparait cette brillante figure au piètre Louis XII.

D'autant plus sûrement fut asséné à celui-ci par une main si peu suspecte, par cette main chevaleresque, le violent coup par derrière, le surprenant coup de poignard, qui faillit le jeter par terre. Je parle du subit abandon des Allemands en pleine Italie, dans l'entreprise où Louis XII avait fait l'effort insensé de leur donner Venise et la porte des Alpes.

L'Europe inattentive croyait voir tout partir de Rome, de la violence de Jules II, qui criait, tonnait, menaçait, se portait à grand bruit pour chef de la croisade contre la France. Les documents publiés aujourd'hui démontrent que, dès cette époque, le fil central des affaires est à Bruxelles.

Jules II, dur et violent Génois, variable comme le vent de Gênes, occupait toute l'attention par ses brusques fureurs, ses prouesses militaires. On riait d'un père des fidèles qui ne prêchait que mort, sang et ruine, dont les bénédictions étaient des canonnades. C'était un homme âgé et qui semblait octogénaire, très-ridé, très-courbé, avare, mais pour les besoins de la guerre. Il était colérique, et surtout après boire (sans s'enivrer toutefois). Il ne négligeait point le soin de sa famille, mais n'aimait réellement que la grandeur du saint-siége, sa grandeur temporelle, l'agrandissement du patrimoine de saint Pierre. Pour cela, rien ne lui coûtait; on le vit à la Mirandole pousser lui-même les attaques; un boulet traversa sa tente et y tua deux hommes; il n'en fit pas moins les approches, logea sous le feu au milieu de ses cardinaux tremblants et voulut entrer par la brèche.

Le théâtre ainsi occupé par ce bruyant acteur qui ramenait sur lui tous les yeux, la discrète Marguerite agissait d'autant mieux. Tante et nourrice du petit Charles-Quint, médiatrice entre les deux grands-pères, Maximilien et Ferdinand, intime amie de l'Angleterre, qu'elle anime contre nous, elle flatte Louis XII, l'amuse, écoute ses vieilles galanteries, jusqu'à ce qu'elle puisse le perdre.

Et pourquoi cette haine? c'est la haine et la jalousie de la Belgique en général contre la France; c'est la haine particulière de deux mariages manqués, le souvenir de la petite reine Marguerite qui n'a pas été reine, mais renvoyée par Charles VIII; l'irritation plus grande encore d'avoir manqué la surprise du traité de Blois. L'Autriche ne se consolait pas d'avoir été si près d'escamoter la France, quand le stupide orgueil d'Anne de Bretagne fut au moment de la donner.

Ce beau projet subsiste, et l'intimité reste entière entre Anne et Marguerite. Quand le roi convoque son clergé pour s'appuyer de lui contre le pape, les deux dames restent fidèles au pape. Les évêques de Bretagne le déclarent au concile de Tours, et ceux des Pays-Bas français ne viennent pas au concile de Lyon.

Voilà le roi bien faible; Amboise meurt, et il emporte avec lui ce qui lui restait de fermeté. Le cardinal aurait poussé la guerre contre le pape, et sa déposition, croyant lui succéder. Que fera ce roi maladif, époux d'une reine dévote, homme dominé par l'habitude et la famille, qui, jusque dans son lit, trouve l'amie du pape? Lui-même n'est pas bien sûr de ce qu'il veut. Il a beau s'échauffer, se redire les torts de Jules II, il ne réussit pas à se mettre assez en colère pour croire qu'un pape puisse avoir tort. Il convoque un concile à Pise, un concile général où il ne vient personne. Comment s'en étonner? Le roi disait publiquement que son concile était une farce; que si le pape voulait avancer d'un doigt, il ferait une lieue de chemin!

Les succès ne servent à rien; il gagne une bataille sur les troupes du pape, et se garde d'en profiter (mai 1511). C'est l'armée victorieuse qui fuit, et qui, pouvant aller à Rome, va à Milan; le roi la licencie, dans l'espoir d'apaiser le pape.

Si l'on veut suivre, en ces années, la patiente trame ourdie par Marguerite, qu'on lise seulement deux lettres (8 octobre 1509, 14 avril 1511). On y verra en plein la malicieuse fée filant autour de nous son fin réseau de fer. La chaîne, c'est la réconciliation de Maximilien et de Ferdinand; la trame, c'est l'union de tous deux à l'Angleterre, pour accabler la France.

La première lettre, curieuse, très-claire, par son emportement, c'est celle de Gattinara, ambassadeur de Maximilien, que Marguerite soupçonne *de vouloir lui tirer des mains la médiation entre l'Autriche et l'Espagne.* Elle révèle le fonds de la dame, sa jalousie ambitieuse dans ces affaires, et comme elle tenait son père même.

La seconde, de Marguerite au roi d'Angleterre,

Henri VIII, nous révèle qu'en avril 1511, elle croyait enfin avoir formé la grande ligue de l'Autriche, de l'Espagne et de l'Angleterre (avec le pape et contre la France). L'obstacle est Ferdinand, qui, peu zélé pour le petit Flamand, qui doit hériter de tout, aurait l'idée de donner Naples à je ne sais quel bâtard espagnol. Elle prie Henri VIII de lui faire entendre raison.

Ainsi, longtemps d'avance, tout était arrangé. Mais l'Empereur, mais l'Angleterre, ne devaient éclater qu'au moment où Louis XII, épuisé, isolé, *mortifié* par la calamité, deviendrait une proie et qu'on y pourrait mordre.

Le prétexte, tout prêt, et mis déjà habilement dans le traité contre Venise, c'était l'*impiété d'une guerre au pape*. De plus, les courses du duc de Gueldre, ami de la France. Maximilien, du reste, semblait si peu brouillé avec le roi de France, que tous les jours il lui empruntait de l'argent.

Ce piége compliqué ne put avoir effet qu'à l'hiver de 1512. Le pape avait les Suisses et il les lançait en Italie; cela était public, ainsi que la *sainte ligue* qui fut signée (5 octobre 1511) entre le pape, Venise et Ferdinand; mais le meilleur était caché encore; on ne montra qu'en février l'épée de l'Angleterre, en avril seulement le poignard de l'Autriche, qui devait rompre avec nous au jour même d'une bataille et devant l'Espagnol à qui elle nous livrait.

Ce sont là les situations qui grandissent la France. Elle a dans ces moments de foudroyants réveils, où sa vigueur étonne le monde.

Ce fut précisément l'apparition de l'infanterie nationale.

Le brave et patient la Palice, général des revers, qu'une chanson ridicule a immortalisé, organisait péniblement l'armée nouvelle. Il n'avait que seize cents lances, environ six mille cavaliers; la noblesse était déjà moins empressée pour les guerres d'Italie. Il avait cinq mille Allemands, secours très-incertain qu'un ordre de l'Empire pouvait à tout moment rappeler. D'autant moins, dut-il dédaigner les piétons, qui jusque-là jouaient un rôle fort secondaire. Ceux du Midi étaient déjà excellents, puisque le duc de Gueldre et le sanglier des Ardennes, dans leurs fameuses bandes noires, qui tinrent si longtemps en échec et l'Allemagne et les Pays-Bas, mettaient force Gascons. Il n'y avait à dire que la taille. Mais ces petits hommes ardents, ayant une fois la jaquette allemande, entre les inertes colosses allemands, mettaient un feu, un élan, une pointe (disons déjà, un *ça ira!*) qui entraînait, emportait tout.

La Palice prit cinq mille Gascons. Et, ce qui était plus nouveau, il prit huit mille Français du

Nord, nullement formés encore, point disciplinés, des *aventuriers*, comme on les appelait. Il y avait, dans ces huit mille, quelques Italiens; mais la majorité étaient des Picards, race septentrionale qui a tout le feu du Midi. Comment ramassa-t-il cette infanterie? On l'ignore. On voit seulement que la guerre d'Italie devenait populaire, que tant d'expéditions coup sur coup avait éveillé les imaginations; tous ceux qui revenaient racontaient des merveilles, rapportaient et montraient des choses précieuses, bien propres à entraîner les foules vers cette guerre brillante et lucrative.

Pour capitaine général de cette troupe, dont on doutait, on choisit un homme admirable, le plus brave et le plus honnête, vieux, modeste et ferme soldat, qui fut le spécial ami de Bayard. C'est le sire Dumolard qui figure si souvent dans l'histoire du bon chevalier.

Il se trouva, par un très-grand hasard, que cette armée toute neuve eut un général neuf, un Gascon de vingt-trois ans, un prince aventurier qui cherchait sa fortune et visait un royaume. Ce général, Gaston de Foix, quoique fils d'une sœur de Louis XII, attendait tout de sa vaillance; il plaidait au parlement pour la couronne de Navarre, et croyait emporter sa cause par une victoire rapide en Italie.

Les familles du Midi, Foix, Albret et Armagnac, prodigieusement intrigantes et batailleuses, fécondes en crimes, en violences, brillaient par leur emportement. Tantôt en guerre, tantôt en ligue, elles se détruisaient ou détruisaient les autres. L'un des derniers comtes de Foix avait tué son fils. Un autre, par sa valeur aveugle, nous fit perdre la bataille de Verneuil. Cette maison s'usait très-vite, ne se renouvelant que par des branches collatérales, plus ou moins éloignées. Des Foix aînés, elle tomba aux Grailly, et de ceux-ci aux Castelbon, origine petite d'où provenait Gaston de Foix.

Ces princes de montagne passaient toute leur vie à suivre l'ours et le chamois. Chaussés de l'*abarca*, ou pieds nus sur les rocs glissants, ils disputaient d'audace et de vivacité aux chasseurs béarnais, aux coureurs basques. Gaston trouva tout naturel d'exiger de l'infanterie une rapidité que jusque-là on n'osait demander aux cavaliers. Dans une course de deux mois (qui fut toute sa vie et son immortalité), il révéla la France à elle-même, démontrant par une incroyable célérité de mouvements une chose qu'on ignorait, c'est que les Français étaient les premiers marcheurs de l'Europe, — donc, le peuple le plus militaire. Le maréchal de Saxe a très-bien dit : « On ne gagne pas les batailles avec les mains, mais avec les pieds. »

Par un temps effroyable, un ouragan de neige, lorsque personne n'osait regarder dehors, il fait une marche prodigieuse, passe devant les Espagnols qui n'en savent rien, se jette dans Bologne assiégée, y jette des soldats et des vivres.

Là, il apprend que Brescia se refait vénitienne. Avec la même célérité, entraînant l'infanterie au pas des cavaliers, il fait quarante lieues et fond sur Brescia. Pas une heure, pas un moment de halte ; l'assaut ! Mais qui y montera?

Une question d'amour-propre avait empêché nos gens d'armes d'y monter à Padoue ; ils exigeaient que toute la baronnie allemande, les comtes, princes d'Empire, etc., en fissent autant. Les uns comme les autres ne voulaient combattre qu'à cheval. Dans la réalité, leurs pesantes armures faisaient obstacle pour gravir des remparts en talus ou une brèche de décombres. A Brescia, on décida que les *aventuriers*, légèrement armés, équipés (beaucoup n'ayant ni bas ni chausses), monteraient les premiers et essuieraient le premier feu. Légère était la perte, et moins regrettable sans doute, dans les idées du temps. Cet arrangement plut fort à tout le monde. Le brave Dumolard était prêt à conduire cette pauvre troupe. Bayard seul réclama ; il trouva fort injuste que ces hommes tout nus fussent exposés seuls, et dit qu'il fallait les soutenir d'une centaine d'hommes fortement armés. « Oui, mais qui les mènera? » dit Gaston. « Monseigneur, ce sera moi. »

Tout n'était pas fini. Les hommes d'armes trouvaient le terrain glissant, et tombaient. « N'est-ce que cela ? » dit Gaston. Il ôta ses souliers, et se mit à monter pieds nus.

Gaston avait menacé la ville et dit qu'on tuerait tout. Effectivement, on égorgea quinze mille personnes. Bayard, blessé, garantit, non sans peine, une dame et deux demoiselles chez lesquelles on l'avait porté.

Savonarole l'avait dit, vingt ans auparavant, prêchant à Brescia : « Vous verrez cette ville inondée de sang. »

Cet affreux événement fut un malheur pour Gaston même. Ses soldats s'y gorgèrent de butin, et se firent si lourds, qu'il en fut un moment paralysé. Beaucoup se crurent trop riches pour continuer la guerre ; ils repassèrent les Alpes.

Cependant la situation ne comportait aucun délai. Louis XII, qui venait encore de payer aux Anglais un terme du subside ordinaire, et se croyait en sûreté, reçoit la foudroyante nouvelle qu'Henri VIII annonce au Parlement une grande expédition. Ce jeune roi avait trouvé ses coffres pleins par l'avarice de son père. Sanguin et violent, chimérique, il ne rêvait que Crécy et Poitiers, la conquête de son royaume de France. Pour commencer, il envoyait au midi une armée pour agir avec Ferdinand, et l'on ne doutait pas que lui-même il ne fît au nord une solennelle descente, comme celle du vainqueur d'Azincourt.

Louis XII écrivit à Gaston qu'il ne s'agissait plus de l'Italie seulement, mais de la France; qu'il lui fallait une bataille, une grande bataille et heureuse, ou qu'il était perdu. Il commençait à voir l'œuvre de Marguerite; il connaissait son père, et frémissait de perdre son unique allié.

Un agent de Maximilien écrit de Blois à Marguerite : « Depuis que France est France, jamais ceux-ci ne furent si étonnés ; ils doublent merveilleusement de leur destruction, et ont si grand'crainte que l'empereur ne les abandonne, qu'ils en pissent en leurs brayes. »

C'était le carnaval; Gaston paraissait oublier; mais, en réalité, il ne pouvait agir. Dès qu'il eut des renforts, il alla droit aux Espagnols. Il avait toutes sortes de raisons de combattre, les vivres lui manquaient; ses chevaux ne trouvaient rien que les jeunes pousses de saules.

La difficulté était d'obtenir le combat. Des généraux alliés, D. Cardone, vice-roi de Naples, Pietro Navarro, Prospero Colonna, les deux Espagnols, voulaient refuser la bataille, aimant mieux que l'ennemi mourût de faim ; eux, ils vivaient fort bien dans cette Romagne ; les Vénitiens d'une part, les gens du pape de l'autre, les approvisionnaient ; ils n'avaient hâte de vaincre au profit de Jules II ou de Maximilien.

Celui-ci venait de tourner. La veille du vendredi saint, une lettre arrive de l'empereur au chef des lansquenets, Jacob. L'empereur ordonnait aux capitaines allemands, *et sur leur vie,* qu'ils eussent à quitter sur-le-champ les Français. Voilà Jacob embarrassé. Partir, la veille d'une affaire décisive ! Démoraliser l'armée par ce départ de cinq mille vieux soldats, des cinq mille lances à pied qui faisaient toute la stabilité de la bataille, dans la tactique du temps ! C'était assurer la déroute, faire tuer les Français, les perdre, car ils n'avaient pas moins de trois ou quatre rivières à repasser pour retrouver les Alpes, et tout le pays était contre eux.

CHAPITRE X.

La bataille de Ravenne. — Le danger de la France. 1512-1514.

La fraternité militaire est chose sainte. La longue communauté de dangers, d'habitudes, crée un des liens les plus forts qui soient entre les hommes. Elle était dans le Nord antique une adoption mutuelle entre guerriers, une sorte de saint mariage. Ici, elle sauva l'armée.

L'homme le plus populaire était le chevalier Bayard. Chose bien méritée. On l'a vu tout à l'heure à l'assaut de Brescia. Il ne voulut jamais que Dumolard montât sans lui. Il avait un autre ami, fort dévoué, dans cet Allemand Jacob. Étrange ami, qui le voyait beaucoup, le suivait, se réglait sur lui, mais ne lui parlait pas, ne sachant point le français, sauf deux mots : « Bonjour, monseigneur. » Le cœur de ce brave homme hésitait entre deux devoirs. D'une part il était Allemand et sujet de l'Empire ; de l'autre, soldat du roi de France, recevant sa solde et mangeant son pain. Il prit son interprète et alla consulter Bayard. Le chevalier lui dit qu'en effet il était l'homme du roi ; que le roi était riche et saurait le récompenser ; qu'il fallait mettre la lettre dans sa poche et ne la montrer à personne. Mais d'autres lettres allaient venir sans doute. Gaston n'avait qu'un jour pour vaincre : les Allemands allaient lui échapper.

Il était devant Ravenne ; il essaya d'emporter la ville, pour voir si l'ennemi endurerait de la voir prendre sous ses yeux. Allemands, Français, Italiens, les trois nations, séparément, furent lancées à l'assaut ; mais la brèche n'était pas faite, il y avait à peine une trouée étroite. Les Colonna, qui étaient dedans, la défendirent avec une vigueur toute romaine. Au cinquième et sixième assaut, l'armée se retira.

Les Espagnols étaient en vue, comme un nuage noir, dans un camp extrêmement fort, entouré de fossés profonds, fermé de pieux, de madriers, de chariots à lances, sauf un petit passage pour la cavalerie. Ils étaient tout infanterie, la cavalerie était italienne. Pour les attaquer, il fallait se mettre entre eux et Ravenne, entre deux ennemis ; il fallait passer le Ronco, torrent contenu par des digues, et qui, en avril, était assez fort. Gaston le passa au matin, les Allemands d'abord, sur un pont; nos fantassins de France devaient passer ensuite. Le capitaine Dumolard dit à ses rustres : « Comment, compagnons, on dira que ces lansquenets ont passé avant nous!... J'aimerais mieux avoir perdu un œil! » Tout chaussé et vêtu, il se jeta dans l'eau, et les autres après lui. Ils en eurent jusqu'à la ceinture et arrivèrent avant les Allemands.

Gaston, se promenant à l'aube, et, rencontrant des Espagnols, leur avait dit : « Messieurs, je m'en vais passer l'eau, et je jure Dieu de ne pas la repasser que le champ ne soit à vous ou à moi. »

Le soleil se levait très-rouge, pour cette grande effusion de sang; plusieurs en augurèrent que Gaston ou Cardone y resterait. Gaston était armé, richement, pesamment, avec d'éclatantes broderies aux armes de Navarre. Seulement, il avait le bras droit nu jusqu'au coude, espérant le tremper dans le sang des Espagnols, ses ennemis personnels et de famille. Il disait en riant aux siens qu'il avait fait ce vœu pour l'amour de sa mie, qu'il voulait voir comment ils allaient soutenir l'honneur de sa belle.

Il avait fait raser les digues, qui l'auraient séparé des Espagnols, et s'était avancé jusqu'à quatre cents pas. On voyait bien de là que la victoire resterait à ceux qui pourraient se réserver : il s'agissait d'attendre, de soutenir patiemment ce feu à bout portant. Les ravages ne pouvaient manquer d'être effroyables à si petite distance. Pietro fit coucher ses Espagnols à plat ventre, sans point d'honneur chevaleresque. Les nôtres, au contraire, Français et Allemands, tinrent à honneur de figurer debout. Notre infanterie eut là une rude et solennelle entrée sur le champ de bataille. On ne sait ce qu'elle perdit; mais ses capitaines, lui donnant l'exemple, et tenant ferme au premier rang, périrent tous : quarante, moins deux !

Le brave Dumolard avait trouvé dans son cœur la noble idée de fêter le vrai héros de la journée, ce bon Jacob, si fidèle à la France, et qui avait magnifiquement réhabilité l'honneur de l'Allemagne, sacrifié par la perfidie de l'empereur. Il fit apporter du vin; tous deux s'assirent et burent : tous deux, le verre à la main, furent emportés du même boulet.

N'importe, qu'il soit dit pour les âges à venir que, le jour même où l'infanterie française est venue au monde, en ce jour de baptême, la France communia avec l'Allemagne !

Cette fraternité parut au moment même. Nos fantassins, furieux d'avoir perdu Dumolard et tous les capitaines, quoique fort mal armés, se ruèrent aux canons, voulant tuer les Espagnols sur leurs pièces. Ils furent arrêtés court par une sorte de rempart mobile que Pietro tenait sur ses chariots. De là, tirés à bout portant, chargés, si mal menés, qu'ils ne s'en seraient jamais tirés sans les Allemands et un corps de Picards, qui s'avancèrent et les reçurent dans leurs rangs.

Le ravage de l'artillerie n'avait pas été moins terrible sur les alliés, mais sur les cavaliers, c'est-à-dire sur les Italiens. Trente-trois, dit-on, furent enlevés d'un seul boulet. Ces Italiens crurent que Pietro, si économe de sang espagnol, les avait placés là en vue pour périr tous. Colonna n'y tint plus; il se fit ouvrir les barrières, entraîna la cavalerie, fondit sur nos canons. Les gens d'armes français, plus forts et fortement montés, vinrent le choquer en flanc, en tête Ives d'Allègre, vieux soldat de nos guerres, qui venait de perdre ses deux fils, et qui combattait pour mourir. Il fut tué, Colonna prisonnier, après une furieuse résistance, les Italiens détruits. Le vice-roi, Cardone, ne les soutint nullement et se mit en sûreté.

La bataille durait entre les fantassins. Les Espagnols, en une masse énorme, serrés, couverts et cuirassés, avec l'épée pointue et le poignard, soutinrent, sans sourciller, la mouvante forêt des lances allemandes. On vit alors combien la lance à pied est une arme peu sûre. Le noir petit homme d'Espagne, leste, maigre, filait entre deux lances; la grande épée du lansquenet ne pouvait pas même se tirer dans la presse; son corselet de fer lui gardait la poitrine, mais l'Espagnol le poignardait au ventre. Les Allemands étaient fort malmenés, quand la gendarmerie française tomba au dos, aux flancs des Espagnols, d'un choc épouvantable. Ils périrent presque tous, et Pietro Navarro fut pris, ainsi qu'un nombre énorme d'officiers et Jean de Médicis (Léon X), jeune et gros légat, qui avait eu la prudence de garder son habit de prêtre.

Des bandes d'Espagnols, parvenues à se dégager, s'en allaient vers Ravenne, au pas et fièrement; mais il leur fallait suivre une longue et étroite chaussée. Bayard, qui revenait de la poursuite, avec quelques gens d'armes, les vit, et voulait les charger. Un seul sort de la troupe, et lui dit gravement : « Señor, vous voyez bien que vous n'avez pas assez d'hommes!... Vous avez gagné la bataille, que cela vous suffise, et laissez-nous aller; car, si nous échappons, c'est par la volonté de Dieu. » Bayard le crut, et d'autant mieux que son cheval n'en pouvait plus.

Gaston eût dû en faire autant. Il revenait couvert de sang et de cervelle humaine. En le voyant, il dit à un Gascon : « Qu'est-ce que cette bande? — Les Espagnols qui nous ont battus. » Il ne supporta pas ce mot. Avec quelques cavaliers, il galope vers eux, et il est tiré à bout portant ; il tombe de la chaussée dans l'eau ; ils fondent dessus avec les piques, tranchent les jarrets de son cheval, le percent de cent coups ; il en avait quinze au visage.

En deux mois, il avait pris dix villes et gagné trois batailles. Il avait eu l'insigne gloire, cet homme de vingt ans, d'attacher son nom à la grande révolution qui produisit la vraie France, l'infanterie, sur le théâtre des guerres. Il n'en fut pas indigne ; cette révolution, qui devait amener l'égalité sur les champs de bataille, se trouva avancée le jour où, ôtant ses souliers, il monta à l'assaut en va-nu-pieds gascon.

Il mourut, une grande énigme. Cet impétueux général était-il vraiment un grand homme? Eût-il soutenu son succès comme Bonaparte en 96?

Le temps et la situation n'étaient nullement les mêmes. Bonaparte ne pouvait que regarder au nord. Tout pour lui était sur l'Adige. Mais Gaston, en 1512, n'ayant rien à craindre de l'Allemagne, sûr de ses Allemands fixés par la victoire, devait marcher sur Rome ; là était le grand coup. Il y aurait mis le concile et fait un pape à lui, brisé Jules II.

Roi, il l'eût fait peut-être ; mais il était le général d'un roi. Que voulait Louis XII? Rien qu'effrayer le pape, obtenir son pardon. Si Gaston eût marché sur Rome, il se serait perdu dans son grand procès de Navarre ; la reine aurait été en personne au parlement solliciter contre lui. Que dis-je ? Elle ne lui eût pas laissé faire un pas de plus sur terre d'Église ; elle eût fait ce qu'on fit pour elle à la mort de Gaston ; elle aurait dissout son armée. En un mot, Gaston avait pour maître une femme, Anne de Bretagne ; Bonaparte, la République.

Le pape ne savait guère l'allié qu'il avait dans la reine ; il aurait eu moins peur. Il s'était arraché la barbe à la nouvelle de Brescia ; à celle de Ravenne, il n'en eut plus la force ; il s'enfuit au château Saint-Ange ; toutes les boutiques étaient fermées dans Rome. On regardait du haut des murs si l'on voyait venir une armée qui n'existait plus.

Chose étonnante à dire, mais trop réelle : le trésorier du roi qui était à Milan licencia l'armée.

Il renvoya toute l'infanterie italienne et la majeure partie de la française.

Fit-il de lui-même une telle chose ? Qui le croira ? Comment un trésorier a-t-il un tel pouvoir ? On ne voulait plus vivre sur terre d'Église, en Romagne ? D'accord. Mais l'armée pouvait rentrer sur les terres vénitiennes. Le mot d'économie, dont on colora cette mesure, n'eût pas sauvé la tête du trésorier, si la reine elle-même ne l'eût certainement défendu près du roi. Pour apaiser le pape, on livra l'Italie, on hasarda la France, on enhardit l'Anglais dans son débarquement ; Ferdinand conquit la Navarre, c'est-à-dire l'entrée du royaume.

L'Italie? Perdue tout entière. Maximilien ouvre passage aux Suisses qui mettent à Milan un Sforza, leur vassal, leur tributaire, leur hôte, qui les recevra tous les ans ; Milan est leur hôtellerie, le grand cabaret de la Suisse.

Les Espagnols demandant de l'argent, Ferdinand, à la place, leur donne l'Italie ; qu'ils s'arrangent eux-mêmes, qu'ils mangent le pays, qu'ils sucent, épuisent tout, chair et sang ; qu'ils tordent et retordent. On commença à voir une armée sans gouvernement, se dirigeant elle-même, n'ayant nul maître au fond, menant ses généraux, sans chef, sans loi, sans Dieu. Armée impie dans sa dévotion qui faillit étouffer son légat pour avoir les pardons avant la bataille, et qui n'en fit pas moins bientôt dans la Toscane plus de maux que n'eût fait le Maure, le Barbaresque.

Les Médicis en profitèrent ; ils suivirent ce hideux drapeau, et pour une somme ronde, comptée aux Espagnols, ils furent rétablis à Florence. Jules II put voir alors son œuvre et à quels maîtres il avait livré l'Italie. Il protesta en vain qu'il n'avait nullement combattu pour refaire des tyrans. Les

Médicis en rirent. Ils firent plus ; ils le remplacèrent. Le vieillard colérique mourut. Et Jean de Médicis fut élevé à sa place par ce qu'on appelait les jeunes cardinaux ; c'étaient généralement de grands seigneurs, de familles pontificales ou souveraines.

Ils choisirent l'homme qu'ils croyaient le plus différent de Jules II. Ce vieux pape batailleur les avait rendus misérables ; il les traînait d'un bout de l'Italie à l'autre dans son armée, les transformait en aides de camp, en généraux, les forçait de camper avec lui sous le feu des places assiégées. Jean paraissait leur homme, un viveur, un rieur, un ami de la paix. Il avait tous leurs vices, leurs habitudes et leurs maladies même. Un ulcère l'épuisait ; la maladie du temps, proche parente de la lèpre, apparut dans son premier âge (jusqu'en 1520 environ) comme une lèpre vive. C'est par là encore qu'il leur plut ; quoique jeune, il semblait qu'il eût peu d'années devant lui. Il ne pouvait plus aller qu'en litière et à bien petites journées. Toutefois, il était résolu à faire mentir leurs prévisions. Il leur joua le tour de vivre.

Que devenait Florence ? Ceux qui veulent avoir la vraie saveur, la senteur de la mort, liront les lettres familières de Machiavel. Chose cruelle ! elles sont gaies. Il meurt de faim, et rit : il subit la torture, et rit encore ; rien n'est plus gai.

Comme le chien battu, il câline et s'exerce à faire des tours sous le bâton. Il lui faut une place, et il tâche de croire que celui qui en donne est un prince de grande espérance. Que ferait-il, après tout, n'étant dans aucun art, ni dans la soie, ni dans la laine ? il n'est bon qu'au gouvernement. Il y a seulement un malheur, c'est que son cerveau tinte, tout tourne autour de lui. Tous ses amis deviennent fous. « Vous connaissez notre société, elle est comme une chose égarée; pauvres oiseaux effarouchés, le même colombier ne nous rassemble plus. Girolamo vient de perdre sa femme; vous diriez un poisson étourdi, hors de l'eau. Donato a imaginé d'ouvrir une boutique où il fait couver des pigeons; il court de tous côtés et semble un imbécile. Le comte Orlando est tombé amoureux d'un garçon, et il n'entend plus ce qu'on dit. Tommaso est devenu bizarre, fantasque, horriblement avare; l'autre jour, il a acheté de la viande; puis, s'effrayant de la dépense, il cherche des convives, chacun à quinze sols; je n'en avais que dix; il me poursuit depuis ce temps..... » Machiavel rendra les cinq sols; il attend seulement que Vettori, son ami, lui trouve une place; il le croit en crédit auprès des Médicis.

La bassesse du détail, le ridicule, la pauvreté morale où tombe un tel esprit annonce assez quel règne a commencé, un temps plat et décoloré, sans espérance, que même les chagrins cuisants ne tireront pas de sa monotonie de plomb. Tout baisse, s'aplatit ou s'éteint. L'esprit radote, la sagesse bégaye, et le génie délire. Machiavel ne sait plus ce qu'il dit. Consulté sur la politique et les chances du temps, il ne refuse pas son oracle, il passe sa robe de prophète, prend sa lunette d'astrologue. Seulement il a perdu les yeux.

L'avenir? qui le voit? Ce qu'on voit du présent, c'est une certaine danse macabre où les rois, presque tous finis, vont s'en aller ensemble. Trois, du moins, Ferdinand, Louis XII et Maximilien. La pièce n'est pas bonne, mais les acteurs sont excellents. Quel Harpagon comparer au vieux *marane* Ferdinand jurant sur l'or de Grenade et de l'Amérique qu'il est ruiné, pour ne plus nourrir son armée; se servant, se jouant de son gendre Henri VIII? Avec son argent, ses soldats, il conquiert la Navarre pour lui-même, renvoie l'Anglais. Celui-ci est le capitan, monté sur Azincourt, vomissant feu et flamme, ne faisant rien, dévalisé par tous, surtout par l'empereur. Max, le fameux chasseur, chasseur d'argent, chevalier (d'industrie), vendant la paix à Louis XII et lui faisant la guerre; à Henri VIII vendant un futur mariage, se vendant lui-même surtout, prenant la solde de l'Anglais pour guerroyer à son profit. Le vrai Cassandre est

Louis XII, bon homme qui, pour avoir tranché du Borgia, aura partout les étrivières, en Italie, en France. Il ne reste à Milan que pour y recevoir un violent coup de griffe de l'ours de Berne, pendant que le dogue d'Angleterre lui mord le dos. Deux défaites à la fois, celle de la Trémouille à Novarre, et la panique étrange de nos gens d'armes à Guinegate, la triste et ridicule journée des *Éperons*. Moins triste encore que le mensonge par lequel la Trémouille, sans pudeur, attrape les Suisses qui nous allaient prendre Dijon. Ce vieux chevalier respecté, le premier nom de France, leur fait accroire que le roi renonce à l'Italie, leur promet la somme incroyable de quatre cent mille écus d'or; bref, les fait boire et les renvoie. Le roi se fâche ou fait semblant, et la Trémouille en rit; chevalerie un peu loin des héros de la Table ronde.

Reconnaissance au cinquième acte; tous les fripons s'accusent les uns les autres. La dupe universelle, Henri VIII, voit qu'on l'a joué, qu'on se soucie peu de sa fille; il menace Max et Marguerite de publier leurs lettres. Mais Marguerite aussi veut publier les lettres d'Henri VIII pour le couvrir de ridicule. De rage, celui-ci donne sa fille à qui? au pauvre Louis XII. Cette forte Anglaise de seize ans, galante, audacieuse et déjà pourvue d'un amant, au défaillant malade qui fait son testament! Fatal présent! Et le beau-père, au lieu de donner une dot, en exige une, énorme. Marié et ruiné, le roi s'achève en voulant plaire ; il veille pour le bal, il change ses heures, ses habitudes. Mais comment tenir cette Anglaise? Non content de sa fille Claude et de Louise de Savoie, qui la gardent à vue, il fait venir exprès du fond du Bourbonnais la vieille fille de Louis XI, la redoutable fée, Anne de Beaujeu. La prisonnière du moins ne souffre pas longtemps. Louis XII y succombe et, sans perdre un moment, sans retourner en Angleterre, l'Anglaise se remarie en deuil.

CHAPITRE XI.

La situation s'éclaircit. — L'antiquité. Érasme. Les Estienne.

Nous avons écrit cette histoire dans un point de vue bien sévère, point de vue italien, européen, plus que français ; voilà ce qu'on nous reprochera.

A tort. La France encore nous inspirait, et l'honneur de la France, déplorablement immolé.

Est-ce à dire que nous méconnaissions les bienfaits de ce règne, l'économie de Georges d'Amboise, la réforme de la justice, œuvre du chancelier Rochefort ? Aurions-nous oublié que Louis XII fut une halte heureuse entre le gaspillage de Charles VIII et les prodigieuses dépenses de François Ier?

Nullement. Nous croyons même que, dans cette

œuvre d'économie et d'ordre, Louis XII, quoique peu capable, a personnellement beaucoup à réclamer. Nul doute qu'il n'ait aimé le peuple, qu'il n'ait voulu le ménager. Lui-même, il en était sorti probablement (nous l'avons dit) ; il n'eut point une âme de roi.

C'était un bon homme, naturellement honnête, ridicule parfois, indiscret, bavard, colérique ; mais il avait du cœur ; et la seule manière de le flatter, c'était de lui persuader qu'on voulait le bien des sujets. Le très-fin courtisan Amboise, sous une grosse enveloppe, gagna le roi et le garda, en lui faisant valoir ses réductions d'impôts, telle économie de sous ou de deniers, pendant qu'il amassait pour lui, ou jetait des millions dans son affaire de papauté. Je ne crois point du tout ce que dit le panégyriste Seyssel, qu'on ait pu réduire les impôts du tiers, au milieu d'une si grande guerre. Qui le savait d'ailleurs ? Quelle publicité y a-t-il alors ? Quels chiffres authentiques ? Ce qui est sûr, c'est que Louis XII, tant qu'il put, fit payer la guerre d'Italie par l'Italie elle-même, décidé à l'épuiser pour ménager la France. L'armée se nourrit, se solda, comme elle put, sur l'ennemi, et sur l'allié même. Ce fut ce qu'on a vu de 1806 à 1812, l'époque du *trésor de l'armée*. Système qui rend la guerre plus légère à la nation guerroyante, sauf à entasser contre elle des montagnes de haine, et qui prépare de cruelles représailles pour le jour des revers.

La France sentit peu les guerres de Louis XII. Elle fut très-sincère dans sa reconnaissance pour lui. Il y eut un véritable enthousiasme et des larmes lorsqu'aux états de Tours, le voyant pâle, chancelant, à peine relevé de maladie, et déchirant le traité qui eût donné la France à l'étranger, on le salua le *Père du peuple*.

On le remercia pour trois choses, vraies toutes trois : d'avoir réduit l'impôt, réprimé les pillages des gens de guerre, réformé les juges.

L'indépendance de la chambre des comptes, de celle des aides, la forte organisation de la justice de finances, est la gloire de ce règne.

Roi étrange ! il payait et ne faisait point de dettes !

A peine en laissa-t-il une, très-faible, à la fin de son règne, après deux ans d'une guerre générale où la France tint tête à l'Europe.

C'est-à-dire qu'il ne mangea pas son blé en herbe, qu'il n'entra pas dans cette carrière où les pères gaspillent d'avance le gain possible du travail des enfants, reportant le faix du jour sur l'épaule des générations à venir, ajoutant chaque matin un chiffre au grand livre des malédictions futures.

Non, le peuple ne s'est pas trompé : cet âge, ce règne, ne sont pas indignes de son souvenir.

La France commence alors, en toutes choses, une production immense. Dans l'agriculture, dans l'industrie et le commerce, elle s'aperçoit qu'elle est féconde et bénit sa fécondité.

Mais le trésor de l'homme est de se connaître, de savoir ce qu'il est et ce qu'il peut. Le trésor de la France, qu'elle ignora profondément et dont elle ne songea nullement à profiter, c'était son étonnante sociabilité, son assimilation rapide à toute humanité, la générosité et le bon cœur de cette race gauloise remarquée par Strabon dès la plus haute antiquité (Voy. le Ier vol. de notre Histoire), avouée par les Anglais au XIVe siècle, et si éclatante au XVIe dans la défense de Pise. Il suffisait à la France qu'elle voulût, pour être adorée.

Elle ignora cela, et elle manqua sa destinée. Si elle commence alors à se comprendre, c'est uniquement par la guerre. Elle se connaît déjà comme un vaillant peuple à Ravenne, je dis proprement comme peuple, comme piéton, comme infanterie. Elle pressent, dans cet éclair d'une campagne de deux mois, que tout ce qu'on lui demandera plus tard de miracles, cette féerie des marches rapides qui la rendront partout présente et partout victorieuse, elle a déjà tout cela dans la vivacité de son infanterie, dans son activité brûlante, dans son jarret d'acier.

Elle s'entrevoit dans la guerre, elle s'entrevoit dans le droit. Grand spectacle, quand, à portes ouvertes, s'inaugure dans les tribunaux l'universelle enquête d'où sort la rédaction des Coutumes!

Louis XI, qui ne voulait de tyrannie que la sienne, avait passionnément désiré qu'on levât partout ce vieux voile d'ignorance derrière lequel s'abritait l'arbitraire infini des rois de provinces et de cantons. Avec quelle facilité, sous la coutume non écrite, confiée à la mémoire peu sûre, corruptible, des praticiens, toutes les volontés des seigneurs laïques, ecclésiastiques, devaient valoir comme lois! Lois changeantes au gré du caprice, de l'intérêt, du besoin du jour! Qui aurait réclamé? Quel est le pauvre vieil homme qui, devant ces fils de Robert le Diable, eût osé dire en face : « Et pourtant, autre est la Coutume. »

C'est, je crois, pour cette grande œuvre d'écrire et de fixer le droit que Louis XI s'attacha, attira de Bourgogne en France l'éminent légiste Rochefort, qui devient son chancelier, celui de Charles VIII et de Louis XII. Dès 1493, Rochefort écrivit, en cent onze articles, l'immense ordonnance qui comprend tout un code de réformation de la justice. En 1497, il ordonna, au nom du roi, la publication des Coutumes. Pour publier, il fallait écrire, formuler, rédiger. Voici comment se fit la chose en chaque siége : « Nos commissaires ayant assemblé nos officiers (du lieu) et les gens des trois états, praticiens *et autres* des bailliages et jurisdictions, publieront, » etc.

Ces *autres*, c'est la nation.

Je veux dire qu'en ce débat où les seigneurs ecclésiastiques et laïques pouvaient imposer aux commissaires du roi une rédaction féodale, on consultait les praticiens, et, comme ceux-ci presque partout étaient clients des seigneurs, on appelait à témoigner des notables, des vieillards, des hommes enfin, la foule. Les commissaires étaient libres, dans un cas controversé, de faire une sorte d'enquête *par tourbe*, c'est-à-dire d'appeler le peuple à témoigner du vrai droit du pays.

Révolution énorme pour les résultats d'avenir, quelque petits, timides qu'ils aient été d'abord. Si la Coutume est mauvaise, écrasante, au moins n'empire-t-elle plus au hasard des volontés fantasques et mauvaises. Là voilà écrite, on la voit, on la lit chaque matin. Fiez-vous à la raison humaine, au sentiment de justice qui est au cœur de l'homme. La lumière est mortelle au mal. Mal connu est demi-guéri.

La Coutume de Paris est écrite en 1510, coutume d'esprit moyen, coutume centrale du nord, à laquelle le hardi centralisateur Dumoulin comparera toutes les autres, cherchant leurs rapports mutuels et préparant de loin cette terre promise où aspire la France dans l'hétérogénéité barbare qui la divise encore : *l'unité de la loi civile.*

Il y eut trois grands coups de lumières qui transfigurèrent le monde du droit. L'imprimerie, en publiant une à une nos coutumes locales dans la naïveté de leur discorde, mit en face deux monuments d'unité, bien différents entre eux. D'une part, le Droit canonique, bâti sur son fondement grêle des fausses Décrétales. D'autre part, le solide, harmonique et majestueux monument du Droit romain. Le premier, faible de base, faible d'inconséquence, démontrait à l'œil du plus simple que l'autorité infaillible, partie d'un mensonge évident, s'était jour par jour contredite, démentie, condamnée elle-même, biffant aujourd'hui l'oracle d'hier, raccommodant sans cesse l'œuvre malade. Chose possible et tolérable dans le monde obscur des manuscrits qu'on peut altérer à plaisir, impossible dans l'impitoyable lumière et la fixité de l'imprimerie. Contre cet entassement de vieux plâtras, surgit, dans la majesté grave du Pont-du-Gard ou du cirque de Nîmes, le colossal *Corpus juris*. On comprit quelle avait été la sagesse des papes qui tant de fois avaient défendu d'enseigner le Droit romain. Ce système si robuste, dont la cohésion étonnante est comparée par Leibnitz à celle même des mathématiques, fit crouler l'édifice branlant de la fausse Rome en face de la Rome éternelle.

Mais ce n'était pas le Droit seul qui devenait si dangereux, ce n'était pas seulement Papinien, Ulpien, qu'il eût fallu brûler. Paul II le sentit à merveille. Conséquent dans le véritable esprit pontifical, fidèle à la tradition du pape Grégoire, le destructeur des manuscrits, il comprit, au moment où l'on venait de traduire Platon, qu'il ne suffisait pas de proscrire et la traduction et l'original, qu'il fallait surtout arracher l'âme de l'antiquité des enthousiastes cœurs où elle ressuscitait. Il enferma, tortura (plusieurs à mort) les Platoniciens de Rome. Que si l'on extirpait Platon, combien n'était-il pas plus nécessaire encore d'exterminer Aristote, si essentiellement païen ! Là, jamais l'Église ne put s'entendre avec elle-même. Aristote fut sa pierre d'achoppement. Elle le censure d'abord, le rejette par les Pères. Elle le tolère au moyen âge pendant cinq ou six siècles. Elle le condamne (1209) et elle le suit, trente ans après, dans saint Thomas ; elle va jusqu'à le recommander aux quatorzième et quinzième siècles (1366, 1452). Elle le soutient encore, quand il devient plus dangereux, au seizième, lorsque tout le monde comprend qu'il est antichrétien et que Luther le poursuit comme ennemi du christianisme. Variations étonnantes de l'autorité immuable! Qu'en conclure? Qu'apparemment elle lut mal, ou ne comprit point.

Cette polémique est ressuscitée naguère, entre les catholiques. Maîtres de l'éducation, ils ont agité si les moins coupables des auteurs profanes pouvaient entrer dans les écoles. Plusieurs ont bravement répondu Non, et fermé la porte à l'esprit humain. Ceux-là sont les vrais orthodoxes. Nous les félicitons de leur courage, de leur conséquence dans leur principe. Le voulez-vous dans sa pureté, qui seule peut lui donner durée? Il est bien moins dans Polyeucte qui brise l'autel de Jupiter que dans le pape qui veut que l'on brûle Homère et Virgile. « Rompez, rompez tout pacte avec l'impiété! » Le silence de Rome, en cette matière, sa faiblesse pour les demi-chrétiens, étonne et scandalise. Homère, le fatal magicien, qui transfigura dans l'éther l'Olympe des démons de la Grèce! Virgile, le funeste sorcier qui évoque la sibylle, qui découvre le rameau d'or d'un christianisme antérieur au Christ!... Chassez-les loin du temple, loin du parvis, loin de l'école! Combien les philosophes sont moins dangereux! Leurs fatigantes abstractions ont fait disputer les savants. Mais ces poëtes ont ravi le monde; ils emportent avec eux à travers les siècles le cœur même de l'humanité!

Fixons ces dates si graves, qui sont des ères nouvelles pour le genre humain.

Virgile fut imprimé en 1470, Homère en 1488, Aristote en 1498, Platon en 1512.

Si Pétrarque pleurait de joie en voyant Homère manuscrit, le touchait et le baisait, ne pouvant encore le comprendre, quel aurait été son transport de le voir multiplié dans les nobles caractères de Venise et de Florence, circuler par toute l'Europe, versant à tous la pure lumière du ciel hellénique, la fraîcheur de ses vives eaux, ces torrents de jeunesse qui coulent éternellement des sources de l'Iliade !

Mais on ne sait plus aujourd'hui les sueurs, les veilles inquiètes que coûtèrent aux grands imprimeurs ces premières publications des manuscrits difficiles, discordants, de l'antiquité. Œuvre sainte ! Ceux qui y mirent les premiers la main furent saisis d'une émotion religieuse et d'une anxiété immense. Tels ils allaient les rendre au monde, ces dieux de la pensée, tels il les garderait. Imprimeurs, correcteurs, éditeurs, ils ne dormaient plus (l'un d'eux trois heures par nuit) ; ils demandaient à Dieu de réussir, et leur travail était mêlé de prières. Ils sentaient qu'en ces lettres de plomb, viles et ternes, était la Jouvence du monde, le trésor d'immortalité.

La Rome et la Jérusalem de cette religion nouvelle, l'imprimerie, sont bien moins Mayence et Strasbourg, que Venise, Bâle et Paris. Les premières n'ont fait qu'imprimer. Paris, Bâle et Venise ont édité, avec des travaux infinis d'épuration, correction, critique, discussion des textes et variantes, les bibles épineuses de la philosophie, je veux dire l'œuvre immense de Platon, si délicate de finesse, de grâce et de dialectique, où l'accent, la virgule change tout, détruit tout, rend l'intelligence impossible ; — l'œuvre encore bien plus gigantesque d'Aristote, formidable encyclopédie de l'antiquité, écrite dans une langue algébrique, tellement concise et abstraite ! On avait bavardé infiniment sur Aristote et Platon, on les avait traduits faiblement, peu fidèlement. Tout cela n'était rien auprès de ce que firent, à Venise, les Alde dans l'épouvantable travail qu'ils mirent à fin, ressuscitant et dressant sur ses jambes ce double colosse, ce cheval de Troie, plein de guerres fécondes, qui, dans le ventre, a toute école, toute dispute et toute hérésie, le duel inextinguible de l'intelligence humaine.

Aristote ressuscita d'abord, l'année de la mort de Savonarole et de Charles VIII, en plein règne des Borgia (1498). Les terreurs de Venise en ce temps maudit, les malheurs infinis de la guerre, de la ligue de Cambrai, où Venise fut réduite à ses lagunes, arrêtèrent les presses des Alde. Les boulets barbares franchissaient la mer, sans respect pour le vieil asile qui fut respecté d'Attila. Venise était pourtant alors le berceau vénérable où renaissait Platon. Il ne put paraître que dans l'année sanglante des massacres de Brescia et de Ravenne, en 1512. Le monde, parmi ces malheurs, reçut de la désolée Venise l'incomparable fleur de la sagesse grecque, la sublimité consolante du *Banquet* et du *Phédon*.

Homère, Platon, Aristote, les trois bibles de l'antiquité. Ajoutez-y un monument non moins grand, le *Corpus juris*.

Qu'on ne s'étonne pas si Luther, le furieux défenseur du christianisme oublié, s'indigne, non sans terreur, de voir debout, la tête dans le ciel, ces géants qui, du haut d'une logique éternelle, regardent en pitié la Légende.

Une nouvelle dialectique renaissait, ingénieuse, à la fois fine et forte, qui, mortelle à la scolastique, triomphait et par la raison et par l'élégance de la démonstration, renvoyant dans la poussière le Lombard et Duns-Scot, mettant court saint Thomas et lui brouillant son *distinguo*.

Et ce n'était pas un vain jeu, une escrime, un duel de langue. Il n'y eut dans les commencements rien d'hostile au christianisme. L'esprit nouveau le ruinait, sans s'en apercevoir, dans une étonnante innocence. Ce qu'on voyait, loin d'être une dispute, était un embrassement, une reconnaissance touchante des membres égarés de la grande famille ; l'Europe moderne revoyait sa mère, l'antiquité, et se jetait dans ses bras.

L'Orient va se rapprocher tout à l'heure, tout à l'heure l'Amérique. Spectacle digne de l'œil de Dieu ! La famille humaine réunie, à travers les lieux et les temps, se regardant, se retrouvant, pleurant de s'être méconnue.

Combien cette grande mère, la noble, la sereine, l'héroïque antiquité, parut supérieure à tout ce qu'on connaissait, quand on revit, après tant de siècles, sa face vénérable et charmante ! « O mère ! que vous êtes jeune ! disait le monde avec des larmes, de quels attraits imposants nous vous revoyons parée ! Vous emportâtes au tombeau la ceinture éternellement rajeunissante de la mère d'amour... Et moi, pour un millier d'années, me voici tout courbé et déjà sous les rides. »

Il y eut là, en effet, un mystère amer pour l'humanité. Le nouveau se trouva le vieux, le ridé, le caduc. L'antiquité parut jeune et par son charme singulier, et par un accord profond avec la science naissante. Un sang plus chaud, une flamme d'amour revint dans nos vieilles veines avec le vin généreux d'Homère, d'Eschyle et de Sophocle. Et, non moins viril qu'enchanteur, le génie grec guidait Copernic et Colomb. Pythagore et Philolaüs leur enseignaient le système du monde. Aristote leur garantissait la rotondité de la terre. Platon leur montrait l'Occident et désignait les Hespérides.

Est-ce tout? Non, notre cœur demandait à l'antiquité autre chose que l'Amérique, autre chose que la science ou le charme littéraire. Nous lui demandions surtout de désemprisonner nos âmes, de nous faire respirer mieux, d'accorder à nos poitrines l'élargissement d'une moralité plus douce et vastement humaine, non liée à la formule byzantine, obscure, de Nicée. Nous lui demandions, non pas de briser l'autel, mais de l'étendre; non de supprimer les saints, mais de les multiplier, d'ouvrir les bras de l'Église, si indignement resserrés, à saint Socrate, aux Antonin, et à vous aussi, saint Virgile!

« Saint Virgile, priez pour moi! » Moi-même j'avais ce mot au cœur, bien avant de savoir qu'un autre a parlé ainsi au seizième siècle. Et qui plus que moi a droit de le dire, moi, élevé sur vos genoux, qui n'eus si longtemps nul autre aliment que l'antiquité adoucie par vous; moi qui vécus de votre lait avant de boire dans Homère le vin, le sang et la vie? Mes heures de mélancolie, jeune, je les passai près de vous; vieux, quand les pensées tristes viennent, d'eux-mêmes, ces rhythmes aimés chantent encore à mon oreille; la voix de la douce sibylle suffit pour éloigner de moi le noir essaim des mauvais songes.

Quand on passa des voies rudes et scabreuses de la scolastique à cette splendide antiquité, ce fut le même changement qui vous frappe en laissant le pavé pointu de la Suisse, ses cailloux de torrent qui déchiraient vos pieds, pour les rubans de dalles où vous glissez, léger comme une âme bienheureuse, à travers les villes italiennes, dans Florence ou dans l'immensité de Milan.

Il y eut un violent retour, bien sévère pour le moyen âge. Le christianisme, à sa naissance, avait accusé de grossièreté le symbolisme antique, et l'antiquité renaissante reprocha au moyen âge d'être à la fois grossier et subtil, d'envelopper le matérialisme légendaire dans la chicane byzantine et l'aridité scolastique.

L'imprimerie lui lança ses faux, tout à coup découverts, fausses légendes, fausses décrétales.

Une haine immense s'éleva contre les destructeurs de l'antiquité, les brûleurs, gratteurs de manuscrits. L'auto-da-fé d'un million de volumes, qui se fit à Grenade après la conquête, parut un vaste crime contre la raison, contre Dieu. Le cardinal Ximenès, imprimant la Bible en cinq langues, expia-t-il par là les quatre-vingt mille manuscrits qu'il avait brûlés de sa main?

Chaque fois qu'on découvrait sous quelque antienne insipide un mot des grands auteurs perdus, on maudissait cent fois ce crime, ce vol fait au genre humain, cette diminution irréparable de son patrimoine. Souvent, la ligne commencée mettait sur la voie d'une découverte, d'une idée qui semblait féconde; on croyait saisir de profil la fuyante nymphe, on y attachait les yeux, à cette trace évanouie, jusqu'à l'éblouissement et la défaillance. En vain; l'objet désiré rentrait obstinément dans l'ombre, l'Eurydice ressuscitée retombait au sombre royaume et s'y perdait pour toujours.

On a dit, non sans vraisemblance, que les statues antiques qui sont arrivées jusqu'à nous, statues de marbre, sont les moindres. Les ouvrages capitaux de Phidias, de Praxitèle, furent faits d'or, d'argent, d'ivoire, et ils ont péri. Il en est peut-être de même des manuscrits anciens. Peut-être n'avons-nous que les moins précieux. Où sont ces œuvres politiques, célèbres dans l'antiquité? où sont les mémoires de Sylla et ceux de Tibère? où est le livre où Auguste fit écrire pour lui la description de l'Empire romain? Et Carthage, et la Syrie, parentes immédiates du monde juif, comment n'en reste-t-il rien? Là eût été le véritable éclaircissement du peuple biblique, dont les livres, tellement isolés dans la ruine générale des nations sémitiques, restent aussi peu accessibles qu'une arche d'un pont rompu au milieu d'un fleuve. Les deux bouts en furent emportés; ni de l'un ni de l'autre bord vous ne pouvez y arriver; ruine d'autant plus plus grandiose, mystérieuse, qu'on n'en approche plus. Qui sait si, dans ce million de livres orientaux que brûlèrent les Espagnols, il ne restait pas quelque chose des hautes antiquités de la Syrie, de l'Arabie, d'Ismaël, frère d'Israël?

La Renaissance, dans sa fureur contre les destructeurs de l'antiquité, ne voulait voir en celle-ci qu'harmonie et qu'unité. Elle ne l'envisageait pas comme un monde de variété, mêlé d'âges et de couleurs infiniment différentes, mais comme la Vénus éternelle. De cette unité, qu'elle exagérait, elle accablait la complexité laborieuse, hétérogène du moyen âge, mêlée de diamants, de plâtras. L'indignation venait et la fureur d'avoir été si longtemps à genoux devant cette babel gothique. Ce monde de contradictions, d'hypocrisie, de sanguinaire douceur, ce monde serf, ce monde moine, mis en face de la cité antique, du monde d'harmonie et de dignité, faisait frémir de haine. « Ne reverra-t-on pas le jour où l'homme, redevenu citoyen, redressé et refait homme, rentrera dans son âge de majorité, interrompu si longtemps par la religion des serfs?... »

Ceux qui savent ce que c'est que révolution et inondation savent que, les eaux une fois amoncelées, c'est une goutte d'eau de plus qui semble décider la rupture, emporter les digues. Érasme fut la goutte d'eau.

Érasme, l'ingénieux latiniste, né en Hollande d'un hasard d'amour, esprit italien (et point hollandais), dans sa vie errante, subsistant d'enseignement, de corrections d'imprimerie, de compilations, avait imprimé, en 1500, passant à Paris, un petit recueil d'adages et de proverbes anciens. Le public se jeta dessus; la boutique de la rue Saint-Jacques, où parut l'heureux volume, ne désemplissait plus; chacun avait hâte d'acheter, de porter en poche, la petite sagesse pratique, la prudence populaire de l'antiquité. D'éditions en éditions, toujours augmentées, à Venise, à Bâle, le livre devint un gros in-folio en fins caractères. Alde fit l'édition complète en 1508, et Froben, à Bâle, la réimprima six fois. Bien plus, Érasme, étant en Italie, sur le passage du pape, le pontife et ses cardinaux vinrent saluer l'illustre compilateur des *Adagia*. Nul chef-d'œuvre ne fut jamais l'objet d'un tel enthousiasme. C'était, en réalité, un grand secours offert à tous, même aux moindres, un véritable *Dictionnaire de la Conversation*. Qu'on se figure toute l'antiquité réunie en un livre; tout ce qu'elle a produit de pensées, de sentences et de maximes, ramené comme des rayons à un seul foyer.

L'illustre prévôt des marchands, Budé, l'ami d'Érasme et de Rabelais, Budé, qui lui-même avait tellement éclairé l'antiquité par son travail sur les monnaies et ses notes sur les *Pandectes*, disait du livre des *Adages* : « C'est le magasin de Minerve ; tout le monde y a recours, comme aux feuilles de la sibylle. »

Holbein, le grand peintre de Bâle, peignit Érasme en habit de triomphateur, passant, couronné de lauriers, sous un arc romain, et comme entraînant le monde par cette *via sacra* de l'antiquité.

L'effet en réalité était légitime et vraiment grand en deux sens. On vit que la majeure partie de ces proverbes antiques n'en étaient pas moins modernes, que l'antiquité n'était pas un illisible grimoire, monopole des savantasses, qu'elle était nous-mêmes et l'homme éternellement identique. On vit que cette antiquité, que les *Janotus de Bragmardo*, les pédants crottés dont parle Rabelais, représentaient à leur image, gourmée, pédantesque et sotte, était l'élégance même, l'urbanité, la grâce. La cour, aussi bien que la ville, reconnut que Platon, Xénophon, étaient de *parfaits gentilshommes*, pleins d'aménité et d'esprit. L'*honnête homme*, ce faible idéal, qui a toujours été si populaire dans la moyenne sagesse française, parut tout à fait représenté dans certaines productions de l'antiquité pâlie, comme les *Offices* de Cicéron, livre qu'on imprima partout et qui partout devint usuel.

Du reste, quelque faibles que fussent les résultats encore, ce qu'il y avait de grand, c'était l'effort, la volonté. Et quoi de plus grand, en ce monde, que de vouloir sérieusement? Dans le transport, jamais calmé, d'une activité haletante, on exhumait de la terre, de la poudre des vieux dépôts, médailles et monnaies, bas-reliefs, manuscrits de toute sorte, médecine, géographie, poésie, mœurs, usages domestiques, toute la vie de l'antiquité. Bons *humanistes!* qui leur refusera ce nom, en les voyant embrasser d'un si impartial amour tout ce qu'on pouvait savoir alors, tout peuple, tout âge et tout dieu, toute langue et toute humanité?

Venez, dans la nuit noire encore; montons, l'hiver, de grand matin, la rue Saint-Jacques. Voyez-vous toutes ces lumières? Des hommes, des vieillards même, mêlés aux enfants, vont portant sous un bras l'in-folio, de l'autre le chandelier de fer. Vont-ils tourner à droite? Non, la vieille Sorbonne est endormie encore; elle se tient chaude entre ses draps. La foule va aux écoles grecques. Athènes est à Paris.

Cet homme à grande barbe, dans sa majestueuse hermine, c'est le descendant des Empereurs, Jean Lascaris. L'autre docteur, c'est Aléandre, qui enseigne l'hébreu. Vatable est à ses pieds, qui écrit et déjà imprime. Étrange renversement des choses! Cette ville, qui vers 1300 ravit aux juifs leurs manuscrits pour les anéantir, elle les imprime aujourd'hui. En 1508, on fond les premiers caractères hébraïques. La vieille Loi, si cruellement persécutée par la nouvelle, devient impérissable, multipliée par les chrétiens. Le défenseur des livres juifs, Reuchlin, ébranle l'Allemagne de sa lutte héroïque contre les ignorants persécuteurs et destructeurs de livres, qui les brûlent, ne sachant les lire.

Croyons aux victoires de l'esprit! Au moment où l'Espagne détruit les livres par milliers, l'Allemagne, la France, l'Italie en impriment par millions!

Nul lieu, ni temple, ni école, ni assemblée de nations, n'a jamais porté à mon cœur la religieuse émotion que j'éprouve quand j'entre dans une imprimerie. Le poëte-ouvrier de Manchester l'a très-bien dit : « La Presse est l'Arche sainte! » Les révolutions de Paris se sont faites autour de la Presse. Imprimeur en 93, mon père avait planté la sienne au chœur même d'une église, et j'y suis né. Vives religions du berceau, elles me revinrent en 1843, quand ma chaire assiégée me fut presque interdite et la parole disputée par une cabale fanatique. Le soir même, je cours à la Presse ; elle haletait sous la vapeur ; l'atelier n'était que lumière, brûlante activité ; la machine sublime absorbait du papier, et rendait des pensées vivantes... Je sentis Dieu, je saisis cet autel. Le lendemain, j'étais vainqueur.

La rue Saint-Jean-de-Beauvais n'est pas une belle rue, et elle a le tort d'avoir eu l'école de subtilités vaines qu'on appelait le Droit canonique. Et elle a pourtant une grande gloire : elle eut au clos Bruneau la vénérable enseigne des Estienne, les premiers imprimeurs du monde, dynastie mémorable, qui, un siècle durant, par Henri Ier, par le grand Robert, par Charles et Henri II, illumina le monde. De là sortit toute une antiquité, épurée, corrigée, judicieusement annotée, mise en commun pour tous. Le colossal *Trésor de la langue latine* a immortalisé Robert, comme Henri II celui de la langue grecque. Ce ne sont plus ici des pédants. Leur verve, leur vigoureux bon sens éclairent toutes leurs publications. L'un d'eux, médecin illustre, naturaliste original, écrit et publie tout à l'heure le premier traité pratique d'agriculture, la *Maison rustique*.

Les Estienne impriment en 1512, quatre ou cinq ans avant Luther, le premier livre de la

Réformation, le Nouveau Testament de Lefebvre d'Étaples.

La Réforme française, toutefois, est encore loin. La religion de cette maison des Estienne, c'est jusqu'ici l'imprimerie elle-même. On sait qu'ils proposaient des prix à ceux qui trouveraient des fautes dans leurs publications. La correction se faisait par un décemvirat d'hommes de lettres de toute nation et la plupart illustres. L'un d'eux fut le grec Lascaris, un autre Rhenanus, l'historien de l'Allemagne, l'aquitain Rauconet, depuis président du parlement de Paris, Musurus, que Léon X fit archevêque, etc.

On se demande comment ces Estienne, imprimeurs admirables, irréprochables correcteurs, ayant à mener cette grande maison, purent être de féconds éditeurs, des écrivains piquants, des maîtres en notre langue. L'un d'eux l'explique en adressant à un ami la préface de son Thucydide : « Reçois, ami, le produit des sueurs qu'un travail âpre tire de mon front, pendant le rude hiver, pendant les sombres nuits où j'écris au vent de la bise. »

Deux choses les soutenaient :

L'une (dont je leur réponds), la reconnaissance qu'ils attendaient de nous. « Postérité ! disait Henri, tu pourras reposer, nous travaillons pour toi. Tu dormiras paisible, heureuse de nos veilles. »

L'autre soutien (Dieu nous donne à tous de suivre en ceci ces grands ouvriers!), ce fut la parfaite unité du foyer et de la famille. Les dames Estienne, levées de grand matin, parmi cette légion d'hommes de toutes langues, parlaient la seule que tous entendaient, le latin. « Votre ayeule, écrit Henri II dans sa préface d'Aulu-Gelle, l'entendait parfaitement. Et votre tante Catherine s'énonçait en latin de manière à être entendue de tous. Les domestiques s'y habituaient et finissaient par parler de même. Pour nous, enfants, depuis que nous commençâmes à balbutier, nous n'aurions jamais osé parler autrement que latin devant mon père et ses correcteurs. »

Ainsi tout était harmonie, et le grand imprimeur, ses correcteurs illustres, ses ouvriers lettrés, ses enfants, ses savantes dames, présentaient l'unité du vrai foyer antique, l'image des familles et clientèles romaines, de sorte qu'en entrant chez Henri, chez Robert, chez Charles, auteur de la *Maison rustique,* vous vous seriez cru chez Caton.

CHAPITRE XII.

La situation reste obscure encore. — De Michel-Ange, comme prophète.

Ainsi se faisait la lumière. Elle revenait au monde, mais par d'insensibles degrés. L'ardeur même y mettait obstacle; la passion par enivrement s'entrave, s'arrête elle-même. Cette première renaissance, qui adorait tout de l'antiquité, la recherchait dans sa forme bien plus que dans son principe. Ce principe, celui des gouvernements populaires, des religions nationales où le peuple avait fait ses dieux, était trop éloigné de l'éducation messianique que le clergé a donnée à l'homme du moyen âge et que continuent les légistes au profit de la royauté.

Le nouveau Messie est le roi. A mesure que s'affaiblit dans les esprits le dogme de l'incarnation, grandit et se fortifie l'idolâtrie monarchique. La centralisation, qui commence, immense et confuse encore, n'est guère comprise des foules que comme la force infinie d'un individu. Point de vue populaire, enfantin, que Rabelais va reproduire tout à l'heure sous des masques ridicules dans ses rois géants, le Pantagruel, le Grand-Gousier, le Gargantua.

C'est l'adoration de la force, l'obscurcissement du droit.

Ainsi l'idée qui fait la vie, la moralité des religions et des états, le Droit chemine lentement.

Tous l'obscurcissent à l'envi.

Les jurisconsultes littérateurs, un Alciat par exemple, le servent et lui nuisent par la richesse de leurs commentaires, par l'accumulation des textes oratoires ou poétiques, appelant Ovide ou Catulle à témoigner pour Papinien.

Les procureurs, classe immense qui pullule sous Louis XII, étouffent le droit bien mieux encore, l'entourant, pour cacher leurs vols, de l'épineuse et noire forêt d'une nouvelle scolastique.

De même que les théologiens vont tout à l'heure proclamer la déchéance de la Loi, le règne absolu de la Grâce, les croyants de la royauté n'envisagent dans la législation qu'un don de la grâce royale, une faveur toute précaire et révocable à volonté.

Mais la grâce est chose variable. Louis XII

craint que ses réformes ne soient viagères, mortelles comme lui. Comment garder l'avenir? Qui prendra au sérieux la *défense que fait le roi d'obéir aux ordres du roi* qui seraient contre la justice?

Les corps de magistrature qui faisaient illusion sur la servitude publique vont s'aplatir sous le successeur de Louis XII, et les choses apparaîtront dans leur rude vérité. Un pouvoir, le Roi; rien de plus. Le gouvernement est tout personnel. Plus d'action collective. Plus de cours féodales où le seigneur appelait ses barons. Plus de communes délibérantes. Le fil des affaires politiques, moins multiple, moins complexe, et mis dans une seule main, devient pourtant plus difficile à suivre; cette main unique est fermée. Toute affaire est maintenant personnelle, de famille, de favoritisme, de galanterie. Le destin des nations est désormais enclos aux ténébreux appartements, aux chambres à coucher, aux alcôves, aux retraits de Leurs Majestés. Leur humeur, leur santé variable, voilà maintenant la règle du monde. Le mystère de la digestion trône au sommet de la politique.

Tels rois, tels peuples; ceux-ci participent aux maladies des princes. La France tousse, la France a mal à la poitrine, la France fait un enfant mort; on dirait qu'elle meurt elle-même, et cela regorgeant de vie! oui, mais elle est malade en son incarnation : Louis XII, Anne de Bretagne.

Et non moins malade est l'histoire. Elle a cessé, sauf les panégyristes ou les chroniqueurs romanesques, pauvres copistes des romans qui ont copié, gâté les poëmes. J'excepte la charmante chronique de Bayard, qui d'ailleurs fut écrite plus tard et sous François I*er*. Comines m'a quitté, et le bon sens aussi semble avoir délaissé le monde. Le ferme et fin Machiavel, et sa plume d'airain, sont brisés; il le dit lui-même. Il se précipite effaré dans le paradoxe insensé du *Prince*, poignardant le droit et le juste, afin qu'il ne reste rien, et jetant ce dernier mort sur les morts d'un monde détruit.

Cette politique dernière du crime et du désespoir a pourtant l'ambition d'être une politique encore, une sagesse positive, pratique; elle donne des règles, des recettes pour le succès. Ces règles, sur quoi les appuyer, lorsque nous entrons dans un monde de toute-puissance individuelle, c'est-à-dire d'arbitraire suprême, de fluctuation, de variation? Tes règles, tes recettes, telles quelles, tu peux les remporter, mon pauvre Machiavel. Qui sera sûr maintenant que la règle générale se rapporte au cas singulier, au hasard obscur de ce jour? Qui peut savoir? qui peut prévoir? Tout au plus puis-je étudier le tempérament de ces princes, consulter leurs médecins. Vésale me renseignera sur la goutte de Charles-Quint; Agrippa me guidera par les maladies ou par les amours de la galante reine-mère, qui gouverne sous François Ier.

L'art portait l'empreinte naïve de cette personnalité absorbante. Tout se rabaissait à l'individu. Rien ne se faisait plus de grand. Voilà déjà près d'un siècle que Brunelleschi, bâtissant la Renaissance sur la solide construction de Santa Maria del Fiore, a définitivement vaincu le gothique. Qu'a-t-on fait depuis? En Italie, des palais, des villas pour les banquiers de Florence, pour les sénateurs de Venise. Le gothique persévère dans les églises du Nord, mais comment? par la sculpture; l'architecture a péri. Mourante et désormais stérile, elle appelle à son secours les ciselures, toutes sortes de minuties charmantes à l'ornement des gigantesques cathédrales. A ces prodigieux colosses, elle met des frisures et des fleurs, les galantes moulures de l'orfévre et jusqu'aux guipures du brodeur. Ces hautes tours, ces nefs énormes, ces Alpes de pierre, sœurs des pyramides d'Égypte, commencent à vouloir se faire belles dans leur décrépitude; elles s'attifent coquettement. Ainsi le veut le goût du temps, ainsi le commandent les reines et les rois.

Leurs lacs d'amour, leurs devises galantes, les

emblèmes de lit et d'alcôve, ils veulent tout cela dans l'église. Les stalactites artificielles, pendantifs hasardés qu'on admirait dans les bijoux, dans les meubles, on les fait en pierres; elles descendent des chœurs et des nefs, énormes, lourdes à faire peur, écrasantes; le fidèle, sous cette menace, ne se hasarde qu'en tremblant.

Tel est le gothique fleuri du sanctuaire de Westminster, de Saint-Pierre de Caen, et encore de la blanche église de Brou. Celle-ci, miracle de sculpture, fut vingt ans durant le joujou laborieux de la Flamande Marguerite. Elle en a fait l'église de Dieu? non, mais de Philibert de Savoie, son jeune époux, et son temple aussi à elle-même. Toute figure, toute histoire, y rappelle la prééminence de la femme; mais ses défauts y sont aussi : l'amour du joli, du petit. Sous cette voûte sans élévation, vous voyez un enchantement de guipures et de broderies de blanche pierre ou d'albâtre; partout uniformément se croisent la marguerite et la plume des lais d'amour et du traité de Cambrai. Rébus, énigmes et logogryphes témoignent de l'esprit du temps. Brodeuse et fileuse excellente, la princesse semble avoir, en rêvant ces devises, filé son église au fuseau des fées, filé infatigablement; mais le spectateur se fatigue dans son admiration monotone. François Ier, entrant dans l'église de Brou, en remarqua tout d'abord la fragilité; cette pierre d'un blanc virginal, peu solide aux fortes gelées, demanda des réparations même avant l'achèvement. L'habile Flamand qui la bâtit avait justement oublié la conduite des eaux, la question capitale de conservation.

Le seizième siècle, sous ces rapports, ne se montrait pas en progrès sur le quinzième. L'art y est grand, mais il est serf, dépendant de l'individu. Il était courtisé des peuples, il devient courtisan des rois.

Et lui-même semble organisé monarchiquement. Ses grands maîtres, rois de la peinture ou de la sculpture, apparaissent isolés, là où fermentait un peuple d'artistes. Vinci, Michel-Ange, sont de grands solitaires. Raphaël est toute une école, il est vrai; mais, jusqu'à sa mort, lui seul paraît, lui seul nomme de son nom les œuvres communes : une légion de peintres est absorbée en lui.

L'art s'éloigne alors de la vie, des luttes et des malheurs du temps, se retranche dans l'indifférence. Pour moi, admirateur autant que personne de cette grande école qu'on appelle Raphaël, et qui a couvert le monde de peintures, je suis étonné de sa quiétude, de sa sérénité étrange au milieu des plus tragiques événements. Ces impassibles madones savent-elles ce que leurs sœurs vivantes ont éprouvé de Borgia au sac de Forli, de Capoue? Ces philosophes de l'*École d'Athènes* peuvent-ils raisonner, calculer, au jour du sac de Brescia, à l'heure où un furieux frappe au sein de sa mère mourante le futur restaurateur des mathématiques? Et cette *Psyché*, enfin, peinte deux fois par Raphaël avec tant de charme dans toute sa longue histoire, n'a-t-elle donc pas entendu l'effroyable cri de Milan, torturée par les Espagnols, qui seront à Rome demain.

La comparaison trop fréquente de Virgile et de Raphaël fait, en vérité, au premier une cruelle injure. Le charme de Virgile, sa grâce sainte, c'est justement d'avoir constamment souffert avec l'Italie. Quelque loin qu'en soit le sujet, son âme en est toujours atteinte. Vous sentez partout, avec un attendrissement infini, que le pauvre paysan de Mantoue, le dernier et infortuné représentant des vieilles populations italiques, a en lui un monde de deuil. Poëte de l'exil dans la première églogue et dans tant de passages divers, il l'est même dans la poésie officielle que ses patrons lui commandent. Dans le chant triomphal qu'on lui fait faire pour la naissance d'un petit-fils d'Auguste, il veut être joyeux et il pleure; ce qui lui vient à la bouche, c'est l'éternel exil de Térée, qui a perdu jusqu'à la figure d'homme, non pourtant le cœur et le souvenir :

« Malheureux ! dans son vol, il revenait planer sur le foyer qui fut le sien ! »

Où fut l'âme de l'Italie au seizième siècle ? Dans la placide facilité du charmant Raphaël ? dans la sublime ataraxie du grand Léonard de Vinci, le centralisateur des arts, le prophète des sciences ? Celui-ci, toutefois, qui voulut l'insensibilité, qui se disait : « *Fuis les orages,* » il a, qu'il le voulût ou non, laissé dans le *Saint Jean,* dans le *Bacchus,* et la *Joconde* même, dans le sourire nerveux et maladif que ces têtes étranges ont toutes aux lèvres, une trace douloureuse des tiraillements de l'esprit italien, de cette fièvre de maremme qu'il couvrait d'hilarité fausse, du badinage plutôt léger que gai de Pulci et de l'Arioste.

Il y a eu un homme, en ce temps, un cœur, un vrai héros.

Avez-vous vu dans le *Jugement dernier,* vers le milieu de cette toile immense, celui que se disputent les démons et les anges ? Avez-vous vu dans cette figure et d'autres ces yeux qui nagent et s'efforcent de regarder en haut, l'anxiété mortelle de l'âme, où luttent deux infinis contraires ?... Images vraies du seizième siècle entre les croyances anciennes et les nouvelles, images de l'Italie entre les nations, images de l'homme d'alors et de Michel-Ange lui-même. Ce tableau, œuvre savante et calculée de sa vieillesse, mais si longuement préparé, montre ainsi des parties naïves, jeunes, spontanées, arrachées du cœur même, et sa révélation profonde.

On l'a dit à merveille : « Michel Ange fut la conscience de l'Italie... De la naissance à la mort, son œuvre fut le Jugement. » (A. Dumesnil : l'*Art italien*.)

Il ne faut faire attention ni aux premières sculptures païennes de Michel-Ange, ni aux velléités chrétiennes qui ont traversé sa vie. Dans Saint-Pierre, il n'a guère songé au triomphe du catholicisme ; il n'a rêvé que le triomphe de l'art nouveau, l'achèvement de la grande victoire de son maître Brunelleschi, devant l'œuvre duquel il a fait placer son tombeau, afin, disait-il, de la contempler pendant toute l'éternité. Il a procédé de deux hommes, Savonarole et Brunelleschi. Il n'est ni païen, ni chrétien. Il est de la religion des Sibylles, de celle du prophète Élie, des sauvages mangeurs de sauterelles de l'Ancien Testament.

Sa gloire et sa couronne unique (rien de tel avant, rien après), c'est d'avoir mis dans l'art la chose éminemment nouvelle, la soif et l'aspiration du Droit.

Ah ! qu'il mérite d'être appelé le défenseur de l'Italie, non pas pour avoir fortifié les murs de Florence à son dernier jour, mais pour avoir, dans les jours infinis qui suivent et suivront, montré dans l'âme italienne, suppliciée comme une âme sans droit, la triomphante idée du Droit que le monde ne voyait pas encore.

Rappeler ses origines, c'est dire pourquoi seul il put faire ces choses.

Né dans une ville de juges (Arezzo) dans laquelle toutes les autres allaient chercher des podestats, il eut un juge pour père. Il descendait des comtes de Canossa, parents des empereurs qui fondèrent à Bologne, contre les papes, l'école du droit romain. Il ne faut pas s'étonner si sa famille le doua en naissant du nom de l'ange de justice, l'ange Michel, de même que le père de Raphaël nomma le sien du nom de l'ange de la grâce.

C'était une race colérique. Arezzo, vieille ville étrusque, petite république déchue, était méprisée de la grande ville de banque ; Dante lui donne un coup en passant. Un des sujets les plus ordinaires des farces italiennes était le podestat, représentant impuissant de la loi dans les villes étrangères qui l'appelaient, le soldaient, le chassaient. Tout le monde en Italie se moquait de la justice. Il fallait un effort héroïque, comme celui de Brancaleone, pour faire respecter le glaive du juge. Il lui fallait un cœur de lion pour exécuter lui-même, étranger et isolé, ses jugements contestés de tous. Michel-Ange eût été un de ces juges guerriers au treizième siècle. Il était du cœur, de la taille des grands Gibelins de ce temps, de celui que Dante honore sur sa couche de feu, de l'autre à la face tragique : « Ame lombarde, quel était le lent mouvement de tes yeux? On aurait dit le lion dans son repos. » (*A guisa di leone, quando si posa.*)

Ne portant pas le glaive, sous ce règne des hommes d'argent, à la place il prit le ciseau. Il a été le Brancaleone, le juge et le podestat de l'art italien. Il a exercé dans le marbre et la pierre la haute censure du temps.

Sa vie de près d'un siècle fut un combat, une continuelle contradiction. Noble et pauvre, il est élevé dans la maison des Médicis où nous l'avons vu employé à sculpter des statues de neige.

Ame républicaine, il sert toute sa vie les princes, les papes.

L'envie le défigure. Un rival le rend pour toujours difforme. Fait pour aimer et être aimé, toujours il sera seul.

Mais sa plus grande contradiction encore est en lui-même. Né stoïcien, austère, fièrement posé dans le devoir, ce cœur n'était pas une pierre, ce n'était point ce globe de roc où Zénon figurait le Sage ; c'était une grande âme italienne, toujours épandue hors de soi par la contemplation avide du beau, la poursuite de l'idéal ; il dérivait à la fois de Zénon et de Platon. C'est de cette lutte intérieure, de cet effort contradictoire, qu'il souffrit, mourut, si l'on peut dire, pendant toute sa longue vie. Quiconque fût entré chez lui la nuit (il dormait peu) l'eût trouvé travaillant la lampe au front, comme un Cyclope, et aurait cru voir un frère des Titans. Et il y eut quelque chose de tel en ce génie. Mais sous le Titan était l'homme. Sa confidente unique, la poésie, le fait assez connaître. Chaque soir, après son unique repas, d'un peu de pain et de vin, il rimait un sonnet, et toujours sur les mêmes textes, sur l'effort impuissant de l'âme pour se sculpter elle-même, se tirer de son bloc, sur la difficulté qu'elle rencontre à dégager du marbre l'Idée, objet de son désir, son austère fiancée.

Plusieurs fois il voulut mourir.

Un jour qu'il s'était blessé à la jambe, il barricada sa porte, se coucha, n'ayant plus envie de se relever jamais. Un ami, voyant cette porte qui ne s'ouvrait plus, eut des craintes, chercha, trouva un passage, et étant arrivé à lui, le força de se laisser soigner et guérir.

Pourquoi ce désespoir? il ne l'a dit à personne, mais nous, nous le dirons. Parce que son âme excéda infiniment sa destinée, son talent même qui fut prodigieux, parce qu'il manqua deux fois son œuvre, qui était la Mort et le Jugement.

Le monument de la Mort devait être un tombeau. Le violent Jules II, dans son ambition infinie, avait osé accepter pour son mausolée le plan de Michel-Ange, plan immense qui aurait été un temple dans un temple, vraie tombe d'un César ou d'un Alexandre le Grand. Elle eût porté quarante colosses, de vertus, de royaumes conquis, de religions, Moïse et l'Évangile. Le Ciel s'y réjouissait et la Terre y pleurait. Là devait éclater, bien à sa place, cette profonde étude de la mort qu'il avait faite dix années (au point d'oublier les arts même pour l'anatomie). Tout était prêt, et la moitié de la place Saint-Pierre déjà couverte de marbres qu'il avait lui-même cherchés à Carrare et amenés par mer. La girouette tourna. Jules II changea, sur l'idée misérable que son flatteur Bramante lui suggéra, que « faire son tombeau de son vivant c'était chose de mauvais augure. » Il ne resta de l'œuvre commencée que le Moïse et les esclaves ; ces derniers sont au Louvre (le plâtre du Moïse aux Beaux-Arts).

Tel était cet étrange gouvernement de vieillards. Arrivés tous vieux, et très-vieux, la mort, la vie, se disputaient les papes ; le gouvernement de l'Immuable était l'inconstance même. Un prêtre, un moine, tout à coup prince, et roi des rois, voulait jouir de la vie ajournée, d'autre part la perpétuer par sa famille ou par son nom. Jules II, qu'on croyait un grand pape, ce conquérant Jules II, qui semblait né pour être le vrai patron de Michel-Ange, le laissa là, du jour où son tentateur, le Bramante, lui présenta la gracieuse figure du peintre des madones, cet étonnant enfant en qui fut l'universelle puissance de réalisation, l'Italie elle-même en son plus fécond *ingegno*. Jules II fit effacer toute peinture déjà existante, et lui donna à peindre l'immensité du Vatican.

Le Moïse était là cependant, non achevé, et déjà redoutable, qui reprochait au pape son changement d'esprit. Œuvre nullement flatteuse; du marbre se dégageait déjà la sauvage figure qui tenait de Savonarole. Le cœur de Michel-Ange, plein du martyr, l'avait transfiguré ici et par le trait le plus hardi qui, selon l'histoire, marquait cette physionomie unique : quelque chose du bouc (*oculi caprini*); figure sublimement bestiale et surhumaine, comme dans ces jours voisins de la création où les deux natures n'étaient pas encore bien séparées. Les cornes ou rayons plantés au front rappellent à l'esprit ce bouc terrible de la vision « qui n'allait qu'à force de reins et frappait de cornes de fer. » Le pied ému, violent, porte à terre sur un doigt pour écraser les ennemis de Dieu et les contempteurs de la Loi. Moïse est la Loi incarnée, vivante, impitoyable. Lui seul donna à Michel-Ange une pure satisfaction d'esprit. On conte que, quarante ans après, quand on le traîna dans l'église où il devait siéger, son père, qui marchait devant lui, s'indigna de le voir aller si lentement, se retourna, lui jeta son maillet, disant avec tendresse : « Eh ! que ne vas-tu donc?... Est-ce donc que tu n'es pas en vie? »

Ce sont là des figures qu'il faut cacher aux puissants de ce monde, qui rappellent trop franchement les justes jugements qu'ils ont à attendre et l'égalité de l'expiation.

Le pape avait décidément tourné le dos à Michel-Ange. Il ne le voyait plus; il le laissait payer les marbriers de son argent. Un jour qu'il était venu encore s'asseoir en vain à la porte du pape, il dit : « Si Sa Sainteté me demande, vous direz que je n'y suis plus. » Et il part pour Florence, pour Constantinople peut-être ; le sultan l'appelait pour construire un pont à Péra.

Mais cinq courriers arrivent en même temps à Florence, cinq lettres coup sur coup. Plaintes, fureur, menaces; le pape fera plutôt la guerre, si on ne lui rend son sculpteur. Le sculpteur n'en tient compte. Jules II, conquérant, dans Bologne, était à l'apogée de son colérique orgueil. Le pauvre magistrat Soderini eut peur : « Nous ne pouvons pas, dit-il à Michel-Ange, avoir la guerre pour toi... Tu iras honorablement comme ambassadeur de la République. »

La scène fut plaisante. Jules II, sur son bâton, le regardant avec fureur, lui dit : « Enfin !... Tu as donc attendu que j'allasse à toi au lieu de venir ! » Un évêque, qui se trouvait là, dit maladroitement : « Pardonnez-lui, Saint Père. Ces gens-là sont des rustres qui ne savent que leur métier. » Le pape, heureux d'avoir quelqu'un sur qui il pût frapper, tombe alors sur l'évêque : « Rustre toi-même ! » crie-t-il, et il le chasse à coups de bâton.

Cependant, ce serpent, Bramante, avait imaginé un coup pour désespérer Michel-Ange. Il lui fit ordonner par ce pape insensé, à lui sculpteur, de peindre la chapelle Sixtine. Michel-Ange n'avait jamais touché pinceau ni couleur, ne savait ce que c'était qu'une fresque, et l'on voulait qu'il fît, en face, en concurrence du plus facile et du plus grand des peintres, cette œuvre énorme de peindre toute cette petite église (deux cents pieds sur cent pieds de haut). Il en frémit, essaya d'éluder ; Jules II fut inflexible. Michel-Ange fit venir les plus habiles maîtres de Florence pour apprendre la fresque, les fit quelque peu travailler ; puis, mécontent, il les paya, et ne voulut plus les revoir. Il s'enferma dès lors dans la chapelle, peignant seul et préparant seul, broyant seul des couleurs. Terrible épreuve ! de nature à tuer l'homme le plus robuste. Et arrivé au tiers de ce travail immense, il crut que tout était perdu. La chaux séchait lentement, et, par places, elle se couvrait de moisissures.

Ce qui aida fort Michel-Ange, c'est que la chapelle Sixtine, œuvre de Sixte IV, l'oncle de Jules II, n'était qu'une pensée secondaire pour celui-ci, qui attachait la gloire de son pontificat à la construction de Saint-Pierre. Il obtint d'avoir seul la clef de la chapelle, de n'avoir aucune visite. Celle du pape, qu'il n'osait refuser, il la lui rendait difficile, en ne laissant d'accès aux échafauds que par une roide échelle à chevilles où le vieux pape devait se hasarder.

Cette voûte obscure et solitaire, dans laquelle il passa au moins cinq ans (1507-1512), fut pour lui l'antre du Carmel, et il y vécut comme Élie. Il y avait un lit, sur lequel il peignait pendu à la voûte, la tête renversée. Nulle compagnie que les prophètes et les sermons de Savonarole.

Dans quel ordre doit-on étudier ce livre sibyllin? C'est une des plus difficiles questions que puisse poser la critique, une de celles qui nous ont le plus souvent embarrassé. Rien n'est plus important que la filiation logique des idées, la vraie série chronologique des travaux, dans cette œuvre capitale, dominante de la Renaissance.

Mettons à part le *Jugement dernier*, qui fut fait

bien après, dans la vieillesse du maître, de 1533 à 1541.

Il ne s'agit ici que de la voûte, et bien plus, et surtout des intervalles des fenêtres.

Un mot de Vasari nous apprend d'abord que, *la première moitié ayant été découverte, Raphaël, qui la vit,* peignit en concurrence *ses prophètes et sibylles de sainte Marie della Pace.*

Puis, *que l'autre moitié fut expédiée en vingt mois, après lesquels la chapelle fut décidément ouverte pour la Toussaint* (1er novembre 1512).

C'est donc dans cette solitude absolue des années 1507, 1508, 1509, 1510, c'est pendant la guerre de la Ligue de Cambrai, où le pape porta le dernier coup à l'Italie en tuant Venise, que le grand Italien fit les prophètes et les sibylles, réalisa cette œuvre de douleur, de liberté sublime, d'obscurs pressentiments, de pénétrantes lueurs. La lampe que le grand cyclope portait au front dans l'obscurité de sa voûte, elle nous éclaire encore.

Il y a mis quatre ans. Moi, j'ai mis trente ans à l'interroger. Pas une année, du moins, ne s'est passée que je ne reprisse cette Bible, ce Testament, qui n'est l'ancien ni le nouveau, mais d'un âge encore inconnu ; né de la Bible juive, il la dépasse et va bien au delà.

Dante, qu'il a suivi plus tard dans le *Jugement*

dernier, et trop sans doute, ne paraît point du tout ici. Et les sibylles ne sont pas davantage virgiliennes. Celles-ci sont robustes et terribles, et leur trépied de fer est le trône du destin.

A ce point de la vie, il avait perdu terre, comme Christophe Colomb, sur l'Océan, ne voyait plus aucun rivage.

Son maître immédiat, qu'il l'ait su ou ne l'ait pas su, n'est plus même Savonarole; c'est le douzième siècle et la vision de Joachim de Flore que Savonarole n'osait lire.

Il faut bien se garder d'aller dans la chapelle, comme on fait, aux solennités de la semaine sainte et avec la foule. Il faut y aller seul, s'y glisser, comme le pape osait le faire parfois (mais Michel-Ange l'effraya en jetant une planche). Il faut affronter seul ce tête-à-tête. Rassurez-vous : cette peinture, éteinte et obscurcie par la fumée de l'encens et des cierges, n'a plus le même trait de terreur; elle a perdu de ses épouvantements, gagné en harmonie, en douceur; elle participe de la longue patience et de l'équanimité du temps. Elle apparaît noircie du fond des âges, mais d'autant plus victorieuse, non surpassée, non démentie.

Il y a trouble d'abord pour les spectateurs et difficulté de s'orienter. On ne sait, voyant de tous côtés ces visages terribles, lequel écouter le premier, ni dans qui on trouvera un favorable initiateur. Ces gigantesques personnages sont si violemment occupés, qu'on n'oserait s'adresser à eux. Car voilà Ézéchiel dans une furieuse dispute. Daniel copie, copie, sans s'arrêter ni respirer. La *Lybica* va se lever. Le vieux Zacharie, sans cheveux, une jambe haute et l'autre basse, ne s'aperçoit pas même d'une position si fatigante, dans sa fureur de lire. La *Persica*, le nez pointu, serrée dans son manteau de vieille qui lui enveloppe la tête, bossue de son long âge et d'avoir lu des siècles, lit, avare, envieuse, pour elle seule, un tout petit livre en illisibles caractères, où elle use ses yeux ardents. Elle lit dans la nuit sans doute et tard, car je vois à côté la belle *Erythræa*, qui, pour écrire, fait rallumer son feu éteint et remettre l'huile à la lampe. Studieuses et savantes sibylles qui sont bien du seizième siècle. La plus jeune est la seule antique, la *Delphica*, qui tonne sur son trépied. Vierge et féconde, débordante de l'Esprit, gonflée de ses pleines mamelles et le souffle aux narines, elle lance un regard âpre, celui de la vierge de Tauride.

Grand souffle et grand esprit! Quel air libre circule ici, hors de toute limite de nations, de temps, de religions! Tout l'Ancien Testament y est, mais contenu. Et ceci le déborde. Du christianisme nul signe. Le salut viendra-t-il? Rien n'en parle, mais tout parle du jugement. Ces anges mêmes sont-il des anges? Je n'en sais rien. Ils n'ont pas d'ailes. Êtres à part, enfants de Michel-Ange qui n'eurent jamais, n'auront jamais de frères, ils tiennent de leur père, d'Hercule et de Titan.

Si David, logé dans un coin, chante le futur Sauveur, il faut croire qu'il chante à voix basse. Nul ne semble écouter. Isaïe, son voisin, si profondément absorbé, fait peu d'attention à l'appel d'un enfant qui peut-être lui dit : Écoute! Il tourne un peu la tête, la tête et non l'esprit; dans ce mouvement machinal, sa rêverie dure et durera.

« Eh! quoi donc? Michel-Ange avait-il brisé avec le christianisme? » Non, mais visiblement il ne s'en est plus souvenu.

Cette douce parole de paternité, de salut, redite et ajournée toujours du moyen âge, a contracté les cœurs. La dérision semble trop forte. La grâce, qui ne fut que vengeance, verge et flagellation, a apparu si rude, que désormais le monde n'attend plus rien que la justice.

Justice et jugement, la grande attente d'un terrible avenir, c'est ce qui emplit la chapelle Sixtine. Un frémissement de terreur y fait trembler les murs, les voûtes, et, pour se rassurer, on ne sait où poser les yeux. Voici des mères épouvantées qui pressent leurs enfants contre leur sein.

Là une figure pâle, qui sur un dévidoir voit filer l'irrésistible fil que rien n'arrêtera. Un autre, en face d'un miroir, voit s'y réfléchir des objets qui sans doute passent derrière lui, si effrayants, que de son pied crispé il frappe au mur, recule. Même geste au plafond et souvent répété dans les figures d'en haut, figures désespérées, qui, nues, n'ayant plus souci de la pudeur, se montrant par où l'on se cache, ébranlent la voûte à coups de pied. Ils entendent rouler le tonnerre de la prophétie, qui les a pris en plein sommeil. On le voit par leurs camarades réveillés en sursaut, qui se jettent hors des couvertures, les cheveux dressés de terreur, ramassent et brouillent leurs vêtements, sans y voir, d'une main tremblante.

Évidemment les personnages ne sont pas dans l'ordre logique, mais placés selon les effets, les nécessités de l'art et de la lumière. Pour se guider, il faut moins regarder ceux qui parlent que ceux qui écoutent. Alors qu'on commence à entrer dans le sujet de cette révélation (*suivre du moins sur les gravures*).

Selon nous, le point de départ se trouve dans la belle femme endormie qui est au-dessous d'Ézéchiel : elle est visiblement enceinte. C'est le mot de Dieu au prophète : « Tu engendreras un enfant. » Vérité littérale. La parole prophétique est en effet une réalité et un être; la prédiction fait la chose à la longue; la persistante incubation des siècles, de la pensée des pères et du rêve des mères nourrissant le germe de vie, accomplit l'être désiré. Il naît, pourquoi? Il fut prédit... La parole est sa raison d'être. Ce que Dieu dit d'un mot: « Va, engendre un enfant. »

Mais quel fils? quelle parole? Un enfant de justice et la justice même.

Ézéchiel était, dit-on, un simple valet de Jérémie. Les plus petits sont les plus grands. Ce valet en sait plus que le maître.

Sa parole furieuse, cynique, d'un symbolisme obscène, contient la révélation dernière des prophètes et celle qui enserre tout le reste, qui détruit la doctrine impie des vengeances de Dieu poursuivies sur l'enfant *jusqu'à la dixième génération* et toujours, damnant le monde pour le péché d'un seul.

L'Ézéchiel de Michel-Ange, la tête serrée d'un turban d'Assyrie, tête de fer, tête révolutionnaire, s'il se tut, par un mouvement brusque où l'a saisi le peintre, se tourne vers un interlocuteur qu'on ne voit pas (un docteur d'Israël sans doute), et, laissant de côté la Loi qu'il tient de la main gauche, lui lance le verset sans réplique: « D'où vient, dit le Seigneur, que vous dites, comme un proverbe: *Nos pères ont mangé du verjus, et nos dents en sont agacées ?* Non, cela n'est pas vrai. Je jure qu'un tel proverbe ne passera plus. Toute âme est mienne. Qui pèche mourra de son péché ; qui est juste vivra. Si le fils est voleur, usurier, assassin, cela ne revient pas au père. Et pourquoi davantage du père au fils ? Non, qui pèche payera pour lui seul. »

Cette splendide lumière du dernier des prophètes, ce brisement des superstitions, cette fondation de la justice finissait le combat cruel du disciple de Savonarole, assistant aux douleurs de l'Italie et entendant sa plainte. Elle lui rendit le cœur et les bras le jour où, de cette haute antiquité, la Justice éternelle lui dit déjà le mot moderne : « Non, le mal ne vient pas d'ailleurs ni des fautes d'autrui ; non, homme, il vient de toi ! »

Sous le même prophète, en face de la jeune femme enceinte qui dort, vous la revoyez, mais moins jeune, éveillée, et mère maintenant. Il est là devant vous, robuste, ce fils de la parole, cette parole vivante. L'artiste vous rassure ; quelle force ! quels muscles il a déjà ! Il vivra, ce fruit de justice.

« Mais je voudrais savoir, ô mère ! comment a grandi ce robuste enfant. » Regardez-le là-bas, sous les pieds de la Persicha. Au petit livre où lit la vieille, répond en bas le petit nourrisson.

Là, il est au maillot ; il dort et rêve, l'innocent, enveloppé comme une momie d'Égypte, n'ayant ni bras ni jambes visibles, ne pouvant rien encore pour lui-même, les yeux clos et pas de cheveux ; la pauvre tête est rase... Sa mère, baissée sur lui, l'entoure, l'embrasse et l'enveloppe d'elle-même... Par bonheur ; car sur tous les deux (je le vois aux robes flottantes) passe violent le vent de l'Esprit... Dors, petit, n'ouvre pas les yeux, laisse passer le tourbillon. Et que l'envieuse sibylle que je vois sur ta tête, vieille vierge méchante, qu'on dirait une fée, lise sans se douter que ce qui pour elle est un livre, c'est ton destin à toi, ta faible vie d'enfant. Son destin, au petit, c'est, Dieu aidant, de se faire grand, de manger le bon grain de Dieu. Vous le voyez enfin délivré du maillot, grandelet ; il a maintenant des pieds, des mains et des cheveux ; il voit, regarde. Ce qu'il regarde, et attentivement, c'est sa mère qui fait la bouillie, sa mère qui saura bien la donner peu à peu ; elle la prend, la dispense d'un doigt prudent (naïve peinture, œuvre tendre d'un génie si mâle!). Et il le faut ainsi... Le temps est nécessaire, la mesure nécessaire, peu à la fois, peu chaque jour ; la vie croîtra en lui, et l'intelligence viendra, et de plus en plus il verra clair et sera initié.

Est-ce le même enfant qu'une mère effrayée

presse au sein, le même à qui l'on montre je ne sais quel objet derrière lui, et qu'il ne veut pas voir, trépignant d'épouvante?... Est-ce lui que je vois reproduit tant de fois, majestueuse figure d'herculéenne adolescence, entre douze et quinze ans, devenu l'Atlas des prophètes, portant, sans plier, ces géants, et tête haute... Je le vois, l'enfant est un peuple, et un peuple héroïque qui naît de la justice et mettra la justice au monde.

Mais qu'il nous faut de siècles, de générations, de malheurs! et dans quelle abondance de larmes continue cette œuvre si fière!... L'artiste n'avait pas prévu un tel déluge de maux... Ce qui perce le cœur, ce sont toutes ces familles de pèlerins qui sont assises aux coins obscurs, pauvres voyageurs fatigués qui ne se plaignent plus, ne pleurent plus, restent inertes, stupides de faim et de misère, le sac et le bâton à terre, souvent le menton dans la main, regardant venir sur la route, quoi? ils ne le savent pas eux-mêmes. Mais peut-être viendra quelque chose, une aumône peut-être. Car toute l'Italie est mendiante, ou va l'être. Un sou à l'Italie, je vous prie... Mais ces femmes qui ont les yeux baissés, qu'est-ce qu'on leur donnera? et qu'est-ce qui relèvera leur cœur humilié? Pour les yeux (trop grande fut leur honte), elles ne les relèveront jamais.

« *Ah! ah! ah! Domine Deus!* » Ce cri enfantin

de Jérémie est tout ce qui peut venir, avec les larmes, en un malheur qui dépasse toutes les paroles. Et ce sont des larmes sans doute qui coulent invisibles le long de cette longue barbe orientale à longues tresses. « *Ah! ah! ah! Domine Deus!* » Sa tête colossale tombe dans sa main, et il ne peut plus la soutenir... Mais si vous voyiez ce qu'il voit ! votre cœur crèverait... Pour lui, je ne crois pas qu'il se relève jamais du siége où je le vois appesanti et cloué d'une si écrasante douleur...

Ce qu'il voit! ce n'est pas seulement ceci qui arrache vos larmes, c'est ce qui va venir... C'est Ravenne, c'est Brescia, vastes ruines et massacres d'un peuple qui n'aura lieu qu'en 1512; deux ans après cette peinture, ce sont les tortures de Milan; plus tard encore, le sac de Rome... Un monde d'art, une complète *umanità* noyée d'une vague et d'un coup, et la barbarie qui commence, l'horreur hérissée du désert, la prospérité du chardon, les moissons de la ronce...

Il y avait deux hommes justes encore, et bons... Hélas! je les vois là, plus bas que Jérémie. Trouvez-moi en ce monde une figure meilleure que celle du pauvre pèlerin que je vois à ma droite : faible tête, peut-être, sans prudence, et la barbe au vent; il n'a pas su prévoir, voilà pourquoi il parcourt toute la terre, demandant son pain. Voilà l'émigrant italien, l'éternel exilé qui ira toujours maintenant et marchera jusqu'au jugement. Ah! qu'il lui reste de chemin à faire! qu'il est fatigué, qu'il est vieux! il est arqué déjà et bossu de fatigue; sa pauvre épine d'homme, sous la besace, a plié et s'est déformée. Mais comment ira-t-il plus loin? ses pieds noueux sont si endoloris qu'il n'ose les poser par terre; assis sur une pierre, il ne peut repartir. Pars pourtant, il le faut; tu dois marcher toujours, afin que tous les peuples disent : « Voilà l'Italie qui passe. »

Celui-ci va, se meut encore. Mais que dire de l'autre qui siége en face? Désespoir accompli! et la plus naïve douleur qu'aucune main ait hasardé de peindre... Malheur à qui rira! Où a-t-il pris cette figure? Au père qui a vu le brigand prenant son enfant par le pied, et en battant la pierre... au mari qui, lié, a vu sa femme rugir sous les soldats, et l'appeler en vain, mourir, et une armée passer par son cadavre?... Il a tout cela dans les yeux.

Il fut changé en pierre. Il a la tête haute, les yeux ouverts et grands, sans regarder. Mais, voyez, il est mort, et il a maudit Dieu.

Vous croyez que c'est tout? Non, il y a une chose abominable, le résidu de l'abomination. Elle sera féconde malheureusement. Le viol sera fécond; l'esclavage, les pleurs, le désespoir féconds. Mais ici la douleur de l'artiste a été si profonde qu'il a perdu ce qui est la pudeur de l'artiste ; j'entends par ce mot le respect de la beauté, que l'art garde toujours même en peignant des monstres. Quand Vinci peint un lézard, un serpent, il vous oblige à dire : Le beau serpent! Mais ici, hélas! voici la désolante réalité humaine, basse, avilie, vulgaire : l'enfant de l'enfant des esclaves, pour nous poursuivre de sa basse laideur, pour représenter, subsistante malédiction, les infamies fatales d'une race vouée au vice, pour faire rougir les siens et blasphémer tout le jour.

Cette misérable cariatide, qu'il a posée sous Jérémie, est sans comparaison son œuvre la plus triste, et elle a été conçue par lui certainement dans son plus sombre désespoir, le jour peut-être où il s'était enfermé pour mourir. Basse, trapue et grosse, elle n'a pas grandi, elle a décru plutôt, sous les fardeaux qui depuis sa naissance ont toujours écrasé sa tête. Et encore si cet être informe et malheureux devait rester stérile, mourir sans laisser trace! Mais, hélas! chose lamentable à dire, c'est une femme, une femme féconde; sa courte et forte taille déborde de mamelles pleines. L'esclavage est fécond, très-fécond; le monstre s'accouplera, il aura des petits, une race, pour faire rire les athées, et leur faire dire : « Où donc est Dieu? »

Voilà ce qui embarrasse furieusement Jérémie, on le voit; car il a justement sous l'œil cette cruelle objection. Et, en y regardant mieux, je vois, en effet, qu'il ne pleure plus. Une trop grande horreur l'absorbe, un abîme de perplexités, un gouffre de ténèbres, un embourbement de pensées où il est englué et d'où il ne peut plus sortir. La main d'Ézéchiel ne peut pas le tirer de là. Comment faire pour croire enfin à la justice ? De moment en moment, sa tête s'appesantit, et il peut à peine la tenir... Elle va toucher son genou.

S'il pouvait douter tout à fait ? Il se ferait de son doute une foi. Mais non, pas cela même... Il restera flottant, misérable naufragé, comme une herbe de mer battue et rebattue. Pas un mot à répondre à la plainte du monde, ni au cri de son cœur.

Son cœur lui dit : « Menteur ! tu prédis le règne de Dieu, et le Diable règne ici-bas ! »

Le Diable, sous des formes inouïes, imprévues. Non plus celui des âges enfantins, le fantasque démon dont on fit peur aux simples. Non, mûri, plein d'arts diaboliques, fort contre Dieu. Ici, démon docteur; au marché de Florence, démon prêtre et démon athée, brûlant le Christ au nom du Christ; là, démon moine, sous la guenille du dévot soldat espagnol, mendiant implacable, démon des *bisogni* (nom effroyable à l'Italien), qui, ayant rançonné, torturé et *chauffé*, dit encore à l'homme qui râle : « Quelque chose au pauvre soldat! »

Dante n'avait pas vu ces choses à son dernier cercle. Mais Michel-Ange les vit et les prévit, osant les peindre au Vatican, écrivant les trois mots du festin de Balthazar aux murs souillés des Borgia, des meurtriers Rovère. Heureusement il ne fut pas compris. Ils auraient fait tout effacer.

On sait comment, plusieurs années, il défendit la porte de la chapelle Sixtine, et comment Jules II lui disait : « Si tu tardes, je te jetterai du haut des échafauds. »

Au jour dangereux où la porte s'ouvrit enfin et où le pape entra en grand cortége, Michel-Ange put apercevoir que son œuvre restait lettre close, qu'en voyant ils ne voyaient rien. Étourdis de l'immense énigme, malveillants, mais n'osant médire de ces géants dont les yeux foudroyaient, tous gardèrent le silence. Le pape, pour faire bonne mine, et ne pas se laisser dompter par la vision terrifiante, gronda ces mots : « Il n'y a pas d'or dans tout cela! »

Michel-Ange, alors rassuré et sûr de n'être pas compris, à cette censure futile répliqua en riant de sa bouche amère et tragique : « Saint-père!

les gens qui sont là-haut, ce n'étaient pas des riches, mais de saints personnages qui ne portaient pas d'or et faisaient peu de cas des biens de ce monde. »

CHAPITRE XIII.

Charles-Quint.

« Je suis la tige de l'arbre funeste qui couvre la chrétienté de son ombre. »

Ce mot que Dante met dans la bouche du premier des Capets doit s'entendre depuis dans un plus large sens. La maison des Capets est liée à toutes les autres familles royales. Les rois n'en font qu'une en Europe. Un seul arbre la couvre de ses rameaux, de ses fruits, de ses feuilles. Quels fruits? Surtout les guerres. Pour la France seule, quatre ou cinq siècles de guerres de successions.

« Que cherches-tu? » — « La paix, » répond l'homme moderne. C'est pour avoir la paix qu'il a abandonné le *self-government*, gouvernement de soi par soi, qui a fait autrefois la dignité de l'homme, a créé ces états si féconds en génies, dont la lumière éclaire encore l'Europe. Pour la paix seule, pour le travail possible, ce monde laborieux, dans son grand enfantement d'arts et de sciences, a accepté l'étonnante fiction d'une incarnation royale, d'un messie politique, sauveur héréditaire, Dieu par droit de naissance; tel est l'idéal de la monarchie.

Qu'est-ce qu'un royaume? La paix entre provinces. Qu'est-ce qu'un empire? La paix entre royaumes. Dante avait répondu au besoin de la paix, en écrivant son livre *de la Monarchie universelle*. L'unité grossière et barbare sous un individu dispensera peut-être de l'union des esprits et de la concorde morale. Peut-être, toutes les forces vives s'amoindrissant, se perdant dans un seul, ce seul homme absorbant la vie et le génie d'un peuple, peut-être à ce haut prix aurons-nous le repos. Improbable hypothèse! Mais elle ira plus loin s'enfonçant dans l'absurde. Chacune de ces incarnations, qui prétend contenir la vie si compliquée d'un peuple, ira compliquant les mélanges, portant son droit à l'étranger. Les peuples, par traités de famille, vont et circulent d'une main à l'autre, et ce que n'eût pu la conquête, un parchemin le fait, un banquet de familles, un mariage d'enfants... La Patrie pour cadeau de noces !

A ces peuples transmis, donnés ou hérités, la tâche et le devoir de s'assimiler, comme ils peuvent, aux associés étrangers que le hasard leur donne. De prodigieux accouplements se tenteront ici, dont nulle ménagerie n'a fait l'expérience : le lion marié à l'ours blanc, l'éléphant attelé avec le crocodile.

Guerres furieuses, guerres acharnées, c'est ce qu'on doit attendre de ce système de paix ! Guerres des résistances obstinées à ces accouplements barbares ! Guerres de ces dieux mortels dont la froide démence réclame et soutient les faux droits !

Rêvons-nous? est-ce un mauvais songe? ou la réalité et l'histoire? C'est la triste question qu'on se fait à soi-même en regardant à Bruges, sur les tombeaux de Marie et de Charles le Téméraire, la trop naïve image de ce système, l'arbre généalogique des maisons d'Autriche et de Bourgogne.

Bella gerant alii ; tu, felix Austria, nube.

Ces mariages contiennent tous des guerres ; tous ont été féconds en batailles, en famines ; ces feux de joie ont incendié l'Europe. Mariages féconds, prolifiques ; berceaux combles de deuil, riches d'enfants et de calamités ; chaque naissance méritait des larmes, si l'on songe que ces innombrables rejetons apportaient des titres royaux sur des peuples lointains ; qu'il leur fallait des trônes ; qu'il n'en était pas un, de ces innocents nourrissons, qui, pour lait, ne pût exiger le sang d'un million d'hommes.

Certes, ce n'est pas à tort que ces tombes de Bruges, en marbres violets, couverts de leurs statues d'airain, troublent l'esprit de leur aspect tout ensemble splendide et lugubre. Les arbres dont les rameaux de cuivre embrassent le soubassement, dont chaque branche est une alliance, chaque feuille un mariage, chaque fruit une naissance de prince, apparaissent à l'œil ignorant comme une laborieuse énigme ; mais, pour celui qui sait, ils sont un objet d'épouvante ; des anges les soutiennent, charmants enfants naïfs, et ce n'en sont pas moins les anges de la mort.

Voyez Charles le Téméraire, l'aïeul de Charles-Quint ; il procède de trois tragédies : celle de *Jean-sans-Peur*, du mariage fatal qui fit tuer Louis d'Orléans et mit l'Anglais en France ; celle d'*York et Lancastre*, qui fait les guerres des Roses, qui tue quatre-vingts princes (mais le peuple, qui l'a compté ?) ; enfin la *tragédie de Portugal*, de Pierre le Cruel, du bâtard qui, de son poignard, fonda sa dynastie. Charles le Téméraire lui-même, par héritage, mariage et conquêtes, il est l'hymen fatal de je ne sais combien d'états ; il en est l'amortissement et non la conciliation, le rapprochement pour la guerre et la haine : Flamands, Wallons, Allemands, se battent et se déchirent en lui. En sorte qu'en un seul homme vous voyez deux batailles morales, deux croisements absurdes d'éléments inconciliables, qui hurlent d'être ensemble. Comme race et comme sang, il est Bourgogne, Portugal, Angleterre, il est le Nord et le Midi ; comme prince et souveraineté, il est cinq ou six peuples. Que dis-je? il est cinq ou six siècles différents ; il est la Frise barbare, où subsiste vivant le *Gau* germanique des temps d'Arminius ; il est la Flandre industrielle, le Manchester d'alors ; il est la noble et féodale Bourgogne. A Dijon et à Gand, aux chapitres de la Toison d'or, il vous figure une sorte de Louis XIV gothique tenant la table ronde du roi Arthur. Il est tout, il n'est rien ; ou, s'il est, il est fou.

Tel il meurt à Nancy. Et tel survient son gendre, le grand chasseur Maximilien, Autrichien-Anglo-Portugais. La discorde de race n'est pas fureur dans celui-ci, mais vertige, vaine agitation, course étourdie jusqu'à la mort ; un lutin hante son cerveau, le poursuit, le mène et démène, ne le laissant pas respirer une heure.

Le produit de ces deux folies, le fils de Max, le petit-fils de Charles, Philippe, ne vivra pas. Ce beau joueur de paume s'use à la balle, aux amusements puérils, et il meurt à ce champ d'honneur. Pas assez tôt, pourtant, pour qu'il ne soit pas marié; aux deux éléments de folie qu'il tient de ses parents, il en joint un troisième, la mélancolie sombre de Jeanne la Folle. Celle-ci, produit infortuné du mariage forcé des peuples espagnols, de la chevaleresque Isabelle de Castille avec le vieux *marane* avare, Ferdinand d'Aragon, consomme en un enfant l'accord des trois folies, des trois discordes. Ce chaos d'éléments divers s'incarne en Charles-Quint.

J'ai pitié de la tête qui doit contenir tout ceci. Tête flamande heureusement, où tout arrive calmé, pâli, demi-éteint. Celui-ci, qui est la résultante de vingt peuples brisés, leur conciliation artificielle et laborieuse, instruit, informé à merveille, parfaitement dressé à soutenir son rôle immense, il n'en embrasse la complexité qu'à condition d'amoindrir, d'affaiblir et d'énerver tout. La vieille séve allemande est-elle en lui? Oh! non! Maximilien lui-même ne fut Allemand que par sa fougue du Tyrol. La noblesse du pays du Cid, de la Castillane Isabelle, est-elle en lui? Oh! non, il a trop de sang d'Aragon, il procède de Ferdinand. La Flandre même dont il est, qui est sa nourrice et sa mère, en a-t-il le vrai sens? Sait-il bien les ménagements dus à cette poule aux œufs d'or, à cette source intarissable de richesses? Flamand très-peu Flamand, il pressera à mort le sein de la nourrice, en tirera le lait et le sang.

Et tout ceci le constitue le souverain moderne, le *centralisateur*, tranchons le mot, l'amortisseur commun des nationalités, dirai-je? la mort des nations.

Je dirai *non*, si, dans cette extinction des vieux éléments de race, il apporte l'idée nouvelle qui doit leur succéder.

Je dirai : *Oui, il est la mort*, s'il ne combat l'originalité de chaque peuple que pour lui imposer la généralité vide qu'on appelle ordre politique, et la stérilité d'une diplomatie sans but, ce vide mystérieux, cette énigme sans mot qu'on appelle *l'intrigue des cabinets, les intérêts des princes*.

L'empire d'Alexandre eut un sens. La centralisation de l'esprit grec s'était accomplie dans la science, dans cette langue unique, puissant instrument d'analyse; l'élève d'Aristote porta cet esprit par toute la terre, et fonda dans Alexandrie la centralisation des dieux.

Et l'empire romain eut un sens. Il n'amortit les nationalités épuisées qu'en leur imposant un droit supérieur; les dieux vaincus ne se courbèrent que sous un Dieu plus grand, la Loi, la Raison dans la Loi.

Quel est le sens, la raison d'être de ce nouvel empire qui surgit au seizième siècle, de ce chaos énorme de royaumes que la politique de famille, l'intrigue des mariages, ont jeté pêle-mêle dans le berceau de Charles-Quint?

Quelle est sa personnalité? et qui est-il pour que la terre s'abîme en lui? Est-ce le vrai César antique? Est-ce le César féodal, le faux et blond César du douzième et treizième siècle? Ni l'un, ni l'autre. Et encore moins le roi bâtard, le bizarre androgyne moderne qu'on appelle constitutionnel. Charles-Quint ne répond à aucune des trois hypothèse.

Le très-exact et consciencieux Claude Janet, à qui l'on doit le beau portrait de Lhôpital, celui de plusieurs rois et cent chefs-d'œuvre, a fait aussi un excellent portrait de Charles-Quint. Il est armé de toutes pièces, sauf la tête, amaigrie, usée, celle d'un scribe qui vécut dans une écritoire, dans l'agitation féminine de la diplomatie. Élève d'une femme, couvé vingt ans par cette Marguerite qui fut l'intrigue elle-même, il en porte l'empreinte, en rappelle la passion. Il y a encore une flamme nerveuse dans ces yeux fatigués, un mortel petit feu d'inextinguible ambition. Malade et tremblant de la fièvre ou noué par la goutte, il n'en ira pas moins traînant ses os d'un pôle à l'autre, inquiétant la terre entière de son inquiétude, jusqu'à ce qu'une malice de la fortune qui le ballotte, un vigoureux coup de raquette, comme elle en donne dans ses jeux, relance cet homme si sage au couvent de Saint Just, à la mélancolie de Jeanne la Folle et de Charles le Téméraire.

« Eh! mon cher Picrochole, lui eût dit Rabelais, pourquoi tant t'agiter? De Tunis en Hollande, d'Alger à la Baltique ou de Madrid à Vienne, négociant, guerroyant, écrivant, tu vas comme un courrier? Apparemment tu portes quelque chose? Sais-tu bien nettement ce que tu veux? avec ta merveilleuse étude des hommes et des choses et des langues, le sais-tu, sais-tu ton mystère? pourrais-tu t'expliquer? j'en doute. Ta dextérité, ton activité, tous ces dons supérieurs ne t'empêchent pas d'être une vivante Babel; tu sais toutes les langues et pas une. »

Cette dernière remarque est grave. Le Verbe de chaque peuple, son génie le plus intime et son âme profonde, est surtout dans sa langue. Ces princes n'en ont su pas une; ils les estropient toutes; toutes visiblement sont étrangères pour eux. Eux-mêmes sont étrangers partout, citoyens du néant, et partout rois illégitimes. Rien de plus baroque que les lettres de Maximilien ; Charles-

Quint n'écrit guère qu'en un français barbare. Le français pourtant est sa langue, un français-brabançon, comme on jargonnait à Bruxelles.

Il ne faut pas s'étonner si parfois le cerveau leur tinte. Ne vous fiez pas trop aux formes froides et sages. Il y a ici une dissonance intrinsèque qui reparaîtra par moments. Pour la dextérité, la finesse, les expédients, le nouveau prince a tout cela ; c'est l'héritage de sa tante. Mais le ferme bon sens, le sens juste des nationalités auxquelles il a affaire, la vraie mesure de ce qu'il doit leur demander, c'est-à-dire la mesure du possible et de l'impossible, il ne l'aura jamais. Aveuglément, brutalement, il voudra les pousser vers une centralisation nullement préparée, et qui n'eût été que la mort.

Sur ce monstre à deux têtes, on peut prévoir ceci, que, s'il agit par sa partie froide et flamande, il créera la royauté de plomb de la bureaucratie, l'indifférence des armées mercenaires, le meurtre impartial. Et, s'il agit par le côté ardent, l'élément espagnol, il entreprendra de fondre l'Europe aux fournaises de l'inquisition, associant le monde au peuple anti-nature qui l'enfonça dans les bûchers. Horrible alternative !

C'est un curieux contraste à observer, que celui de la douce école où se forme ce génie de trouble qui va vouloir unir l'Europe et l'ensanglantera si cruellement. Nous sommes ici au commencement de la politique moderne qui, dans ses grands acteurs, unit le calme de l'esprit et l'atrocité des résolutions. L'aimable Marguerite d'Autriche écrit : « Il faut brûler Térouenne, » aussi calme que le bon Turenne quand il brûle le Palatinat.

Nous l'avons déjà fait connaître, cette nourrice de Charles-Quint, ce modèle des femmes d'alors, fille accomplie, meilleure épouse, inconsolable veuve, qui passe toute sa vie à bâtir un tombeau. Elle appelle tous les grands sculpteurs à son église de Brou, tous les musiciens à Bruxelles. Sa chapelle est la première du monde. Et elle est elle-même artiste éminent parmi les artistes, trouvant des vers légers, faisant les airs de ses chansons. Seulement sa langue est un peu vieille, sentant les temps de Louis XI. Elle ne vivait point à Paris. Mais Paris lui venait. Le spirituel Agrippa, l'auteur du livre *Contre les sciences,* vint écrire près d'elle et pour elle sa *Prééminence des femmes.* Les grands douteurs du siècle, les Érasme, les Vivès, aimaient cette cour d'une femme spirituelle, indifférente et politique, qui tolérait la sensualité, laissait Érasme vanter les baisers des Anglaises, et l'enfant Jean Second écrire le livre des *Baisers.*

Elle était indulgente, elle était sérieuse. Sa passion était aux affaires, à la grandeur de son neveu, à l'abaissement de la France, à qui elle ne pardonnait pas, qu'elle regrettait et haïssait. Cette haine cachée sous les sourires, on la voit bien dans ses dépêches. Elle éclate aigrement aux marges d'un de ses beaux manuscrits. La brutalité basse du mouvement est celle de la passion solitaire, plus violente dans ces grands acteurs aux rares moments où ils sont sans témoins : « B.... pour les Français ! »

Quel était son conseil ? c'est celui de la maison de Bourgogne, c'est l'école qui a régné sous Philippe le Bon et Charles le Téméraire, l'école franc-comtoise, celle des procureurs diplomates, des Armeniet, des Raulin, des Caroudelet, des Perrenot-Granvelle. Le Jura et le Doubs, si pauvres en certaines parties, ont, comme la Suisse, beaucoup d'émigrants, rouliers, colporteurs, gens d'affaires. La Franche-Comté est le carrefour du sud-est, la route des Alpes, un pays très-mêlé. Chose curieuse! fournissant tant de légistes et de gens d'affaires, elle n'a pas donné de grand jurisconsulte. Les Caroudelet seulement commencent la rédaction des coutumes en Bourgogne; les Rochefort la continuent en France.

Au quinzième siècle, ils organisent; au seizième, ils négocient. Même la Toison d'or, institution qui semble romanesquement féodale, est leur ouvrage, et sur les vingt-quatre premiers chevaliers six étaient Francs-Comtois. On rit de cet enfantillage ; mais on rit beaucoup moins quand on vit, par les procès terribles d'Orange et de Nevers, le danger d'un tel tribunal, qui vous jugeait sans forme régulière, vous flétrissait, biffait votre écusson.

Les Caroudelet, les Granvelle, sont de bonne heure les hommes de Marguerite. Ajoutez-y des Italiens, Carpi, Gattinara. Point d'Allemands, ni d'Espagnols ; je ne vois près d'elle qu'un valet de chambre castillan qu'elle dépêche parfois dans ses affaires diplomatiques.

Le seul de ces agents qui indique un grand caractère et dont on lit avec plaisir les lettres, c'est Mercurin de Gattinara, d'origine piémontaise, conseiller de Savoie, puis président du parlement de Franche-Comté, chancelier de Charles-Quint. Ce qui plaît dans Gattinara, c'est que ses dépêches sont claires ; il parle à sa maîtresse avec la force et l'autorité que lui donne sa haine pour la France ; du reste, une fierté espagnole. Il dit à Marguerite que, si elle a quelque défiance, elle ne mérite pas d'avoir un serviteur comme lui. Il fut disgracié sous son neveu par la souple dextérité des Granvelle.

Voilà les gens de Marguerite, les rois du jour. Regardons à côté, ceux de demain, ceux qui tiennent en leur main, qui forment et font à leur image, préparent à leur profit cet enfant, ce prince, ce roi, cet empereur, sur lequel est déjà le destin de l'Europe.

Dans cette salle de Malines, où siége de côté, mal vu et négligé de son élève, le pédant Adrien d'Utrecht, regardez à la lampe cet enfant pâle en velours noir, figure intelligente et froide, où la lèvre inférieure accuse le sang d'Autriche, où la mâchoire de crocodile rappelle la forte race anglaise. Le dur travailleur apparaît, avide, absorbant, insatiable de travail, d'intrigue et d'affaires. Personne dévorante, estomac exigeant (ce mot n'est pas une figure). Où trouver pour le satisfaire assez d'aliments, de royaumes?

Des monceaux de dépêches et de papiers d'état sont devant lui. Tout ce qui vient, même de nuit, arrive ici, et passe sous ses yeux; son gouverneur, de Chièvres, veut que le prince lise, afin de lire lui-même, et qu'il fasse rapport au conseil. Ainsi l'éducation deviendra peu à peu le gouvernement. Le pouvoir insensiblement échappera à Marguerite et passera au gouverneur.

M. de Chièvres, homme fort entendu, était un cadet des Croy, de cette ambitieuse maison qui régna sous Philippe le Bon jusqu'à se poser audacieusement pour adversaire du fils de la maison et de le faire mettre à la porte. Ces Croy étaient originairement des Italiens, dit-on, des hommes de Venise, qui, au douzième siècle, s'établirent en Picardie. Leur position y fut petite, jusqu'à ce que deux frères, Antoine de Croy et Jean de Chimay, s'emparèrent, par une captation inouïe, du faible esprit de Philippe le Bon, l'enveloppèrent et le lièrent, comme l'araignée une mouche, l'isolant tout à fait des siens, profitant de l'antipathie qu'il avait pour sa femme, la roide et dure Anglaise Marguerite d'York, et pour son fils, Charles le Téméraire. Ces Croy prirent d'abord de l'argent, thésaurisèrent. Puis ils se firent donner de grands offices et des commandements de places frontières, des châteaux en pur don, et enfin, pour en avoir d'autres, ils profitèrent des embarras de leur prodigue maître, lui prêtèrent l'argent même qu'ils avaient eu de lui, prenant en gage des places fortes. Celles qu'ils n'avaient pas en leur nom, ils les occupaient par des hommes à eux. Position exorbitante, qui leur faisait un État dans l'État, et qui porta au comble l'irritation de la duchesse et de l'héritier présomptif. Ils s'effrayèrent alors et s'appuyèrent par des alliances étrangères, spécialement du côté le plus militaire, en Lorraine, où Antoine de Croy se maria dans la maison ducale. Il se trouva ainsi cousin de René II, futur vainqueur de Charles le Téméraire et destructeur de la maison qui fit la grandeur des Croy. Ils s'entendaient sous main avec l'Angleterre, et recevaient publiquement des places, des pensions de Louis XI. Leur amitié pour lui alla jusqu'à lui faire rendre les places de la Somme, boulevard des états de Philippe le Bon. *Son bouclier*, dit Chastelain, sa cuirasse, ils la lui ôtent, à leur vieux maître, lui découvrent le cœur. L'ingratitude pouvait aller plus loin encore. Ils avaient trois places en main, d'extrêmes frontières, et des premières de l'Europe, où ils pouvaient mettre l'étranger : Luxembourg, Namur et Boulogne. Ils l'auraient fait peut-être, si l'héritier, par un coup de vigueur, n'eût fait appel au peuple même, et, revenant à main armée, n'eût pris possession de son père et de ses états.

M. de Chièvres, petit-fils d'Antoine de Croy, n'entra pas dans une voie tellement excentrique et dangereuse. Au lieu de frustrer l'héritier de telle ou telle possession, il prit l'héritier même, c'est-à-dire qu'il prit tout. Il ne combattit pas Charles le Téméraire; mais le refit. Charles-Quint, son élève, fut laborieusement, *sagement* élevé par lui dans la folie de l'autre. Les visions de monarchie universelle, étranges et romanesques pour un duc de Bourgogne, semblaient l'être bien moins pour celui en qui la fortune unissait les Espagnes, les Pays-Bas, les états autrichiens. Le rêve de Pyrrhus et de Picrochole, ce n'était plus un rêve; il se trouvait déjà plus qu'à demi réalisé par ce caprice du sort. L'Empire ne pouvait guère manquer à un petit-fils de Maximilien, maître de tant d'états. Charlemagne, agrandi, revenait pour l'Europe. Le monde allait reprendre l'unité et la paix du grand empire romain. Que fallait-il pour cela? Rien que briser la France, la démembrer si l'on pouvait, briser l'une par l'autre l'Espagne et l'Allemagne. Mais le succès était certain, écrit déjà dans la devise prophétique du sage fondateur de la maison d'Autriche, l'empereur Frédéric III : A. E. I. O. U. (Austriæ est imperare orbi universo).

Pour cela, il fallait de grands travaux, de la suite, de l'application. De Chièvres plia son élève, qui aurait tenu de Maximilien pour les exercices du corps, à une vie de scribe et d'homme d'affaires, que les princes n'avaient guère alors. Il lui inculqua surtout cette haute qualité du politique, la froideur d'un cœur sec, étranger aux sentiments d'homme. La grandeur des Croy s'était faite par l'ingratitude. L'ingratitude encore fut son moyen. Le jeune prince, tenu par de Chièvres dans une taciturnité sournoise pour une tante qui lui servait de mère, la mit de côté un matin.

Ce qui fut le plus fort, c'est que la gouvernante déchue fut tout à coup négligée au point qu'on remit de jour en jour à régler sa pension. Elle s'en plaint dans une belle et longue lettre adressée au conseil, où elle rend compte de son administration. Pièce fort honorable pour sa mémoire, qui touchera sa postérité et ces Français qu'elle hait tant, plus que ce fils d'adoption pour qui elle a tant travaillé.

Les premiers actes du jeune prince sont de même caractère. On y sent un esprit très-libre de tous les sentiments de la nature. Ce sont deux traités avec la France contre ses deux grands-pères. Dans le premier (1515), se défiant de Ferdinand, il l'abandonne *et s'engage à ne pas le secourir* si, dans six mois, il n'a pas rendu la Navarre. Dans le second traité (1516), il trouve bon que François I*er*, pour défendre Venise, *Fasse la guerre à Maximilien.*

CHAPITRE XIV.

François Ier.

C'est luy que ciel, et terre, et mer contemple...
La terre a joie, le voyant revestu
D'une beauté qui n'a point de semblable.
La mer, devant son pouvoir redoutable,
Douce se rend, connaissant sa bonté.
Le ciel s'abaisse, et, par amour dompté,
Vient admirer et voir le personnage
Dont on luy a tant de vertus conté.
C'est luy qui a grâce et parler de maître,
Digne d'avoir sur tous droit et puissance,
Qui, sans nommer, se peut assez connoître.
C'est luy qui a de tout la connoissance......
De sa beauté il est blanc et vermeil,
Les cheveux bruns, de grande et belle taille ;
En terre il est comme au ciel le soleil.
Hardi, vaillant, sage et preux en bataille,
Il est benin, doux, humble en sa grandeur.

> Fort et puissant, et plein de patience,
> Soit en prison, en tristesse et malheur...
> Il a de Dieu la parfaite science...
> Bref, luy tout seul est digne d'être roy.

Racine, dans l'élégance incomparable de sa *Bérénice*, semble avoir imité ces vers pour les appliquer à Louis XIV. Mais sa noble poésie nous touche moins, nous l'avouons, que l'effusion passionnée qu'on vient de lire. Le pauvre cœur de femme (l'auteur est Marguerite), dans l'impuissance de son gaulois naïf, appelle la terre, la mer, le ciel à son secours, prie toute la nature de parler à sa place et de l'aider à proclamer la divinité de l'objet aimé.

Ce portrait si ému du prisonnier de Pavie paraît avoir été rimé par Marguerite dans le triste voyage qu'elle fit pour délivrer son frère. La pièce est intitulée le *Coche*, et, en effet, la reine était dans sa voiture, cheminant lentement vers les Pyrénées ; elle voulait tromper son impatience ; les pensées d'un autre âge et tous les souvenirs d'enfance se réveillèrent, et elle écrivit ces vers touchants. Le sujet est un débat d'amour sur cette thèse : *Quelle femme aime le mieux ?* Marguerite prend son frère pour juge.

Dans la réalité, ce bien-aimé de la nature reçut d'elle tout ce que Louis XIV acquit et se donna par une attention persévérante. Louis XIV devint majestueux; mais François Ier, tout naturellement, imposait par sa stature superbe, qui dépassait à peu près de la tête celle du grand roi. L'armure de Marignan et de Pavie, toute faussée qu'elle est de coups de feu et de coups de piques, témoigne de l'effet que dut produire ce magnifique homme d'armes.

Contraste parfait avec Charles-Quint, tellement dénué de ces avantages physiques. Pâle figure d'étude et de labeur, instruit, disert, mais mauvais écrivain, harangueur calculé, sans grâce. L'autre fut la grâce même, parleur charmant, facile, trop facile, pour qui la parole fut chose légère. Même les bouts rimés (sur Laure, Agnès ou Marguerite), que son diamant fantasque laissa aux vitres de Chambord, ne sont pas trop indignes d'un petit-fils de Charles d'Orléans. Les beaux vers de ses successeurs, Henri II, Charles IX, sentent bien les faiseurs de cour qui les auront aidés. Ce sont des vers d'hommes de lettres. Ceux de François Ier, légers caprices du roi qui se joua de tout, sont la pensée naïve, l'épigraphe de la Renaissance :

Gentille Agnès, plus d'honneur tu mérites
(La cause étant de France recouvrer)

> Que ce que peut dedans un cloître ouvrer
> Close nonnain ou bien dévot hermite.

Ces vers-là contiennent toute son éducation, toute sa politique. Les femmes, la guerre, — la guerre pour plaire aux femmes. Il procéda d'elles entièrement. Les femmes le firent tout ce qu'il fut, et le défirent aussi.

La tradition d'Agnès et de la cour de Charles VII, fort arrangée alors par la légende romanesque, enveloppait François Ier. Son gouverneur, Artus Gouffier, était fils du gouverneur de Charles VIII, qui, dans sa première jeunesse, avait été valet de chambre de Charles VII, de sorte que l'enfant fut bercé de ces souvenirs et de la Dame de beauté et de la cour du roi Réné, de la vie molle et voyageuse où les rois vivaient en ces temps de château en château. Ajoutez-y le récit éternel des affaires d'Italie, où Gouffier avait suivi Charles VIII et Louis XII, Fornoue, Agnadel et Ravenne, les belles femmes venant au-devant des vainqueurs, les voluptés de Naples. Ce paradis était au roi s'il savait le reprendre. Le tout orné du Boiardo, de Roland, d'Angélique,

> Les dames, les combats, les nobles cavaliers...

Voilà ce que le complaisant gouverneur contait à son disciple dans ces chevauchées nonchalantes aux interminables circuits de la Charente, ou suivant le cours fortuit de la trompeuse Loire, qui vous égare en s'égarant. Les portraits du jeune homme (point hâbleurs, point ridés de mensonge et de ruse, comme celui du Titien) sont d'un grand garçon pâle, un peu fluet et fade, mais qui bientôt va prendre une suprême fleur de force et de beauté. Dans l'émail italien, elle est atteinte, et véritablement incomparable, l'achèvement de la forme humaine, majestueuse et pure, avec un caractère de douceur, de bonté royale, qui disparut bientôt.

Ce dangereux objet qui devait tromper tout le monde naquit, on peut le dire, entre deux femmes prosternées, sa mère, sa sœur, et telles elles restèrent, dans cette extase de culte et de dévotion. Louise de Savoie, veuve dès dix-huit ans, l'aimait comme un fils de l'amour, et plusieurs croyaient en effet que la galante dame, âpre, violente, audacieuse dans ses passades, ne s'en fia pas à son insignifiant époux pour concevoir un dieu. Elle mit sur cette tête toute l'ambition de sa vie, ambition condamnée au silence, à l'attente, aux vœux meurtriers, tant que vécut Anne de Bretagne. Celle-ci la sentait qui, à chaque couche, faisait l'office de la mauvaise fée, les doigts serrés, et la reine accouchait d'un mort. Anne l'eût voulue hors du royaume. Elle se tenait comme cachée avec ses enfants à Amboise, bien près de Blois, où était Anne; ou, quand Anne était trop furieuse, à Cognac, dans une simple maison d'Angoulême que je vois encore.

Quel était l'intérieur des châteaux de Cognac, d'Amboise, où se faisait l'éducation? Ce qu'on en sait, c'est que Louise avait des dames, aussi bien qu'Anne, mais beaucoup moins sévères. La petite cour, entourant un enfant, ne put qu'avoir sur lui la plus détestable influence. Le livre favori du temps, le petit *Jehan de Saintré*, fut très-probablement le guide de Louise. Tendre et peu scrupuleuse, elle ferma les yeux.

Une chose pouvait neutraliser ce libertinage d'enfant, c'était un véritable amour. On ne peut nommer autrement la passion éperdue de Marguerite pour son frère. Elle avait deux ans de plus, et dix ans en réalité; la jeune sœur, pour celui qu'elle vit naître, qu'elle enveloppa tout d'abord de son instinct précoce, fut la mère, la maîtresse, la petite femme, dans les jeux enfantins; à grand'peine fut-elle avertie qu'après tout elle était sa sœur. Cette passion fut, n'en doutons pas, l'événement décisif, capital, de François Ier; il lui dut ce qu'il eut de grâce et ce qui séduit encore la postérité. Marguerite, la vraie

Marguerite, la *perle des Valois* (née d'une perle qu'avala sa mère, c'est la légende), esprit charmant et pur, si le temps grossier l'eût permis, était née pour l'amour céleste, comme l'a dit Rabelais dans ses vers.

Elle avait été élevée par une dame accomplie, madame de Châtillon, remariée secrètement au cardinal Jean du Bellay, ami du grand Pantagruel et le meilleur conseiller qu'ait eu François Ier. Marguerite, par cette influence, fut préparée à un beau rôle, celui de protectrice de tous les esprits libres. Elle l'a rempli, autant qu'il fut en elle, comme une femme craintive, sans doute, dépendante d'un frère qui fut fort dur pour elle. Femme de plus très-peu protestante, plutôt philosophe ou mystique, flottant de l'audace à la peur, de l'amour à l'amour de Dieu. N'importe; souvenons-nous toujours de cette douce reine de Navarre, près de laquelle les nôtres, fuyant les cachots et les flammes, trouvèrent sûreté, honneur et amitié. Notre éternelle reconnaissance vous restera, mère aimable de la Renaissance, dont le foyer fut celui de nos saints, dont le giron charmant fut le nid de la Liberté.

Cette passion, née au berceau, fut son malheur, la fatalité de sa vie, et ses vers ne le révèlent que trop. L'idole, en ce luxurieux berceau des grosses vignes de la Charente (qui ne sont qu'ivresse, alcool), sous cette molle éducation des femmes poitevines (stigmatisée dans les nourrices impudiques de Gargantua), eut l'âme matérielle en naissant. Sous l'homme et l'enfant même, il y eut le faune et le satyre. Sa sœur put influer sur lui, mais en restant de moins en moins sa sœur. Et nous verrons à quelle extrémité il poussa la faiblesse de ce trop tendre cœur.

Ce qui, sans nul doute, exaltait la passion inquiète de la mère et de la sœur, c'étaient les frayeurs continuelles que leur donnaient son caractère fougueux, les jeux violents et dangereux qu'il partageait avec ses camarades, spécialement avec l'étourdi Bonnivet, fils de son gouverneur. A six ans, nous le voyons en danger de mort, emporté par un cheval qu'on ne pouvait arrêter, plus tard blessé, une autre fois malade d'excès précoces, plus tard encore (alors il était roi), violemment frappé à la tête dans un assaut d'espiègles. Il eut le bon sens généreux de ne jamais dire qui l'avait frappé.

Ses chasses étaient audacieuses, et il se jouait de la mort. Une fois, un cerf lui mit son bois dessous et l'enleva de selle, sans qu'il parût ému. Une autre fois, il trouva amusant de lâcher dans la cour d'Amboise un sanglier furieux qu'il venait de prendre. L'animal heurte aux portes, en enfonce une, et monte dans les appartements. On s'enfuit; lui, très-froidement, il lui va au-devant, lui plonge l'épée jusqu'à la garde; le monstre roule, et, par les degrés, retombe expirant dans la cour.

Ces actes de vigueur, joints à sa grâce, à sa facilité, cette faculté française qu'a l'ignorant de savoir toute chose, faisaient croire (bien à la légère) qu'on allait avoir un grand roi. La nation n'en savait pas plus. Elle aimait son image. Brave, hâbleur, libertin, il lui manquait fort peu pour remplir l'idéal d'alors.

On fut ravi de son mariage. Le lendemain de la mort du tyran (je veux dire d'Anne de Bretagne), Louis XII, enfin libre, donne sa fille à un Français, ferme la porte à l'étranger. Charles-Quint n'aura pas la France. Sa joie fut vraie, sincère. La liberté qu'elle pouvait comprendre, c'était d'avoir un roi français.

Et il fut salué de l'Italie, comme de la France. L'Italie haletait; elle n'en pouvait plus; l'horreur indéfinie du pillage éternel des bandes suisses, des armées espagnoles, ce jeu atroce de diables ou de damnés, se relayant pour les tortures, avait poussé le peuple au dernier désespoir. Maximilien Sforza, maître des pays les plus riches de la riche Lombardie, pleure dans ses dépêches, et porte envie aux mendiants. La peur des Espagnols et des Français l'a fait valet des

Suisses. Mais comment satisfaire ce sauvage torrent qui court incessamment des Alpes, amenant chaque jour au banquet de nouveaux affamés? Comment soûler ces ours, réveillés au printemps par un jeûne de six mois d'hiver? Les Suisses, ivres, cruels, sont regrettés encore par les infortunés sur qui tombent les Espagnols, bourreaux sobres, qui gardent dans leur férocité un calme diabolique, une froide et implacable présence d'esprit.

François Ier, n'ayant changé qu'un seul des ministres de Louis XII, continuant sa politique, gagnant le gouverneur du jeune Charles et profitant de ses embarras prochains pour la succession d'Espagne, contentant Henri VIII par l'appât d'un traité d'argent, est libre d'agir contre les Suisses, contre Maximilien et les restes de l'armée d'Espagne qui végètent en Italie. Venise, ruinée par la France, n'espère cependant qu'en la France. Florence, sous les Médicis, ne peut parler; mais son silence parle.

« J'irai, soyez-en sûrs, dit le jeune roi aux Italiens, je veux vaincre ou périr! »

CHAPITRE XV.

Marignan.

Les réveils et les renouvellements subits, imprévus, de la France, sont des miracles inconnus à toutes les nations du monde. Le temps et la tradition, ces deux chaînes de l'humanité, la France les brise à chaque instant. L'art que souhaitait Thémistocle, *l'art d'oublier*, c'est sa nature à elle. Mais rarement c'est somnolence ; bien plus souvent c'est au contraire un élan d'activité nouvelle qui l'éloigne violemment du passé.

Plus qu'aucun autre, ce peuple très-chrétien a fait l'Église ; mais c'est lui qui plus qu'aucun autre l'a défaite, par les Albigeois, par Calvin, par la Renaissance, par la Révolution française. C'est lui qui a fait la croisade, et lui qui a dressé le bûcher où périt la croisade, avec l'ordre des Templiers. C'est lui qui donna le type des institutions féodales, lui qui fonda en face leur destructeur, la bourgeoisie.

Au point où nous arrivons, la France encore va détruire une de ses vieilles œuvres. Chevalerie, gendarmerie, vieille organisation militaire, tout cela s'en va ensemble; le peuple, dans l'infanterie, a fait son apparition sur le champ de Ravenne. Et c'est lui qui opère, en 1515, le grand passage des Alpes.

Révolution européenne, et qui appartient à la France. L'Angleterre eut ses fantassins, à Poitiers, à Azincourt, et pourtant elle ne créa pas une tradition d'infanterie. L'Espagne eut ses fantassins, sous Charles-Quint, Philippe II, et jusqu'à Rocroi; cette tradition commencée s'arrête au dix-septième siècle. Mais la France, dès Charles VIII par ses Gascons et ses Bretons, dès Louis XII par ses Picards et autres Français du nord, sous François Ier par l'institution des *légions provinciales*, commença une tradition durable qui se perpétue jusqu'à nous.

Dans la courte et foudroyante campagne de Gaston de Foix, on entrevit le Français comme premier marcheur du monde; c'est dire, éminemment soldat. Au premier passage des Alpes, sous François Ier, on le vit comme le grand, l'admirable ouvrier de guerre (qu'a décrit le général Foy dans les guerres de la Péninsule), improvisant de ses mains, de sa brûlante activité, mille moyens subits, inconnus, sachant tout à coup au jour du péril les arts qu'il n'apprit jamais, frayant des voies inattendues par les abîmes où le chasseur ne se hasardait qu'en tremblant, légitime conquérant des Alpes, roi des monts qu'il sait seul franchir.

Jamais les autres nations, Allemands, Suisses, Italiens, Espagnols, n'ont deviné par où les Français allaient passer : toujours, ils ont été surpris.

Les Piémontais et Autrichiens gardaient les Alpes et la Corniche; Bonaparte passe à Albenga, au défaut des montagnes entre les Alpes et l'Apennin. Chemin trop facile, a-t-on dit; mais s'il était le plus facile, c'est celui qu'il fallait garder.

De même au passage du grand Saint-Bernard, on s'écria que, cette fois, on ne pouvait s'y attendre. La voie était trop difficile; un fort pouvait arrêter tout. Le fort de Bard faillit faire manquer toute l'entreprise. L'armée passa furtivement, par un tour de force inouï, que pouvait faire seul le bras de la France, cinquante mille hommes se trouvèrent passés en bonne fortune de l'autre côté des monts.

Mais ce miraculeux passage l'est moins que celui de 1515, exécuté avec les moyens tellement inférieurs de l'époque, et par une voie, après tout, moins frayée encore. L'artillerie était beaucoup plus pesante alors, et le génie n'était pas né. Le passage fut si rapide, si brusque et si inattendu, que le général ennemi, Prosper Colonna, fut trouvé à table par le chevalier Bayard, et demanda si les Français étaient descendus du ciel. Les Suisses, qui gardaient les routes ordinaires du mont Cenis et du mont Genèvre, se croyaient sûrs de barrer le pas de Suse où les deux routes aboutissent, et comptaient que la gendarmerie viendrait à ce lieu étroit où cinquante cavaliers peuvent à peine charger de front, heurter contre leur mur de fer, se briser sur leurs lances. L'expérience de Novarre et de Guinegate montrait que cette brillante cavalerie, les premières charges repoussées, était sujette à d'étranges paniques. On avait chansonné en France la *Journée des éperons*, et l'on disait hardiment que les gendarmes étaient des *lièvres armés*.

A ce moment notre jeune infanterie se formait sous un maître habile, Pietro Navarro, passé au service de France. L'ingrate et sordide avarice de Ferdinand l'eût laissé mourir sans rançon dans sa captivité de Ravenne. Cet homme de génie, qui connaissait si bien les bandes espagnoles, trouva pour leur opposer des montagnards fermes et vifs, nos Basques et la verte race des hommes de Dauphiné. En tout, un corps de dix mille hommes. On y joignit huit mille Français, Picards, Bretons, Gascons. Ajoutez trois mille pionniers et sapeurs, Français de même. Ce sont ces vingt et un mille hommes, qui, de leurs bras, de leur audace, de leur industrieuse agilité, exécutèrent en cinq jours le miracle du passage, domptant et perçant le rocher, enlevant et faisant passer sur la triple échine des Alpes soixante-douze énormes canons, cinq cents petites pièces à dos de mulets, un nombre immense de charrettes, deux mille cinq cents lances (chacune de huit hommes), et vingt mille lansquenets allemands.

On était arrivé à Lyon avec l'imprévoyance ordinaire. On sut que tout était fermé. Le vieux Trivulce se mit à courir les Alpes, et trouva cet affreux passage entre les glaces et les abîmes. Sauvages gorges où nul marchand, nul colporteur, nul contrebandier, n'avait imprimé ses pas. La virginité de leurs neiges n'était effleurée, depuis la création, que par l'enfant de la montagne, le craintif et rusé chamois, et parfois aussi, peut-être, par l'intrépide folie du chasseur que la passion entraîne après lui aux corniches étroites des gouffres.

La Durance une fois passée, on monta jusqu'au

rocher de Saint-Paul, qui arrêta court. On le perça avec le fer, travail énorme qui se fit en un jour. On n'était encore qu'à Barcelonnette, c'est-à-dire au pied des Alpes.

La chaîne centrale des monts se dressait ici, le dos monstrueux qui sépare les eaux qui vont au Rhône de celles que recevra le Pô. Pietro, qui était l'inventeur des mines, fit sa route à force de poudre, faisant sauter des blocs énormes. C'était encore le plus facile. Le plus hasardeux était, sur les plus rapides glissades, au-dessus des précipices, de s'accrocher et d'enfoncer les premiers pieux sur lesquels on devait jeter des ponts, d'établir le long des abîmes des galeries en bois où les chevaux osassent passer, et sur ces frêles improvisations de charpentes tremblantes, gémissantes et criantes, de rouler 72 gros canons de bronze. Souvent, on n'osait le faire. Et alors, avec des câbles, on descendait les canons au fond de l'abîme, pour les remonter de l'autre côté avec un effort infini.

On trouva enfin la pente italienne et la vallée de la Stura. Mais là, le mont *Pic-di-Porco* se mettait encore en travers, dernière défense que les Alpes vaincues opposaient à cette titanique entreprise. On la franchit le quatrième jour, et le cinquième, on était dans les plaines de Saluces, à l'entrée de la Lombardie.

Il était temps. L'armée n'avait emporté que trois jours de vivres. Si les Suisses, mieux avertis, lui avaient fermé la porte, ce qui n'était pas difficile, elle restait clouée dans ces gorges pour mourir de faim.

L'entreprise si audacieuse, si heureuse, de ce chemin inouï, bouleversa l'imagination italienne. C'était par les sources mêmes du Pô que les Français entraient en Italie. On les voyait descendre avec l'invincible fleuve, le conquérant des eaux lombardes, qui les emporte toutes à la mer. Pour premier coup, ils avaient enlevé Colonna, le vaillant Romain. Les Suisses étonnés reculèrent. Le rival de Colonna, le vieux bâtard des Orsini, le bouillant Alviano, se mit avec ses Vénitiens, nos alliés, devant les Espagnols, les empêcha d'aider les Suisses. L'armée papale et florentine, conduite par les Médicis, dans sa neutralité douteuse, comptait bien, au cas probable de la défaite des Français, leur porter aussi quelques coups. Et voilà qu'ils sont tout près d'elle ; elle perd à l'instant le goût d'avancer.

Les Suisses avaient parmi eux de grands amis de la France, les Bernois Diesbach et la Pierre et le Valaisan Super-Sax. Ils soutenaient que la Suisse ne gagnait rien à se saigner pour exalter l'Allemagne, sa principale ennemie, sur les ruines de la France. En réalité, sang et vie, morale, honneur, tout enfin, la Suisse entière fondait en Italie, elle s'échappait à elle-même, s'écoulait, se perdait. Un argument plus sensible peut-être, c'est que ni le pape, ni l'Espagne n'avait un sol à leur donner, que leur Maximilien Sforza, rançonné, épuisé, tordu jusqu'à la dernière goutte, était fini, ne rendait plus. La France au contraire arrivait les mains pleines de belles pièces neuves, d'argent non pas futur, fictif, mais d'écus comptants et sonnants. Elle les payait pour ne rien faire ; et les autres, pour les faire agir, ne les payaient pas. Le roi les aimait tellement qu'il ne comptait pas avec eux. Au lieu des quatre cent mille écus promis à Dijon, il leur en donnait six cent mille, et trois cent mille encore pour les bailliages italiens (Bellinzona et Lugano) qu'ils avaient au pied des Alpes. Ils ne trahissaient point Sforza, au contraire ; d'un duc ruiné, le roi allait faire un prince, le marier dans la famille royale.

Tout cela prenait assez bien. Mais voilà que du Saint-Gothard, roule une énorme avalanche de vingt mille Suisses, tout neufs, avides, qui viennent gagner en Italie. Ceux-ci voient leurs compagnons gras et tout chargés de pillage, la poche enflée, qui leur parlent, à l'arrivée, de revenir. Les nouveaux venus frémissent pour l'honneur de la Suisse de la honteuse cession des passages du Tésin ; ce serait donner l'Italie sans retour et s'en exclure pour jamais. Les Français ont là de l'argent?.. Eh bien! pourquoi ne pas le prendre?.. Ils y couraient en effet. Les nôtres eurent à peine le temps de sauver la caisse.

Cependant, l'homme du pape, le fameux Mathieu Shiner, cardinal de Sion, le prêcheur endiablé des Suisses, pendant que Léon X son maître parlait de neutralité, chevauchait de tous côtés, pour faire écraser les Français. Les Espagnols, qui voyaient Alviano les menacer avec le drapeau de Saint-Marc, n'écoutèrent point le cardinal et restèrent en observation, comme l'armée pontificale. Les Suisses, concentrés à Milan, étaient fortement balancés; les uns leur disaient : « Retournons, recevons le premier payement. » Les autres disaient : « Combattons, et, vainqueurs, nous aurons le tout. » Mathieu arrive, se fait dresser sur la place du château une chaire assez haute pour dominer toute l'armée. Là, devant ces trente mille hommes, l'aboyeur se faisant entendre par des cris et des yeux roulants, par un geste frénétique, prêchait pêle-mêle la défense de l'Église, le drapeau des clefs de saint Pierre, la vengeance de l'ours de Berne, la fureur du taureau d'Uri, le sang surtout, le sang : « Je veux, disait-il, me laver les mains, m'abreuver dans le sang des Français. »

Ce sermon évangélique n'ayant pas beaucoup d'action, le drôle, qui connaissait parfaitement ce peuple, fait faire une fausse alarme. « Voilà les Français qui avancent? » Cela finit tout. Les partisans de la paix prirent les armes, comme les autres, ne pouvant abandonner leurs frères au moment du danger.

Le roi n'avait pas bougé. Il croyait toujours négocier. Sa situation était assez dangereuse. Il s'était placé à Marignan, à dix milles de Milan, ayant derrière lui les armées espagnoles et pontificales, qu'il séparait ainsi des Suisses. Les Vénitiens, il est vrai, veillaient pour lui sur ces armées. Mais seraient-ils assez forts, surtout ayant en tête les redoutés fantassins espagnols?

Qui commandait l'armée française? Tout le monde et personne. Le roi, tout novice, de vingt et un ans, était censé commander, et sous lui, Charles de Bourbon, de vingt-cinq, qu'il venait de faire connétable. Les généraux de Louis XII, la Trémouille et Trivulce, étaient près du roi, mais comme de vieux meubles hors de mise. On avait fait l'insigne faute de laisser partir l'homme essentiel, le commandant des Bandes noires et en général des troupes allemandes, le fameux duc de Gueldre, qui seul avait la confiance des lansquenets. L'ami et l'allié du roi, son futur gendre (Charles-Quint), avait pris ce moment pour attaquer la Gueldre, forcer le duc de revenir, démoraliser l'armée du roi. En quoi, il imitait fidèlement son grand-père Maximilien, qui fit parvenir à nos Allemands l'ordre de revenir, précisément la veille de la bataille de Ravenne.

Le duc de Gueldre crut à la paix prochaine, partit et laissa le commandement en chef des Allemands à un Français, son neveu, Claude de Guise, que pas un d'eux ne connaissait. Ces gens, sans communication avec les nôtres, séparés par la langue, et ne sachant rien de la situation que les allées et venues, les pourparlers du roi avec les Suisses, leurs mortels ennemis, écoutèrent les avis charitables qu'on semait parmi eux. Le roi de France (disait-on), qui leur devait beaucoup d'argent, avait trouvé un moyen de payer la solde arriérée, en les mettant au premier feu et les livrant aux Suisses pour être exterminés. Et pourquoi, disait-on, votre chef serait-il parti, si ce n'est qu'il a eu horreur de tremper dans la trahison?

Ce roman insensé du roi se détruisant lui-même, se désarmant et se faisant battre, parut tout naturel au bon sens de ces Allemands. Leurs préjugés nationaux sur la foi des Welches (Français et Italiens) les hébétèrent de défiance et de peur.

C'était la grosse moitié de notre infanterie, et la seule fortement armée, qui était frappée de cette panique; les autres fantassins, Basques et

Gascons, Français formés par Pietro Navarro, étaient des troupes légères qui ne pouvaient porter seules le poids des bataillons des Suisses.

Le roi avait, il est vrai, une très-forte gendarmerie, et tous les grands seigneurs de France avec leur suite personnelle ; mais il eût fallu une plaine pour faire agir cette magnifique cavalerie, et justement il était sur une étroite chaussée qui permettait à peine à vingt hommes de charger de front : à droite, à gauche des fossés, des marais devaient couvrir la colonne assaillante, empêcher la cavalerie de la tourner ou de la prendre en flanc.

Dans cette situation si peu favorable, le grand maître de l'artillerie ne put profiter de la supériorité des forces qu'il avait ; seulement il posta à notre droite une forte batterie, et dans les retranchements qui la couvraient, Pietro Navarro jeta une masse de notre infanterie nationale, Basques, Gascons, Picards.

Ceux qui connaissaient bien les Suisses, Fleuranges, par exemple, qui avait reçu d'eux quarante blessures à Novarre ; Fleuranges, fils du fameux Sanglier des Ardennes, Robert de la Mark, et l'un des chefs des Bandes noires, ne doutaient point qu'il n'y eût bataille. Ce n'était pas tant une guerre politique qu'une rivalité de métier entre deux armées mercenaires, entre les Suisses, si longtemps les seuls fantassins de l'Europe, et cette nouvelle infanterie allemande que l'empereur et les princes avaient formée surtout contre eux. Le drapeau des montagnes, le drapeau suisse à la croix blanche avait horreur du noir drapeau de la basse Allemagne. Ils partirent de Milan en criant : « C'est leur deuil qu'ils portent. » Ils avaient ôté leurs souliers pour qu'on n'entendît pas de loin la masse de l'armée en marche, et pour mieux sauter les canaux, traverser les marais et se trouver plus vite devant leurs ennemis. Unique occasion ! les lansquenets étaient vingt mille ; on pouvait cette fois les égorger en un monceau.

Nulle bataille n'a été plus diversement racontée. Du Bellay est fort sec, le chroniqueur de Bayard si ignorant, qu'il croit que le connétable fut tué. Les historiens suisses disent que les leurs n'avaient pas d'artillerie, ce qui est faux; ils avaient avec eux celle du duc de Milan. La fameuse lettre de François I*er* à sa mère est étonnamment inexacte, légère, pleine de vanterie, plus qu'on ne l'attendrait d'un prince si brave ; mais c'est un garçon de vingt ans qui ne se contient pas dans sa joie et croit avoir tout fait. Avec deux cents cavaliers *il a défait quatre mille Suisses, leur faisant jeter leurs piques et crier France ! — Nous sommes restés vingt-huit heures à cheval* (il dormit sur une charrette). — Il se vante *d'avoir fait le guet.* — De vingt-huit mille Suisses il n'en réchappa *que trois* *mille!* Ils *s'enfuirent!* etc. — Autant de mots, autant de faussetés démenties par les autres acteurs et témoins oculaires.

Il convient que l'artillerie a bien fait. Le grand-maître ose bien dire *qu'il a été cause* en partie *du gain de la bataille.*» Cependant le roi croit que c'est la gendarmerie *qui a fait toute l'exécution.* Il fait honneur de tout à la noblesse, à la cavalerie et aux grands coups de lance.

Ce récit, si léger, constate pourtant par trois fois que l'infanterie française eut une grande part à la bataille, chose dont plus d'une chronique s'est bien gardée de dire un mot. Fleuranges en parle à peine une fois. Bouchet, qui écrit sous la dictée de la Trémouille, est seul juste pour l'infanterie.

Mais venons au récit.

L'armée fut presque surprise, quoiqu'on fût averti trois fois, d'abord par un Lombard, puis par un gentilhomme, enfin par Fleuranges lui-même. Le connétable allait se mettre à table. Le roi essayait une armure d'Allemagne, propre à combattre à pied, armure si industrieusement faite, dit Fleuranges, qu'on ne l'eût pu blesser d'une épingle. Le roi l'embrassa pour la bonne nouvelle, mais n'y voulait pas croire encore. Fleuranges prit sur lui de faire sonner l'alarme. Le roi, voyant alors que c'était tout de bon, s'adressa au général de Venise, l'Alviano, qui était là, lui prit la main et le pria d'amener ses troupes en toute hâte ; Alviano sauta à cheval, croyant ce jour suprême et décisif pour l'Italie autant que pour la France.

Fidèle aux vieilles traditions, le roi employa les dernières minutes, si précieuses, à se faire armer chevalier. Avec sa bonne grâce ordinaire, laissant là tous les princes et grands seigneurs, il s'adressa à l'homme le plus aimé de l'armée, fit avancer Bayard et reçut l'ordre de sa main.

Cependant Fleuranges observait les Suisses. Ils étaient à deux milles et paraissaient vouloir camper. Ils y pensaient peut-être, car la journée était fort avancée. Tout à coup les voilà qui se remettent en marche et ne s'arrêtent qu'à deux traits d'arc du camp français, où ils soufflèrent un peu, déployèrent la bannière des clefs de saint Pierre et reçurent la bénédiction.

Le roi et la Trémouille, ici d'accord, disent que la gendarmerie chargea d'abord, et que, malgré sa valeur, elle fut *reboutée par les gens de pied*. Ce qui est bien croyable ; elle ne pouvait charger que par vingt ou trente à la fois, et les Suisses avançaient en piquant les chevaux ou démontant les cavaliers du croc de la hallebarde.

Ils arrivèrent ainsi aux lansquenets, furieux de la vue seule du drapeau noir, ayant soif de leur sang. Ces Allemands étaient troublés de cette furie, et l'écart des gens d'armes, rejetés de côté, les confirmait dans l'idée folle que nous les livrions. Ils reculèrent. Mais au moment, les fantassins français, défendus par eux à Ravenne, se jetèrent à leur tour devant les Allemands, s'élancèrent sur les Suisses au nombre de deux mille, et du premier coup, dispersèrent un corps double de nombre. Le roi qui, avec deux cents cavaliers, soutenait ces deux mille piétons, les supprime dans son récit. Mais la Trémouille les rétablit avec une impartiale équité.

Ce qui rend la bataille obscure ici et pleine de contradictions, c'est que la nuit venait, et que déjà il y avait une nuit de poussière effroyable. De plus, de nombreux corps des Suisses avançaient, dit le roi, *par le pays couvert*, c'est-à-dire, sans doute, sous les arbres fruitiers ou à travers les grandes vignes qui coupent la campagne italienne. La scène était immensément confuse.

Deux épisodes s'y dessinaient pourtant. D'une part, les lansquenets, qui voyaient le roi en avant et la vaillance de nos piétons, troupe légère qui avait protégé leur grosse infanterie, rougirent de cette étrange situation et voulurent se relever. Mille d'entre eux, par la gauche, tournèrent dans les marais pour prendre en flanc les Suisses. Mais, arrivés aux bords profonds de la chaussée, ils ne purent s'en tirer ni se soulever de là ; les piques les y enfoncèrent et ils n'en sortirent pas.

A notre droite, les Suisses souffraient d'une batterie de Pietro Navarro. Ils y lancèrent ce qu'on appelait les *enfants perdus* de la Suisse, corps de jeunes gens à plumes blanches, payés double, qui firent double ouvrage effectivement ; avec un sacrifice énorme d'hommes, ils comblèrent les fossés des Basques et Gascons de Pietro, éteignirent la batterie.

La lune éclairait la bataille. Et cependant il y eut d'étranges méprises. Le roi alla donner dans un gros corps de huit mille hommes qu'il croyait sien ; c'étaient des Suisses : « Ils me jetèrent, dit-il, six cents piques au nez, pour me faire voir qui ils étaient. » Le roi eut cependant le temps de réunir trois cents chevaux, quelques milliers de lansquenets, et se retira sur ses canons. « Et cependant, dit-il, mon frère le connétable rallia *tous les piétons français* et quelque nombre de gendarmerie, leur fit une charge si rude qu'il en tailla cinq ou six mille en pièces et jeta cette bande dehors. Nous, par l'autre côté, fîmes jeter *une volée d'artillerie* à l'autre bande, nous les chargeâmes, les emportâmes et leur fîmes repasser un gué qu'ils avaient passé sur nous. »

Ce passage indique assez clairement que l'infanterie ferma pour ce jour la bataille, et que les

Suisses s'étaient rendus maîtres d'une partie du camp de François Ier. Ils furent chassés, mais non partout; ils restèrent sur plusieurs points établis entre les Français. La lune ayant retiré sa lumière, ceux-ci ne pouvaient aisément se rapprocher les uns des autres Il y avait des Suisses qui voulaient profiter de cette division, tenter un grand et dernier coup. Ils voyaient le roi à deux pas, à son feu, parmi les canons, mais mal accompagné. Il fallait de l'ensemble, et c'eût été déjà, peut-être, la captivité de Pavie. Ils hésitèrent, perdirent l'irréparable occasion. Mathieu Shiner lui-même semble en avoir été la cause. Il avait fait venir des vivres et des tonneaux de vin. Les Suisses étaient trop bien, adossés à la grande ville, qui leur fournissait tout. Les Français, au contraire, n'eurent pas tous à manger. Le roi buvait de l'eau sanglante qui lui fit vomir son repas. Il avait prudemment fait éteindre son feu; non vu, il voyait tout, et pouvait assister à la bombance des Suisses.

Le cardinal croyait la bataille gagnée, il l'écrivit à Rome et partout.

Toute la nuit donnèrent les cors sinistres d'Underwald et d'Uri pour rallier les Suisses; les Français sonnèrent leurs trompettes. Le roi, qui par moment se trouva presque seul, comme Charles VIII à Fornoue, avait un Italien avec lui, qui sonna constamment comme Roland Furieux sonnait à Roncevaux. On pensa bien que cette puissante trompette, qui faisait taire les autres, sonnait où était le roi, et l'on s'en rapprochait.

Nul doute que les vieux et expérimentés capitaines la Trémouille, la Palice, Trivulce, n'aient bien mis la nuit à profit. Galeot et Pietro en profitèrent surtout pour changer les positions de l'artillerie. Le roi avait soixante-douze grosses pièces, un nombre infini de petites. C'est le spectacle qu'eurent les Suisses au matin. Derrière ce confus rideau de troupes éparses, une armée entière s'était reformée; de tous côtés, entre les corps, canons, fauconneaux, serpentines, montraient la gueule et attendaient.

L'homme des Bandes noires, Fleuranges, avoue magnanimement, à la gloire de ses ennemis, que si les Suisses n'attaquèrent pas la nuit, c'est que vraiment ils n'étaient pas en nombre suffisant.

— Et, s'ils avaient bien fait la veille, dit-il, ils firent encore mieux le matin. — Mais l'artillerie les reçut rudement, et ils virent vingt mille lansquenets qui, parfaitement remis et ralliés, présentaient vingt mille piques. Cette grande attitude leur imposa; « ils glissèrent outre, » et n'essayèrent pas de les enfoncer. Il y eut même des Suisses qui se souvinrent que ces braves, après tout, étaient aussi des Allemands. « Un gros capitaine sortit des rangs, alla aux lansquenets et se mit à les haranguer; on tira sur lui au plus vite, de peur qu'ils n'entendissent trop bien; il fut tué.

Cependant, d'autres s'avisèrent de marcher sur l'artillerie, de l'enlever; déjà, la veille, ils avaient pris plusieurs canons. « Je vis, dit du Bellay, un Suisse qui, passant toutes les batailles, vint toucher de la main sur l'artillerie du roi, où il fut tué. Et, sans la gendarmerie, qui soutint le faix, on était en hasard. » Les Suisses furent plus écrasés que vaincus; hommes et chevaux, couverts de fer, fondant sur eux de tout leur poids, il fallait à des fantassins, non-seulement le plus ferme courage, mais une grande dextérité pour choisir juste les rares défauts de la cuirasse où pouvait pénétrer le fer. Les parfaites armures étaient celles des très-grands seigneurs et de leurs chevaux de bataille. Ce furent eux, cette fois, qui chargèrent définitivement, mais non sans grand dommage. Bon nombre mesurèrent la plaine; plusieurs même restèrent et périrent. Chose toutefois rare et difficile : il fallut que les Suisses frappassent soixante-deux coups sur le fils de la Trémouille pour le blesser mortellement. Le frère du connétable périt aussi. Claude de Guise, à la tête des lansquenets, fut porté par terre, et des bataillons entiers passèrent sur lui; il eût péri sans un écuyer allemand qui se jeta devant lui, reçut les coups à sa place, jusqu'à ce qu'une nouvelle charge écartât les Suisses. Il en fut à peu près de même de Fleuranges ; lui et ses gens d'armes furent accrochés des hallebardes, tirés de leurs chevaux blessés ; « et sans monsieur de Bayart, qui tint bonne mine et ne l'abandonna pas, sans point de faute, il étoit demeuré. »

Remonté à cheval, Fleuranges vit que les Suisses étaient décidément rompus. Ils avaient tâté l'arrière-garde et avaient été repoussés. Un de leurs corps s'était jeté dans une grande cassine où l'on avait logé force tonneaux de vin de Beaune ; ils lui livrèrent bataille, s'y noyèrent, si bien que Fleuranges y mit le feu sans qu'ils s'en occupassent ; ils furent brûlés plus de huit cents.

Ce qui avait achevé de les décourager, c'est que, vers dix heures du matin, ils entendirent crier : *Marco ! Marco !* et virent les drapeaux de Venise. C'était Alviano qui avait marché toute la nuit avec sa cavalerie. Son armée le suivait de loin ; les Suisses crurent l'avoir sur les bras, et se décidèrent à la retraite. Nos chroniques assurent qu'ils étaient réduits de moitié, ayant laissé quinze mille hommes dans cette terrible bataille. Et cependant les autres s'en allaient vers Milan, si froids, si fiers (à pas comptés), qu'ils ne lâchaient pas même les pièces enlevées aux Français. Faute de chevaux, ils s'efforçaient de les tirer, de les porter à bras. Ils se lassèrent enfin et les jetèrent dans les fossés.

Maximilien Sforza, assiégé quelques jours au château de Milan, et forcé par les mines de Pietro Navarro, se rendit, tout joyeux d'être quitte d'une souveraineté qui n'avait été qu'un esclavage. « Grâce à Dieu! disait-il, me voici affranchi de la brutalité des Suisses, des vols de l'Empereur et des perfidies espagnoles! »

Il n'y eut jamais victoire plus complète. Des deux armées que le roi avait à dos, la papale obtint de traiter, et l'Espagnole sollicita d'être comprise dans l'arrangement pour retourner à Naples.

Les Suisses, si bien battus des lances et des boulets du roi, le furent encore plus de son argent. Il les gorgea, les renvoya. Corrompus contre eux-mêmes, ils acceptèrent, tête basse, plus d'argent que ne valait toute la Suisse, vendant les bailliages italiens et renonçant à l'Italie.

CHAPITRE XVI.

Espérances de l'Europe. — François Ier repousse l'Italie et l'Allemagne.

La fausse nouvelle de la victoire des Suisses avait ravi Léon X. Le lendemain, l'ambassadeur de Venise vint tout joyeux lui dire la vérité et observer sa mine. La grosse face rouge et rieuse ne rit plus cette fois. Il pâlit, et, sans s'apercevoir qu'il était sous un œil curieux, il joignit les mains, disant : « Que deviendrons-nous ? »

Notre victoire le prenait en flagrant délit de duplicité. Il avait promis la neutralité, il avait fait épouser à son frère une tante du roi ; et il avait envoyé une armée contre lui.

Nul secours à attendre ; l'Europe admirait et tremblait. Il n'y avait alors aucune force militaire au monde, que l'infanterie de Basse-Allemagne, qui combattait pour nous, celle des Suisses par nous battue; et les Espagnols humiliés, à la barbe desquels on avait gagné la bataille.

Le roi pouvait ce qu'il voulait.

Il était salué de tous le *triomphant César, vainqueur des Helvétiens.*

A lui de défendre la chrétienté, de résister au conquérant Sélim, nouveau Mahomet II.

A lui de balancer le monstre hétérogène du triple empire de Charles-Quint, qui, se formant de mort en mort et par successions, sans bruit, tout doucement, menaçait bientôt d'engloutir l'Europe.

A lui enfin de délivrer l'Italie et de prendre Rome, de réformer l'Église.

Le pape avait raison de craindre et de dire : « Que deviendrons-nous ? »

Cette grande force de François Ier n'était pas seulement de circonstance et de situation : elle était aussi personnelle. Tout réussit à la jeunesse, tout lui sourit. La sienne véritablement faisait grande illusion. Ce qu'on voyait de mal en lui, on l'attribuait à ses vingt ans; mais le bien dominait, et la belle apparence. Ce magnifique jeune homme fascinait tout le monde, par la parole et par l'épée, par cette figure aimable, qui, après Marignan, apparut imposante. Elle n'était point fine, mais forte et belle alors. L'hilarité menteuse qu'il avait dans les yeux semblait gaieté française et noble gaillardise de gentilhomme et de soldat. Ni Charles VIII, ni Louis XII, les sauveurs prédits par Savonarole, n'avaient répondu aux exigences de l'imagination populaire ; l'un, petit, mal bâti, difforme par sa grosse tête, l'autre, cacochyme, bourgeois, roi des bourgeois. Celui-ci, au contraire, beau de race, de fleur de jeunesse, plus beau de sa victoire, trouvant pour tous, sur sa langue facile, des mots de grâce et d'espérance, n'était-il pas enfin, pour l'Italie et pour le monde, ce Messie promis, attendu?

Sa famille l'encadrait, l'embellissait. On le voyait dans l'auréole qu'a tout être aimé, noble apparition entre deux femmes et deux amours, sa mère, ardente et belle encore, sa fine et charmante sœur, la Marguerite des Marguerites, qui disait : « Notre trinité !... »

Son respect pour sa mère, excessif dans un roi, semblait d'un bon cœur tout nature, qui n'était blasé ni gâté. Il ne lui parlait guère que la toque à la main, abaissant sa grande taille et le genou plié.

Ce sentiment de la famille, ces dons aimables de jeunesse, lui auraient aisément donné la faveur populaire s'il eût eu seulement le bon sens de ne pas la repousser. Sa politique était toute tracée.

Une grande révolution, de vingt formes diverses, dans l'État, dans l'Église, fermentait en Europe. Elle allait éclater partout, mais à des moments différents, sans accord, sans entente, avec ce trait commun toutefois que tous ces mouvements regardaient vers l'Église. Sans les biens ecclésiastiques, l'État ne pouvait plus vivre un seul jour. On le vit en Espagne même et autres pays catholiques, qui ne prirent pas les biens, mais grande partie du revenu. Cette révolution financière était partout liée à la diversité des révolutions politiques. Des masses immenses, impatientes, fermentaient et bientôt tourbillonnaient aveuglément, cherchant un centre hors d'elles-mêmes.

Qu'avait à faire le jeune roi et le roi chevalier? d'être, en effet, et chevalier et jeune, fidèle à cette tradition de générosité qu'il se flattait de suivre. Ce que l'armée française avait été à Pise, le roi devait l'être en Italie, en Allemagne, en Europe. Si l'on eût cru réellement qu'il voulût être le protecteur des faibles et le centre de la résistance contre le pape et la maison d'Autriche, il était le maître du monde. Cette politique, sans doute chimérique aux yeux des procureurs qui gouvernaient la France sans rien connaître de l'Europe, était la seule pratique. Cette folie était la sagesse.

Qui s'y serait opposé? l'Angleterre seule peut-être. Nulle autre alors ne le pouvait. Le roi y tenait Wolsey, l'homme dirigeant, qui croyait ne pouvoir sans lui arriver à la papauté. Il eût tenu l'Angleterre même, par une grande guerre d'Écosse, s'il eût fortement soutenu ce pauvre pays. Il ne suffisait pas d'y mettre un régent français, comme on fit. Il fallait largement pensionner les clans, encourager la trop légitime défense de cette race contre la féodale Angleterre. Les *highlander* n'auraient pas disparu de la terre, et la haute Écosse ne serait pas ce qu'elle est aujourd'hui. La France aurait sauvé un peuple en se défendant elle-même. Seulement il fallait pour cela de grandes ressources, qu'on ne pouvait trouver que dans la révolution ecclésiastique.

L'Espagne, dans le progrès de son affreux cancer, venait de s'arracher sa plus riche substance, l'agriculture et l'industrie, les Maures, les Juifs. Elle arrivait au second acte, où elle devait périr comme liberté et vieilles franchises. La lutte allait s'ouvrir, des nobles et des villes, contre le roi ; un roi flamand, tellement ignorant de cette fière Espagne, qu'il sollicitait de la France une armée de vingt mille étrangers pour s'installer ; lui qui d'avance était aimé, comme fils de Juana, petit-fils de la grande Isabelle, comme remplaçant le vieux roi détesté d'Aragon ; lui pour qui Ximénès, un grand cœur castillan, avait, par de fortes mesures, frayé la voie, dressé le trône. Il n'avait qu'à s'asseoir, et il débuta par outrager l'Espagne en disgraciant Ximénès mourant.

L'Empire n'avait pas moins de deux révolutions en lui, la révolution allemande et celle de l'esprit humain. Le Rhin spécialement était comme dissous. Nous l'avons expliqué dès le temps de Charles le Téméraire. Il n'avait su en profiter, dans son insigne maladresse, inquiétant, irritant tous ces peuples et les rattachant ainsi à l'Empire, se portant brutalement pour conquérant de terres et accapareur de provinces, au lieu de solder les hommes et de se faire le chef de ces populations guerrières et pauvres. François Ier, qui n'avait pas les Pays-Bas, ne faisait craindre rien de tel. Contre leur ennemi naturel, successeur de Charles le Téméraire, contre l'Empereur, hautain et faible dans ses prétentions insensées, la France était leur bonne amie, leur alliée et leur défense. Ce que Max avait eu de populaire en ses bonnes années, la bravoure et l'air batailleur, François Ier l'avait bien plus. Sur le Rhin, comme en France, on tenait compte d'un roi qui se battait, prenait sa part des coups et des fatigues.

A la grande différence des révolutions italiennes, l'allemande n'était pas seulement une discorde d'États et de villes; elle descendait bien plus bas, entraînait les campagnes, soulevant à la fois la noble populace des chevaliers ruinés qui mouraient de faim dans leurs châteaux, et des masses de paysans réduits au désespoir. Les uns, les autres, accusaient également les hauts seigneurs, spécialement les seigneurs ecclésiastiques. L'Église d'Allemagne avait engraissé de la ruine commune. Et c'était elle aussi qui était accusée de tous; tous, discordants sur d'autres points, étaient d'accord sur ce seul point, qu'on ne pouvait plus tolérer l'état de l'Église. Cette question universelle, obscure encore ailleurs, était claire en Allemagne. Et le peuple, au défaut des rois, semblait tout près de la trancher.

La France ne devait rien faire qu'en communauté avec l'Allemagne. C'est vers elle qu'elle devait tourner son attention, autant et plus que vers l'Italie. Le point grave, décisif, ce n'était pas que nous eussions un peu plus, un peu moins de possessions au delà des Alpes, que le Milanais s'arrondît de quelques villes. C'était de savoir comment on agirait avec le pape, et, si l'on était contre lui, comment on lancerait l'Allemagne dans les mêmes voies, comment on soutiendrait la révolution allemande contre la maison d'Autriche, alliée naturelle du pape.

L'Empereur était vieux; qui lui succéderait?

C'était la grosse affaire. Tout le reste ne venait qu'après. L'intérêt de la France était non d'alarmer l'Empire en demandant la couronne impériale, mais de l'ôter à la maison d'Autriche, de faire qu'elle tombât sur la tête d'un électeur, qui, d'accord avec elle, entrerait dans la révolution naturelle, légitime du siècle, la sécularisation de l'Église et des biens d'église.

François Ier avait une prise naturelle et très-forte sur l'Allemagne. C'est à lui que s'adressaient tous les ennemis de l'Autriche, à lui que se louaient ces innombrables gens de guerre de toutes classes, que les désordres de l'Empire, les luttes des villes impériales, les insurrections des campagnes, avaient jetés hors du foyer.

François Ier n'y vit que des soldats. Que serait-il arrivé, s'il eût compris que c'était une émigration, que c'était la révolution allemande, dont les tronçons brisés, les débris, les épaves, venaient se jeter au rivage de la France?

Il était beaucoup plus qu'un roi, s'il eût su profiter de sa situation. Il était, sur toutes les marches, depuis les Alpes et les sources du Rhin, jusqu'aux Ardennes et le long de la Meuse, jusqu'aux marais de Gueldre, de Hollande et de Frise, le refuge et l'espoir de la libre Allemagne. Le soldat mécontent du service des villes, le chevalier ruiné par l'usure ecclésiastique et les chicanes des légistes, exproprié par l'électeur, que dis-je? Le chef des paysans traqués dans la forêt, tous reprenaient cœur en disant : « Je me vendrai au roi de France. »

Ils allaient en Basse-Allemagne s'adresser à ses enrôleurs, au duc de Gueldre sur le Rhin, et, sur la Meuse, au Sanglier d'Ardennes. La vie de ces deux fameux chefs des bandes noires ferait une Iliade, mais longue; nous ne pouvons la faire ici. Qu'il suffise de dire que ces imperceptibles princes furent, pendant tout un siècle, l'épée de la France contre les maisons de Bourgogne et d'Autriche. Épée peu dépendante qui quelquefois frappa à contre-temps. Les Sangliers d'Ardennes, les la Mark, avec Liége, sauvèrent plus d'une fois Louis XI et souvent le mirent en péril. A Novarre, la valeur emportée de Robert de la Mark nous fit battre, dit-on; et son fils Fleuranges y resta, couvert de quarante-deux blessures. Nous ne l'en voyons pas moins vivant et combattant plus que tout autre à Marignan, où il eût péri, sans Bayard. Tout à l'heure, c'est son père, le vieux Robert, qui va, à la diète de Worms, jeter le gant à Charles-Quint.

Pour le duc de Gueldre, il n'y a pas en vérité de plus grande histoire que celle de ce petit prince, l'Annibal acharné qui, cinquante ans durant, tint en échec et les Pays-Bas, et l'Autriche, et l'Empire. Cela serait inexplicable si, comme nous l'avons dit, il n'avait été le point de ralliement des fugitifs et des bannis, de tout ce qu'il y avait de plus vaillant en Allemagne. La maison de Bourgogne, sous Charles le Téméraire, celle d'Autriche sous Maximilien, avait deux fois donné en Gueldre le scandaleux spectacle d'un juge prononçant contre les deux partis pour s'adjuger à lui-même l'objet contesté. L'Empereur n'en eut que la honte. Il échoua toujours, même avec le secours des Saxons et des Bavarois. Loin de céder, le duc attaquait, pillait tour à tour le Brabant, la Hollande. La gouvernante des Pays-Bas, Marguerite, était si peu protégée par son père, que, pour faire tête à ce diable incarné, elle invoquait le pape, les rois d'Angleterre, d'Aragon.

La protection déclarée ou secrète que le Roi avait donnée au duc de Gueldre dans la Basse-Allemagne, il devait l'étendre au haut Rhin, soutenir la résistance des chevaliers et petits nobles contre les seigneurs.

La révolution éclatait en haut et en bas à la fois dans une incroyable grandeur. En bas, les paysans; en haut, les nobles, les savants, les juristes. Une question que plusieurs jugeaient d'abord petite, la question des juifs, la défense de leurs livres, que les moines voulaient brûler, avait formé le centre inattendu, l'anneau central où se nouait la grande chaîne des intérêts et des partis. Question nullement petite en réalité, mais grave et révolutionnaire contre le moyen âge : la défense de l'humanité, une protection généreuse, étendue à ceux-mêmes qu'on torturait depuis mille ans comme *meurtriers de Dieu ;* la revanche de la justice sur les persécuteurs, les juges enfin jugés, et les princes et les prêtres tous passés au crible sévère de la loyauté germanique.

Cette grande et profonde question, comme toutes celles du temps, vint se présenter à l'arbitrage du vainqueur, justement après la bataille. Les dominicains d'Allemagne, poursuivant près du pape les défenseurs des juifs (Reuchlin, Hutten), vinrent chercher l'appui de François Ier. A qui serait-il favorable? cela dépendait d'une question plus générale encore, celle de savoir s'il serait l'ami ou l'ennemi du pape.

Ce garçon de vingt ans était bien neutre au fond dans tous ces grands débats. Entre la révolution et le pape, il avait choisi... quoi ? une boulangère de Lodi. De même que les Suisses vaincus se noyèrent dans le vin de Beaune et se laissèrent brûler, le vainqueur s'établit, dit-on, chez cette *fornarina ;* à son dam ; il tomba malade, comme il l'avait été déjà, avant son avénement.

Telle fut la palme de ce César, comme l'appelait sa mère, la couronne de ce roi du monde, l'espoir des opprimés, la poétique idole du faible cœur de Marguerite.

Il s'était montré bon soldat, mais ne comprenait rien à la victoire. Il en était encore à la tactique d'Azincourt, et croyait que la gendarmerie avait tout fait. Selon lui, c'est la lance qui brisa la forêt des piques; ce sont les preux, c'est Roland, c'est Renaud, le roi, le connétable. Il s'amusa le soir à faire des chevaliers. On croit lire l'Arioste. L'*Orlando* paraît à propos, œuvre de légère ironie, sourire de l'Italie sur l'ineptie de ses vainqueurs.

Cette royale figure qui semblait tout comprendre et hâblait à merveille, était en réalité un splendide automate dans la main de sa mère, l'intrigante, violente et rusée Savoyarde, et d'un homme d'affaires, Duprat, fin, vil et bas, qu'il prit pour chancelier.

La mère aimait passionnément son fils, et pourtant s'en jouait. Elle disait hardiment au légat: « Adressez-vous à moi, et nous irons notre chemin. Si le roi gronde, il faut le laisser dire. »

Duprat voulait le chapeau. Soit orgueil, soit prudence de voleur et recette contre le gibet, les ministres tâchaient d'être cardinaux. On ne pend pas un cardinal. Nous avons vu l'histoire de Briçonnet, d'Amboise. Nous verrons celle de Birague, l'homme de la Saint-Barthélemy, tellement impatient d'être cardinal, qu'il fut tout à coup veuf. Duprat, qui l'était, avait eu l'attention de se faire tondre. Il venait en solliciteur, en courtisan du pape. Le roi était livré d'avance par sa mère et par son ministre.

Sa mère avait une pauvre ambition, celle de s'allier aux Médicis. Elle venait de donner une de ses sœurs au frère du pape, Julien. Et elle poussait son fils à donner une princesse du sang royal au neveu du pape, Laurent; à unir les lis de France aux pilules, qui sont les armes de la maison de Médicis, sortie, dit-on, d'une boutique d'apothicaire. Ce neveu était si malade de la maladie du temps, qu'à peine marié, il en mourut, et la mariée aussi, nous laissant toutefois une fille, fatal présent! Catherine de Médicis.

De tout cela, qu'arriva-t-il?

Que le jeune homme insouciant suivit, les yeux fermés, la politique du cardinal d'Amboise, refit les Borgia dans les Médicis, immola l'Italie.

Que, loin d'encourager la révolution allemande qui commençait, il laissa son confesseur, Guillaume Petit, écrire contre elle au pape et protéger les moines.

Enfin (comme on verra plus tard), dans les fêtes papales de Bologne *la grasse*, dans les caresses d'Italiennes et les mangeries de Gargantua,

Duprat lui fit signer le Concordat, le partage avec le pape. Il prit part, pouvant avoir tout. Sa grande position et unique, du seul fort, quand tous étaient faibles, du seul en qui l'on espérât, le protectorat de l'Italie et bientôt de l'Empire, le trésor ecclésiastique et le trésor des cœurs, bien autrement précieux, il laissa tout aller, vendit tout, nouvel Ésaü, pour un plat de lentilles.

CHAPITRE XVII.

Caractère de ce premier âge de la Renaissance.

Trente-quatre ans se sont écoulés depuis la mort de Louis XI, vingt environ depuis l'expédition de Charles VIII et la révélation de l'Italie. Ces vingt années peuvent s'appeler le premier âge de la Renaissance, âge indécis encore et d'un caractère incertain.

Elle est déjà lancée, immense, irrévocable; son génie remplit tout, mais ses grands résultats n'ont pas encore leur action.

Des deux faits dominants, la découverte de l'Amérique (1492) et celle du système du monde (1507), le premier n'est point apprécié dans sa portée immense, et le second est inconnu.

Où est la Renaissance? Dans la littérature, si

l'on veut entendre par là l'exhumation de l'antiquité.

Mais peu d'œuvres nouvelles. Le grand succès du temps est celui d'une compilation latine, les *Adages* d'Érasme. Machiavel et l'Arioste sont médiocrement goûtés. Les mémoires de Comines n'ont pas paru encore.

La Renaissance est dans l'art, à coup sûr, par Vinci et par Michel-Ange, deux prophètes, énormément loin en avant de leur âge. Ils en sont la stupeur plus encore que l'admiration. Le roi du temps est Raphaël. Ce que la France envie le plus à l'Italie, ce sont les ornements, arabesques et *grotesques*, récemment déterrés à Rome. Elle prend un plaisir enfantin à parer, à charger sa vieille architecture de ces capricieuses fleurs.

Tout cela est bien vague encore, et bien flottant, d'un jour crépusculaire. Où donc décidément voit-on la Renaissance? à quel caractère certain, profond, la reconnaîtrons-nous?

Rappelons-nous l'Introduction de ce volume. Quel fut l'obstacle infranchissable du treizième au quinzième siècle? c'est que, le moyen âge se survivant par un effort artificiel, n'enfantant plus, empêchant d'enfanter, il s'est fait un grand désert d'hommes. Les efforts des héros, des hardis précurseurs, sont restés individuels, isolés, impuissants. Le peuple n'est pas né qui eût pu les soutenir.

Eh bien! dans ces trente dernières années, le grand pas est franchi; ce peuple commence d'apparaître. Si les idées ne sont pas éclaircies, les hommes existent; une nouvelle humanité est née maintenant avec des yeux pour voir, une âme ardente et curieuse.

L'État détruit et l'Église détruite, au temps de Charles VI, on a touché le fond, puis recommencé à monter. De la sécurité donnée par Louis XI, de la prospérité de Louis XII, quelque chose a surgi, de médiocre et de mesquin sans doute, mais de vital enfin. Puis un coup de lumière, un rayon subit de soleil a doré ce monde pâle, quand l'épée de France ouvrit les monts, révéla l'Italie.

Découverte d'un effet immense. La sublime officine des arts et des sciences, tenue longtemps comme en réserve, se manifeste tout à coup, doublement rayonnante d'Italie et d'Antiquité.

Et alors, par l'imprimerie, se constitue le grand duel. D'une part, l'Antiquité grecque et romaine, si haute dans sa sérénité héroïque. D'autre part, l'Antiquité biblique, mystérieuse, pathétique et profonde. De quel côté penchera l'âme humaine? à qui sera la Renaissance? qui renaîtra des anciens dieux?

L'arbitre est la Nature. Et celui-là serait vainqueur, à qui elle donnerait son sourire, son gage de jeunesse éternelle. Plus jeune et plus vieille que tous, mère et nourrice des dieux, comme des hommes, elle les berça aux anciens jours et sourira encore sur leurs tombeaux.

« Suis la Nature. » Ce mot des stoïciens fut l'adieu de l'Antiquité. « Reviens à la Nature, » c'est le salut que nous adresse la Renaissance, son premier mot. Et c'est le dernier mot de la Raison.

Mot que le grand prophète Rabelais traduit ainsi : « Fondez la foi profonde. » Il l'écrit au portique de son Temple de la Volonté. Nous l'avons mis aux premières lignes de l'histoire du seizième siècle.

Trois fils de serfs, ouvriers héroïques, taillent les trois pierres où se fonde la nouvelle Église : Colomb, Copernik et Luther.

L'Italien trouve le monde, et le Polonais en trouve le mouvement, l'harmonie, l'infini du ciel.

L'Allemand reconstitue la famille et y met le sacerdoce. C'est fonder le monde de l'homme.

Effort énorme, unique ; jamais il n'y eut plus d'obstacles. Et le succès aussi est difficile, le résultat d'abord obscur, amer.

L'Amérique, plusieurs fois trouvée en vain, mais cette fois manifestée et assurée au monde par l'obstination d'un grand cœur, éclaircit, obscurcit la question morale. A peine découverte, elle est le champ de l'esclavage.

Luther éclaircit, obscurcit la question religieuse, ne rouvrant l'avenir que par un appel au passé.

Copernik sera un scandale, la plus rude contradiction qui ait troublé la Renaissance. Au moment où l'observation est uniquement recommandée, dans un âge qui, las des vains raisonnements, ne veut plus croire que ce qu'il voit, celui-ci vient démentir le témoignage des yeux. Tête dure ! L'expérience des sens n'est rien pour lui si elle n'est raisonnable. Elle est son marchepied, et rien de plus, pour s'élever plus haut. Les observateurs se moquent de lui. S'il a raison contre eux, le témoignage des sens ayant perdu sa force, les témoignages historiques, bien plus faibles, branlent et chancellent. Où est la certitude ? Qui croirons-nous ? La Raison seule.

Seule, elle règne, seule elle est immuable. Tout autre immuable est fini.

Le mouvement du monde, l'infinie profondeur du ciel apparaîtront vers le milieu du siècle, au moment où Vésale ouvre les profondeurs de l'homme, où Servet aperçoit la circulation de la vie. Qui désormais niera le mouvement a beau faire, il le porte en lui.

Victoires définitives, mais combien contestées ! que dis-je ? exploitées des vaincus !

Le pape partage gravement l'Amérique qui l'a

démenti, trace du doigt une ligne sur le monde, donne à l'un l'Orient, à l'autre l'Occident. Qui donne? apparemment c'est celui qui possède.

Le second démenti, le système du monde, qui lui brise son ciel immobile; le pape daigne aussi en agréer l'hommage. Le monde agenouillé le voit grandi de ses défaites.

Oh! la Renaissance est obscure! l'humanité va lentement, par secousses, et souvent se renfonce dans la paresse, l'inertie du passé. Emportée par l'universel mouvement, elle travaille, fatigue, halète et sue.

Cette fatigue est dans les premiers monuments de la Renaissance. Ils travaillent infiniment, énormément, à se parer. Charmants dans le détail, ils éblouissent, n'ayant point d'unité; tranchons le mot, n'ayant point d'âme encore. Observez le moment où, le gothique fleuri ayant fait son dernier effort dans les pendentifs de Saint-Pierre de Caen et de Westminster, il en reste les fleurs, les feuillages, pour enrouler les arabesques italiennes. Ce charmant mariage qu'on admire à Gaillon et autres monuments du temps de Louis XII, ne se fait pas sans quelque effort et quelque maladresse.

Telle est la Renaissance! Elle se cherche à tâtons, elle ne se sait pas, ne se tient pas encore. Elle marche à la nature, s'y assimile lentement. La nymphe, en Daphné, devint arbre. Et ici, de l'arbre gothique, la nymphe sort, au contraire, plante et femme, animale, humaine, tout ensemble ; elle est l'efflorescence confuse, pénible de la vie. C'est l'enfant de Léda qui brise sa coquille, et dont l'incertain mouvement, l'œil oblique, peu humain encore, accuse la bizarre origine. Léda en tient aussi ; son cygne s'humanise ; elle, par le regard et l'étrange sourire, elle est cygne et s'animalise. Telle est la profonde peinture de Vinci qui vit le premier la grande pensée moderne : l'universelle parenté de la Nature.

Mais ces côtés hardis, trop précoces de la Renaissance, l'étonnent et l'effrayent. Elle est tentée de reculer. A l'entrée d'un monde infini de formes, d'idées, de passions, qu'elle avait si peu soupçonnées, elle a l'hésitation du voyageur à la lisière des forêts vierges d'Amérique, de ce prodigieux enlacement d'arbres et de lianes, de mille et mille plantes bizarres, habitées et bruyantes d'animaux imprévus... Retournera-t-elle au désert, à ses mille ans d'aridité ?

Non, va, marche, sois confiante, entre sans t'effrayer. Qu'un seul mot te rassure : *Un monde d'humanité commence, de sympathie universelle.* L'homme est enfin le frère du monde. Ce qu'on a dit d'un précurseur de l'art : « Il y mit *la bonté*, » on le dira du temps nouveau : il mit en nous *plus de bonté*..

C'est là le vrai sens de la Renaissance : tendresse, bonté pour la nature. Le parti des libres penseurs, c'est le parti *humain* et sympathique. Notre grand docteur Rabelais eut tellement horreur du sang, qu'il n'ordonnait pas même de saignée. Les médecins Agrippa et Wyer plaidèrent pour les sorciers. Un pauvre prote d'imprimerie, Châtillon, seul défendit Servet, et posa pour tout l'avenir la grande loi de tolérance. Vinci achetait des oiseaux pour les mettre hors de cage et jouir du spectacle des ravissements de la liberté. La Marguerite des Marguerites, recueillant dans son sein ceux qui n'ont point de nid, fonda à Paris le premier asile pour les orphelins délaissés.

NOTES

Page 1. — *L'entrée de Charles VIII à Rome*, etc. — Pour prendre le vrai point de départ du siècle, il eût fallu d'abord parler de la découverte de l'Amérique. La génération des découvertes fut telle : *celle de Guttenberg éclaira Colomb,* lui mit en main les textes, surtout la phrase décisive de Roger Bacon. *L'opinion d'un disciple de Brunelleschi, le mathématicien Toscanelli,* ajouta à ces présomptions historiques l'autorité supérieure du calcul, et, pour ainsi dire, coupa le câble qui tenait encore Colomb au rivage. — Colomb ayant prouvé la rotondité de la terre, *on en conclut qu'elle devait tourner,* comme les phases de deux planètes le faisaient soupçonner, et comme le prouva Copernik, etc. — La découverte de Colomb est le grand fait générateur du temps, celui qui influa le plus à la longue. — Mais les faits initiateurs, ceux qui eurent l'influence la plus immédiate, furent, d'une part, *l'expulsion des* 800,000 *juifs d'Espagne*, et la dispersion dans l'Europe de cette population industrieuse et civilisée ; d'autre part, *les expéditions de Charles VIII et de Louis XII en Italie*, la France italianisée, etc. — C'est par ces deux faits que l'histoire générale doit commencer.

Ceci donné à la méthode, il reste d'examiner les sources. — Des livres imprimés, nos chroniques, sont extraordinairement ou sèches ou romanesques ; souvent ce sont des panégyriques écrits par les domestiques des grandes familles. Il n'y a rien à comparer à Machiavel et à Guichardin. Comines, admirable et exquis, doit toutefois être examiné de près et discuté. C'est un vieillard frondeur, qui *a tâté de la cage de fer*, un conseiller de Louis XI, qui néanmoins s'associe à la réaction féodale contre sa fille. — Ses belles pages démocratiques n'ont pas d'autre sens. — Son procès avec les Thouars est aux *Archives (section judiciaire)*.

Les sources manuscrites sont fort pauvres pour ces trente années (1483-1514). — Les collections de la Bibliothèque, riches pour Louis XI, abondantes pour François Ier, surabondantes et débordantes pour les derniers Valois, sont indigentes pour les règnes de Charles VIII et de Louis XII. — Gaignières ne donne rien ou presque rien. Cela étonne surtout pour Louis XII, qui, dans sa guerre au pape, fut obligé de faire un appel continuel à l'opinion. — Il est infiniment probable que le roi, fort timide, et la reine Anne, fort dévote, ont détruit, autant qu'ils pouvaient, la trace de leurs témérités. — Les *Registres du Parlement* et ce qui reste des archives de la *Chambre des Comptes* sont encore la principale source. — Dans les actes judiciaires, on a généralement détruit les papiers des Commissions auxquelles on renvoyait la plupart des procès politiques.

Page 2. — *Sur la force de l'armée de Charles VIII*, comparez les Italiens Paul Jove et Guichardin, les Français la Trémouille, etc., et les deux pièces, rarement citées, du *Voyage littéraire de deux Bénédictins*, t. II, p. 184 et p. 379. La diversité d'évaluation peut tenir à ce que les uns comptent l'armée avant le passage des Alpes, les autres à Florence ou à Rome. Même incertitude sur la force réelle de l'armée de Bonaparte en 1796. Selon sa Correspondance, il avait 45,000 hommes contre 76,000 ; selon ses Mémoires, 30,000 contre 80,000 ; selon Jomini, 42,000 contre 52,000.

Page 6. — *Les princes et les grands font pendre les domestiques de Louis XI.* Nos archives possèdent cent trente actes sur le procès d'Olivier le Daim, Coctier et Doyac. Le Parlement procéda contre Olivier avec une violence, disons-le, avec une fureur extraordinaire. Le pauvre diable ne pouvait échapper, ayant contre lui l'évêque de Paris, l'Université, enfin tous ceux qui en voulaient à Louis XI. Son grand crime était d'avoir, par ordre de son maître, emprisonné un greffier et même un conseiller du Parlement. Il ne pouvait se justifier par aucun ordre écrit. Il fut traité avec une extrême barbarie. On lui fit porter un carcan dans son cachot, et un chirurgien fit rapport qu'il était blessé par ses fers. L'arrêt rendu : « Fut mis en délibération si on avertiroit le Roy. Conclu a esté par la court que le dict arrest sera exécuté *sans aucunement en avertir le Roy*, veues ses lettres, » etc. Le greffier rapporte qu'il mourut avec fermeté, en montrant la plus grande attention pour faire payer ses moindres dettes. *Registres du Parlement, Criminel, reg. 46, 49.*

Pages 8-9. — *Caractère aristocratique des États* de 1484. Il faut lire avec plus de critique qu'on ne l'a fait jusqu'ici le procès-verbal de Masselin, surtout le fameux discours tant cité de Philippe Pot. Le manuscrit le plus ancien qu'ait eu l'éditeur, M. Bernier, est une copie de la fin du seizième ou du commencement du dix-septième siècle. Si elle a été faite après les États de la Ligue, il y a à parier que cette copie et les suivantes auront été interpolées.

Page 45. — *La banque des bénéfices*, etc. Les archives du Vatican ne sont pas venues à Paris inutilement ; un bureau, créé exprès, en a tiré en peu d'années vingt-cinq cartons d'extraits, grand catalogue détaillé qui donne parfois des pièces entières, souvent de simples titres, souvent aussi des notices bien faites. L'étude très-attentive que nous fîmes de ces cartons aux Archives en 1851, nous a montré qu'ils contenaient la substance d'une curieuse *Histoire financière de l'Église.* Les pièces d'intérêt politique sont infiniment moins nombreuses, un dixième tout au plus. Mais bien moins nombreuses encore sont les pièces d'intérêt spirituel et ecclésiastique. J'ose dire que celles-ci ne sont pas la dixième partie du dixième. Les finances remplissent tout. Elles sont l'alpha et l'oméga de l'administration romaine. Au total, c'est l'histoire, moins du pontificat ou de la souveraineté, que d'une maison de commerce.

Il y a une infinité de curieux détails de mœurs, de piquantes anecdotes. J'y vois que les exactions de Jean XXII avaient réduit l'archevêque de Lyon à la mendicité; il dit qu'il est prêt à abandonner tout revenu pour avoir au moins *la vie et l'habit*, comme le moindre des moines. Une pièce de 1501 contient force recettes médicales, des discours de médecins, des notices sur les vertus des plantes et des minéraux; s'agit-il de guérir ou d'empoisonner? On se le demande, en songeant que cette pièce est du pontificat d'Alexandre VI, etc., etc. *Extraits des Archives du Vatican,* cartons 376-378.

Page 55. — *Bataille de Fornoue.* Pour cette époque, et en général pour les guerres d'Italie, voir un livre peu consulté: la Vie de Trivulce, par Rosmini, 1815, livre sorti des archives de la famille, qui a fait copier soixante-dix volumes d'actes dans tous les dépôts de l'Europe. — Trivulce avait de Louis XII quatre cents livres de pension, *Archives, cartons des rois,* K. 94, *quittance du* 7 *juin* 1501.

Page 64. — *La maladie du seizième siècle*. Les brusques changements de température (qui perpétuent encore aujourd'hui la lèpre sur la côte de Gênes) se produisaient chez beaucoup des nôtres qui passaient les Alpes, non plus par l'ancienne lèpre, mais par d'autres maladies de peau. Ce grand fléau du moyen âge, affaibli par sa division même, ne se retirait pas pourtant sans laisser de vives irritations. — Les deux fléaux se rencontrèrent. C'est ainsi que Paracelse, excellent observateur (malgré le bizarre de ses théories), explique la naissance du mal immense qui enveloppa le seizième siècle, circulant de mille manières, et gagnant les plus sains mêmes, les plus purs, les plus abstinents. — Excepté trois maux violents dans cette période (le scorbut, la suette et la coqueluche), la grande maladie du temps absorba toutes les autres. Toutes entrèrent dans cet océan. — Quand Rabelais dédia son livre à ce genre de malades, c'était le dédier à tout le monde. Hutten adresse l'histoire de sa guérison à son patron, l'archevêque de Mayence. — Charles VIII fut frappé, tout des premiers, à sa descente en Italie. François Ier et Léon X le furent plus tard, comme on sait. Le premier ayant séjourné peu de temps avec sa cour dans la ville de Nantes, le fléau y fut si intense, qu'il fallut sur-le-champ y fonder un grand hôpital. (Voir le docteur Guépin.) Ainsi, au moment où l'on ferme les léproseries, s'ouvrent les hospices des vénériens. — L'amiral de Soliman, Barberousse, fit sa cour au roi, ami de son maître, en lui faisant l'hommage d'un remède nouveau, des pilules qui portent son nom. Voir surtout le *Recueil des textes* (Vesale, Fallope, Cardan, Fracastor, Rondelet, etc.) publié à Venise, 1566 (in-folio), et Gruner, Jena, 1789.

Page 71. — *Vie et mort de Savonarole.* Je me suis beaucoup servi de sa Vie par Pic de la Mirandole, et encore plus de ses sermons, qui contiennent beaucoup de faits et d'allusions aux circonstances personnelles. La bibliothèque du Panthéon possède, je crois, tout ce qu'on en a publié. Les protestants les imprimèrent au seizième siècle. Et au dix-septième le frère du pape Urbain VIII légua cinq cents écus pour les réimprimer. Faible et tardive expiation ! Comment les protestants ne les ont-ils pas encore traduits ? En supprimant des longueurs, des répétitions, ce serait un merveilleux livre.

Page 146. — *Marguerite d'Autriche.* La lecture attentive de ses lettres dans les collections de Godefroy, de M. Leglay et de M. Vanderberg, fait voir (ce que les chroniques cachent parfaitement) que Marguerite tient le fil de l'intrigue européenne, et que le centre des affaires est Bruxelles. Voir aussi ses biographes, MM. Leglay, Altmeyer, Baux (pour son église de Brou), etc.

Page 151. — *Alde le premier, en* 1500, *répandit l'in-8°.* J'avais écrit ceci d'après l'autorité de M. Nodier. M. Firmin Didot ne s'est point expliqué sur ce point dans son bel et savant article *Typographie* (Encyclopédie). Consulté par nous, il nous a assuré avoir vu des livres de prières et autres imprimés dans le format in-8° peu après la découverte de l'imprimerie. Cependant il croit qu'en effet l'in-8° n'est devenu d'un usage populaire qu'après 1500, par les publications de Venise et de Bâle. C'est aussi l'opinion de MM. Magnin, Ravenel et Taillandier, excellents juges en cette matière.

Page 178. — *Que voulait Louis XII ? Rien qu'effrayer le pape, obtenir son pardon.* J'ai fait remarquer plus haut que presque tous les écrits, farces, etc., qu'on fit alors contre le pape, ont péri sans laisser trace. — La publicité restreinte de ce premier essai de polémique religieuse a permis d'en détruire les monuments. — Une collection de la *Bibliothèque* (*Fontanieu*, n° 158) en donne cinq fort curieux. — Ce sont de petits imprimés avec vignettes, vrais bijoux typographiques, évidemment destinés à être répandus, mais d'un luxe qui sans doute ne permettait pas de les rendre très-populaires. C'est la *Bataille et trahison de Gênes*, la *Sommation du Roi aux Vénitiens*, et trois brochures de 1511 : *Lettre du sénéchal de Normandie à ceux de Rouen, Lettre de Trivulce au Roi, avec l'entrée dans Bologne-la-Grasse*, enfin la *Prise de Crémone et celle de Brescia*. — L'extrême timidité du roi est frappante dans sa lettre à Léon X 1513. Il proteste *qu'il ne veult consentir à mauvaises sectes....* Il le prie de songer *que la guerre a longue queue,* etc. (*Collection Fontanieu, ibidem.*)

Pages 188-189. — *Prospérité de la France sous Louis XII.* Elle se développa cependant plus lentement que ne disent Seyssel et les autres panégyristes. Des actes de 1501 font une triste peinture de l'état du Midi, spécialement de l'Agénois, *alors désert* par suite d'une épidémie. La peste avait tué dix-sept mille personnes à Bordeaux, quoique la meilleure partie de la population eût quitté la ville. *Archives,* K. 94, *Payement des gens envoyés au Parlement pour poursuivre les nobles qui profitent de ces circonstances pour usurper le domaine, 25 février* 1501, — et *Diminution de péage, 7 juin* 1501.

Page 241. — *Sur Michel-Ange.* La sculpture de Michel-Ange n'est pas faite généralement pour avoir un toit au-dessus d'elle. L'exagération des muscles, qui est son défaut, devient un mérite dans ces positions où la lumière absorbe et dévore tout. Élevez son *Moïse* dans une place à trente pieds de haut, il impose, il effraye, il écrase.

Un art nouveau viendra que personne n'ose hasarder, *la sculpture des colosses au grand jour, à ciel découvert, bravant la lumière, les climats et le temps.* Notre grand et illustre maître, David d'Angers, y a songé parfois, par exemple, dans le *Condé* de Versailles, fait pour le pont de la Concorde. M. Rudde y a songé dans son sublime *Départ de* 92 qui est à l'Arc de Triomphe. Ni l'un ni l'autre pourtant n'a osé être assez grossier, assez peuple

Et pourtant ces fortes ébauches, quand elles sont savantes et profondes, comme le *Jour* de Michel-Ange, ce n'est pas seulement la sculpture forte, mais c'est la sculpture éternelle. — Un essai unique en ce genre, le *Gaulois* de Préault, durera des siècles, lorsque ses voisins du pont d'Iéna auront disparu depuis longtemps. Inutile de dire que cette œuvre hardie a été universellement critiquée. Le public ne veut dans les arts que les procédés de la miniature. Il a comparé ce colosse aux très-fines sculptures qui ornent le pont. Il a trouvé mauvais le cheval primitif de la Gaule chevelue, engorgé encore de l'humidité des marais, des grandes forêts. Il a trouvé étrange que cet hercule barbare, le *miles gloriosus* de l'antiquité, ne fût pas un lancier du dix-neuvième siècle. Il a regardé de près une figure faite pour être vue du Champ de Mars, la plus vaste place du monde, figure en lutte avec un infini d'espace et de lumière.

Pages 256-259. — *Charles-Quint... estomac exigeant*, etc. Dans son intéressante brochure sur Charles-Quint, M. Mignet, quoique trop favorable à son héros, ne dissimule nullement sa gloutonnerie. J'ai bien de la peine à croire que le grand homme d'affaires, si grossièrement sensuel, ait été vraiment grand. De telles habitudes accusent l'absence des idées hautes et des sentiments généreux qui rempliraient autrement l'âme. — Ce petit livre, si complet, qui révèle tellement le fond de l'homme, eût fait le bonheur de Montaigne. — Quant à l'ingratitude de Charles-Quint pour sa tante

Marguerite, il faut lire le Mémoire présenté par celle-ci, pièce d'histoire capitale, s'il en fut. Elle y raconte toute son administration, s'excuse, *prouve son innocence* (p. 118). Elle explique qu'on a ménagé *à son insu l'émancipation de Charles* (p. 124) : « Parquoy, monseigneur veulx conclure que je n'ay mérité nullement qu'on me charge et traicte ainsy que l'on fait, ni qu'on me face traîner la poursuite de ma pension si longuement. Si la mienne est plus grande, aussi suis-je votre unique tante et n'ay aultre filz ni héritier que vous. » *Corresp. de Marguerite, publiées par Van der Bergh,* t. II, p. 117-127.

Page 299. — *Révoltes des paysans.* Très-bien résumées dans l'*Allemagne* de M. Ewerbeck. Peu sympathique à l'école de Feuerbach, je ne puis m'empêcher d'exprimer mon admiration pour le dévouement de son traducteur, Ewerbeck, savant comme l'Allemagne, hardi comme la Pologne, généreux comme la France, et digne de ses trois patries. — Il a consacré tout ce qu'il avait à la dépense des publications de cette école : *De la Religion, Qu'est-ce que la Bible ?* etc. Exemple rare en ce temps ! Ewerbeck nous a fait l'honneur de se faire naturaliser Français. Nous le remercions du cœur.

Page 302. — *Défenseurs des juifs.* Je regrette d'être obligé d'ajourner au prochain volume ce que j'avais à dire sur ce grand sujet. Le beau livre de M. Frank, celui de M. José Amador de los Rios, et autres, ont jeté un jour tout nouveau sur la littérature juive. — Une remarque bien essentielle de M. Beugnot est celle-ci : « Les juifs ne connurent pas l'usure aux dixième et onzième siècles, c'est-à-dire aux époques où on leur permit l'industrie. » — De nos jours, tant de juifs illustres (Meyerbeer, Néander, Gaus, Heine, Bœrne, mademoiselle Rachel, etc.) les ont bien réhabilités.

Page 311. — *Copernik... Les observateurs se moquent de lui.* Entre autres, le médecin Fernel, qui, en 1527, dans sa *Cosmotheoria*, y fait déjà allusion.

Page 312. — *Ornementation du seizième siècle.* Lire une page éloquente et charmante de M. Henry Martin, *Histoire de France*, t. VIII, p. 477-478, seconde édition.

Page 313. — La *Léda de Léonard de Vinci.* Je parle de la Léda qu'on a gravée, et de celle qui était à la Haye, dans la collection du roi de Hollande, malheureusement vendue et dispersée. — La Léda est le sujet propre de la Renaissance. Vinci, Michel-Ange et Corrége y ont lutté, élevant ce sujet à la sublime idée de l'absorption de la nature. Un imbécile, le ministre Dunoyer, détruisit la Léda de Michel-Ange, qui était en France, comme objet licencieux. — Il y a une grande décadence déjà dans la Léda du Poussin ; elle est digne et reine, mais le tout est plus froid que le marbre du bassin où la scène se passe. — Michel-Ange est, comme partout, merveilleusement noble et digne. — Vinci a vu le fond même de la question scientifique. C'est le prédécesseur direct de Lamarque, Geoffroy Saint-Hilaire, Oken, etc. Voir Libri, Quinet, Alfred Dumesnil.

Page 513. — *Plus de bonté.* Ce mot admirable est de Vasari, parlant de Giotto : « Il renouvela l'art, parce qu'il mit plus de bonté dans les têtes. » — Le portrait du gros jeune Holbein, à Bâle, témoigne de la bonté charmante de ce grand artiste.

Addition à la note 1 de la page 315. — Les Comptes de l'Hôtel du Roi (*Archives*) sont une des sources principales, du moins pour l'histoire des mœurs. Les argentiers, commis et notaires royaux, Puillois, Nouveau, Museau, etc., y rendent leurs comptes, fort peu clairs, tous les chiffres étant romains. Il reste malheureusement peu de registres, et mutilés. La maison de la petite Marguerite d'Autriche, fiancée de Charles VIII, occupe autant de place que celle de Charles VIII ou de Louis XII.

TABLE

Pages.

PRÉFACE.
INTRODUCTION. I
I *Sens et portée de la Renaissance.* I
    Elle est essentiellement créatrice, organisatrice. . . III
II *L'ère de la Renaissance.* IV
    Le moyen âge finit plusieurs fois avant de finir. . . . V
    Il perdit au treizième siècle la faculté d'engendrer. . . VI
    Le seizième siècle fut très-peu et très-mal préparé. . . IX
III *L'organisation de l'ordre et l'énervation de l'individu, du douzième au quinzième siècle.* X
    Mysticisme religieux et politique. XII
    M. Guizot et M. Augustin Thierry. XIII
IV *Nobles origines du moyen âge. Abaissement au treizième siècle.* XIV
    Au neuvième siècle, les nécessités de la défense favorisèrent la liberté. XV
    La *Chanson* de Roland. XVII
    Chute littéraire du treizième siècle. XX
V *Des abdications successives de l'indépendance humaine.* XXII
    État bâtard et équivoque du serf. XXIII
    Tristes gaietés du moyen âge. XXIV
    La commune se donne au roi. XXV
    Les gens du roi, la bourgeoisie. XXVII
    Ni Marcel ni Louis XI ne trouvèrent d'hommes pour les soutenir. XXIX
VI *De la création du peuple des sots.* XXX
    Le sot est une création moderne, née surtout de la suffisance scolastique et du culte des mots! XXXI
    Petit cercle légal où tourna le raisonnement. XXXII
    Les demi-mystiques et l'art de délirer avec méthode. . XXXIII

	Pages.
Les scolastiques acceptent un Aristote arabe.	XXXV
Leur enseignement hybride.	XXXVII
La machine à penser.	XXXIX
La gymnastique du néant.	XL
VII *Proscription de la nature*...	XLIII
Civilisation des Arabes.	XLV
Le moyen âge néglige Dieu le Père.	XLVI
Le père est nul dans la famille idéale du moyen âge.	XLVII
Anéantissement des sciences.	XLIX
Les moines ont-ils conservé les manuscrits?	L
Salerne et Montpellier.	LII
Roger Bacon emprisonné.	LIII
La proscription de la science crée la fausse science, les diseurs de riens.	LVI
VIII *Prophétie de la Renaissance. Evangile éternel.*	LVII
L'abbaye du Paraclet ou du Saint-Esprit.	LIX
Les Vaudois, l'Évangile éternel.	LX
Joachim de Flore.	LXI
L'âge du libre esprit, de science et d'enfance.	LXII
IX *L'Evangile héroïque; Jean et Jeanne; efforts impuissants.*	LXV
Impuissance de Dante, de Pétrarque et de nos légistes.	LXVI
La langue et la patrie.	LXVIII
Jean Huss. Jeanne-d'Arc.	*Ibidem.*
Divorce permanent des deux Frances.	LXXI
X *Brunelleschi. — La déroute du gothique.*	LXXII
Solidité des monuments romains, fragilité du gothique.	LXXIII
Brunelleschi à Rome.	LXXX
1420. — Congrès des architectes à Florence.	LXXXII
Érection de Santa-Maria-del-Fiore.	LXXXIV
XI *Elans et rechutes. — Vinci. — L'imprimerie. — La Bible.*	LXXXVI
Faible influence de Brunelleschi, de Léonard de Vinci. Le Bacchus, le Saint-Jean et la Joconde.	LXXXVIII
L'imprimerie fut d'abord peu utile.	XCIII
La Bible embarrassa par la diversité infinie de ses doctrines et de ses types.	XCV
XII *La farce de Patelin. — La bourgeoisie. — L'ennui.*	XCVI
Patelin, et le petit Jehan de Saintré.	XCVII
Bassesse du noble, laideur du bourgeois.	XCIX
Au quinzième siècle la plaisanterie est usée.	CI
Le *serpent*.	CIII
Culte de Diane et du Diable.	CIV

	Pages.
XIII *La sorcellerie.*	CVI
La vieille.	CVII
Terreur qu'inspire la sorcière.	CVIII
Marteau des sorcières.	CXI
L'auteur du *Marteau*, Sprenger.	*Ibidem.*
Vaudoiserie d'Arras en 1460.	CXIII
Révolutions allemandes vers la fin du siècle.	CXIV
Intrépidité dogmatique de Sprenger.	CXVII
Arguments de la sorcière.	CXXII
Sensibilité de l'inquisiteur.	CXXIII
Le Diable gagne du terrain.	CXXV
Terreur et fureur.	CXXIX
La machine à prier.	CXXX
XIV *Résumé de l'introduction.*	*Ibidem.*

NOTES DE L'INTRODUCTION.

Sur Abailard	CXXXV
En quoi il y eut progrès de 1300 à 1500.	CXXXVIII
Terrorisme de l'an 1200.	CXXXIX
Sur les mœurs du treizième et quatorzième siècle.	CXLII
Qui a aboli l'esclavage.	CXLIII
Du livre de M. Hauréau sur la scolastique.	CXLV
Du livre de M. Didron.	CXLVII
Civilisation arabe.	CXLIX
De la famille au moyen âge.	CLI
Dante ne fut jamais populaire.	CLIII
La coupe au peuple.	CLIV
Histoire du gothique au dix-neuvième siècle.	*Ibidem.*
Sorcellerie des villes et des campagnes.	CLX

HISTOIRE DU SEIZIÈME SIÈCLE.

CHAPITRE PREMIER. — *La France, réunie sous Charles VIII, envahit l'Italie.*	1
Les États généraux de 1484 furent une réaction féodale.	7
Guerre folle et administration d'Anne de Beaujeu, la Bretagne réunie.	10
1494. Invasion de l'Italie par les Français.	12
Celle des Espagnols était bien plus à craindre.	13
L'inquisition, l'expulsion des juifs.	15
CHAPITRE II. — *Découverte de l'Italie.*	19
Mort morale de l'Italie.	20
Charles VIII affranchit Pise, irrite Florence.	35

	Pages.
Chapitre III. — *La découverte de Rome. Fornoue,* 1495.	41
Caractère d'Alexandre VI et de ses prédécesseurs.	42
Son génie financier.	45
Les ministres du roi sauvent le pape.	48
Le roi à Naples. Retour et victoire.	51
Chapitre IV. — *Résultats généraux. La France se caractérise. L'armée française adopte et défend Pise, malgré le roi.*	57
Chapitre V. — *Vie et mort de Savonarole,* 1494-1498.	71
Son imprudente générosité.	73
Tous les partis s'unissent contre lui.	Ibidem.
Sa mort et celle de Charles VIII, 1498.	95
Chapitre VI. — *Avénement de César Borgia. Louis XII. Alliance de Borgia et de Georges d'Amboise,* 1498-1504.	97
Le journal d'Alexandre VI par Burchard.	99
Portrait de Georges d'Amboise et de Louis XII.	105
Belles réformes de Louis XII.	108
Le gouvernement de famille, Anne de Bretagne.	109
Conquête du Milanais, appui donné aux Borgia.	111
Louis XII et Ferdinand envahissent Naples.	115
Chapitre VII. — *La chute de César Borgia. La déconfiture d'Amboise et de Louis XII.* 1501-1503.	118
Les *Légations* et le *Prince* de Machiavel.	119
Terreur qu'inspirait Borgia, les noces de Lucrèce.	123
Mort d'Alexandre VI et chute de Borgia. 1503.	129
Chapitre VIII. — *La France porte le dernier coup à l'Italie.* 1504-1509. — *Ligue de Cambrai.*	132
Naissance de Charles-Quint et danger dont il menace l'Europe.	134
Anne veut lui donner la France. 1504.	138
Louis XII écrase Gênes et ligue l'Europe contre Venise, 1507.	141
Le Maximilien d'Albert Durer.	145
Marguerite d'Autriche tient le fil des affaires de l'Europe.	146
Ce qu'était Venise.	149
Bataille d'Agnadel, un peuple brûlé vif.	154
On relève le drapeau vénitien.	157
Chapitre IX. — *La punition de la France. Ligue sainte contre elle.* 1510-1512.	159
Violence de Jules II.	161
Perfidie de Marguerite et de Maximilien, qui rappelle les Allemands le jour de la bataille.	164

	Pages.
Gaston de Foix.	166
L'armée française est sauvée par la loyauté d'un Allemand.	171

Chapitre X. — *Bataille de Ravenne, danger de la France.* 1512-1514. 172

Première apparition de l'infanterie française.	174
L'armée victorieuse est licenciée.	179
Les Médicis, mort de Florence.	181
Danger de la France, défaites de Novarre et de Guinegate.	183
Mariage et mort de Louis XII.	184

Chapitre XI. — *La situation s'éclaircit. L'antiquité. Erasme. Les Estienne.* 186

Les mérites de Louis XII, *père du peuple*.	187
La grande enquête pour la rédaction des Coutumes.	190
On imprime les décrétales, le *corpus juris*, Virgile, Homère, Aristote et Platon.	192
Les adages d'Erasme.	203
Gloire de l'imprimerie, les Estienne.	206

Chapitre XII. — *La situation reste obscure encore. De Michel-Ange comme prophète.* 210

Mystères du gouvernement royal.	212
L'art s'individualise.	214
Michel-Ange et la Chapelle Sixtine.	226
Les prophètes et les sibylles.	228

Chapitre XIII. — *Charles-Quint.* 243

Les tombeaux de Bruges, l'arbre de guerre.	246
Charles-Quint avait dans sa race trois folies, trois discordes.	247
Son monstrueux empire.	249
La cour de Marguerite d'Autriche.	253
L'éducation de Charles-Quint.	257
Son ingratitude.	259

Chapitre XIV. — *François Ier.* 261

Son portrait par sa sœur.	262
Ses vers, son éducation.	265
La Marguerite des Marguerites.	267
François Ier appelé par l'Italie.	269

Chapitre XV. — *Marignan.* 1515. 271

Nos passages des Alpes ont toujours été imprévus.	273
Passage de l'Argentière.	275
Mauvaise position et discordes de notre armée.	281
Récits divers de la bataille.	283
Premier et second jour de la bataille.	285

	Pages.
Belle retraite des Suisses.	291
CHAPITRE XVI. — *Espérances de l'Europe. François Ier repousse l'Italie et l'Allemagne*.	293
Le roi pouvait ce qu'il voulait.	296
Ni l'Angleterre, ni l'Espagne, ni l'Empire ne l'eût arrêté.	297
Révolution imminente de l'Allemagne.	299
Prise que le roi avait sur l'Allemagne.	301
François Ier, gouverné par sa mère et Duprat, immole l'Italie, décourage l'Allemagne et s'allie au pape.	305
CHAPITRE XVII. — *Caractère de ce premier âge de la Renaissance*.	307
La Renaissance hésitait encore, mais un peuple nouveau était né.	309
Le grand duel des deux Antiquités jugé par la Nature.	*Ibidem.*
Colomb, Luther et Copernik.	310
Rome grandit par ses défaites.	311
La Renaissance s'effraye d'elle-même.	313
Elle est une ère de bonté et d'humanité.	314

NOTES.

De la méthode et des sources.	315
Force des armées de Charles VIII et de Bonaparte.	317
Du procès d'Olivier le Daim, etc.	*Ibidem.*
Des États généraux de 1484.	318
Des archives du Vatican.	*Ibidem.*
De Trivulce.	319
De la maladie du seizième siècle.	320
De Savonarole, de Marguerite d'Autriche.	321
De l'époque où commence l'in-octavo.	*Ibidem.*
Des pièces de l'histoire de Louis XII.	322
De Michel-Ange et de la sculpture à venir.	323
De la gourmandise et de l'ingratitude de Charles-Quint.	324
Des traductions d'Ewerbeck.	325
Des juifs, de Copernik.	326
De l'ornementation, de la Léda, etc.	326
La bonté source nouvelle de l'art.	327
Addition à la note sur les sources.	*Ibidem.*

PARIS. — IMPRIMERIE SIMON RAÇON ET COMP., RUE D'ERFURTH, 1.

ERRATA

Introduction, p. cxiii, *honneur*, lisez : *horreur*.
P. 260, *sa postérité*, lisez : *la postérité*.

CHAMEROT, LIBRAIRE-ÉDITEUR
13, RUE DU JARDINET, 13

HISTOIRE DE FRANCE
TOME VII

SEIZIÈME SIÈCLE

RENAISSANCE

PAR

J. MICHELET

1 volume in-8°. — Prix : 5 fr. 50 c.

« Dix ans d'études donnés au *Moyen âge*, dix ans à la *Révolution*, il nous reste, pour relier ce grand ensemble, de placer entre ces deux histoires celle de la Renaissance et de l'âge moderne.

« Ayant marqué le point de départ et le but en deux longues histoires, nous marcherons d'un pas d'autant plus sûr et plus rapide dans l'espace intermédiaire. »

Telles sont les premières lignes du volume que nous

publions. Elles garantissent au public l'achèvement prochain de ce grand ouvrage.

Est-il nécessaire de rappeler la place qu'il a prise dès la publication de ses premiers volumes?

Dès lors, en 1833, la critique européenne le proclama la plus chaleureuse et *la plus vivante résurrection* des temps passés.

Cette œuvre si brillante était-elle vraiment historique et sérieusement fondée? C'est ce qu'ont démontré jusqu'à l'évidence les publications si nombreuses de textes inédits qui se sont faites dans ce long intervalle. — Toutes ont témoigné, constaté combien elle est solide. — Elle n'est si vivante que parce que ses racines puisent la vie dans la vérité.

La critique l'a dit : *La solidité de ces bases tient à leur largeur même, à la variété infinie d'éléments qui s'y prêtent un secours mutuel.*

1° Nul ouvrage n'a été aussi fortement préparé. Professeur au Collége de France, chef de la Section historique aux Archives, l'auteur examinait les questions pardevant le public, et les vérifiait par les actes, avant de prendre la plume. Ni les années, ni les recherches, ni les voyages ne lui ont coûté.

2° Les études préalables de l'ouvrage ont été elles-mêmes des ouvrages souvent importants. — Rappelons seulement l'*Introduction à l'histoire universelle*, l'*Histoire romaine*, le *Vico*, le *Luther*, le *Précis d'histoire moderne*, les *Origines du droit*, le *Peuple* : le *Procès des Templiers* : voilà les pierres d'attente sur lesquelles s'est élevée l'œuvre principale, de 1827 à 1855.

3° L'histoire n'est vraie qu'autant qu'elle est complète. Nul autre historien n'a eu cette pensée plus présente. Géographie, races et climats, religion et droit, art et littérature, il suit, autant qu'il est possible, la vie en toutes ses formes. C'est le premier essai d'une histoire encyclopédique.

4° Celle de France plus que toute autre impose ces conditions d'universalité. Elle implique l'histoire très-suivie des peuples voisins. Quand les Anglais, les Belges, par exemple, chercheront l'histoire sérieuse de l'Angleterre sous les Lancastre, celle de Flandre, celle de Liége au quinzième siècle, c'est ici qu'ils les trouveront.

5° Le rayonnement de la France, si grand au Moyen âge, l'est bien plus au seizième siècle et dans les deux qui suivent. Dès le premier volume (celui qu'on va lire), l'histoire de France implique celle d'Italie ; dès le suivant, celle de l'Allemagne, celle des Turcs, Luther et Soliman ; au troisième, elle embrasse l'Espagne et l'Angleterre, le monde ; elle en est le champ de bataille. C'est désormais l'histoire du monde dans celle de la France.

Une préparation de tant d'années permettra maintenant une réalisation rapide. Cette œuvre colossale sera terminée dans deux ans.

SE VENDENT CHEZ LE MÊME LIBRAIRE

OUVRAGES DE M. GÉNIN

LA CHANSON DE ROLAND, in-8°. . . . . 25 fr.
LA FARCE DE PATELIN, in-8°. . . . . 20 fr. »

OUVRAGES DE M. MICHELET

HISTOIRE DE FRANCE AU MOYEN AGE, 6 vol. in-8°.
HISTOIRE DE LA RÉVOLUTION FRANÇAISE, 7 vol. in-8°.
PRÉCIS DE L'HISTOIRE MODERNE, in-8°.

OUVRAGES DE M. QUINET

RÉVOLUTION D'ITALIE, 3 vol. in-8°.
MARNIX DE SAINT-ALDEGONDE, — FORMATION DES PROVINCES-UNIES. — In-18 jésus.

OUVRAGES DE M. ALFRED DUMÉNIL

LA FOI NOUVELLE CHERCHÉE DANS L'ART, DE REMBRANDT A BEETHOVEN. — In-18 jésus.
VIE DE BERNARD PALISSY, in-18 jésus.
L'ART ITALIEN, in-18 jésus.

OUVRAGES DE M. EUGÈNE NOEL

RABELAIS, in-18.
MOLIÈRE, in-18.

Sous presse pour paraître dans six mois

HISTOIRE DE FRANCE AU SEIZIÈME SIÈCLE

RÉFORMATION

PAR M. MICHELET

1 vol. in-8°.

PARIS. — IMP. SIMON RAÇON ET COMP., RUE D'ERFURTH, 1.

www.ingramcontent.com/pod-product-compliance
Lightning Source LLC
Chambersburg PA
CBHW051123230426
43670CB00007B/660